Bewahren und bewähren

Tiemo Rainer Peters / Walter Senner

Bewahren und bewähren

Historische und politische Theologie im Anschluss an Thomas von Aquin

Herausgegeben von Thomas Eggensperger

Matthias Grünewald Verlag

VERLAGSGRUPPE PATMOS

PATMOS
ESCHBACH
GRÜNEWALD
THORBECKE
SCHWABEN

Die Verlagsgruppe
mit Sinn für das Leben

MIX
Papier aus verantwortungsvollen Quellen
FSC® C083411
FSC
www.fsc.org

Für die Schwabenverlag AG ist Nachhaltigkeit ein wichtiger Maßstab ihres Handelns. Wir achten daher auf den Einsatz umweltschonender Ressourcen und Materialien.

Bibliografische Information der Deutschen Nationalbibliothek
Die Deutsche Nationalbibliothek verzeichnet diese Publikation in der Deutschen Nationalbibliografie; detaillierte bibliografische Daten sind im Internet über http://dnb.dnb.de abrufbar.

2. Auflage 2016

www.gruenewaldverlag.de

Umschlaggestaltung: Finken & Bumiller, Stuttgart
Druck: CPI – buchbücher.de, Birkach
Hergestellt in Deutschland
ISBN 978-3-7867-3042-2

Inhalt

Bibliografien

Magister in Sacra Theologia

Ein Grußwort

Johannes Bunnenberg

Magister, Meister – dieses Wort finden wir in der deutschen Sprache, wo es ums Handwerk geht: Nach Lehrjahren und Gesellenzeit kann jemand sich fortbilden und den Meisterbrief erwerben. Wir sprechen darüber hinaus davon, dass jemand ein Meister seines Fachs ist. Dann begegnen wir dem Begriff Meister im Sport: In allen Sportarten und Ligen geht es darum, die Meisterschaft zu erringen. Meister sein, heißt dort: an der Spitze stehen. Ein dritter Bereich, in dem wir von Meister sprechen, ist die Kunst: In der Philharmonie gibt es die Kategorie Meisterkonzerte, an Hochschulen die Meisterklasse.

Wenn ich dies als Hintergrund für die Verleihung der Magisterwürde an zwei dominikanische Brüder unserer Ordensprovinz nehmen darf, dann lässt es sich so deuten: Sie sind verbriefte Meister ihres Fachs, sie beherrschen ihr theologisches Handwerk souverän, sie können spielerisch mit dem Stoff umgehen und sind fähig, spontan intellektuelles Ping Pong auf hohem Niveau zu spielen, sie komponieren anspruchsvolle geistige Kunstwerke.

In der Verfassung unseres Ordens verhält sich dies etwas nüchterner. Da wird festgelegt, wie man zu diesem Ehrentitel kommt: über die Kommission für das intellektuelle Leben, einen Beschluss des Provinzkapitels, drei Gutachten von Fachleuten und einen Beschluss des Ordensmeisters mit seinem Rat. An Kriterien werden genannt: hervorragende wissenschaftliche Leistungen, die Fähigkeit, Reflexion und Forschung in Gang zu bringen, Schriften und Veröffentlichungen von bedeutendem Wert, Anerkennung über den Orden hinaus.

Ich freue mich, dass P. Dr. Tiemo Reiner Peters OP und P. Prof. Dr. Walter Senner OP diesen Titel verliehen bekommen haben und gratuliere ihnen seitens unserer Ordensprovinz dazu sehr herzlich!

Der Magister ist ein Ehrentitel, beinhaltet keine Rechte, aber er hat dennoch seinen Wert: Für die beiden ist es eine Anerkennung langjähriger, mühevoller Tätigkeit in Forschung und Lehre, die häufig im Verborgenen geschieht und die auf diese Weise öffentliche Wertschätzung erfährt. Für uns als Ordensprovinz ohne eigene theologische Fakultät ist es sodann der Beleg, dass wir dennoch qualifizierte Philosophen und Theologen haben, und beinhaltet den Ansporn, Wissenschaft zu betreiben – damit wir als Dominikaner auch mit unseren bescheidenen Ressourcen in der Meisterklasse dabei bleiben.

Johannes Bunnenberg OP,
Provinzial der Dominikaner-Provinz Teutonia

Thomas von Aquin – Lust oder Last?

Vom Sinn eines Buches

Thomas Eggensperger

Das vorliegende Buch ist das unmittelbare Ergebnis einer mittelbaren Procedur: Im Dominikanerorden gibt es seit langem einen besonderen akademischen Titel, den Grad des „Magister in Sacra Theologia". Verliehen wird er nur demjenigen, der sich um die Wissenschaft in besonderer Weise verdient gemacht hat. Die Vorgaben betonen ausdrücklich, dass es sich nicht nur um die Ehrung eines Verdienten – h.c. – handelt, sondern dass die Ehre akademisch erworben werden muss. Die Koordination des Verfahrens liegt in den Händen des Studienregens der jeweiligen Ordensprovinz.

2012 entschied das Provinzkapitel der Dominikaner-Provinz Teutonia, dem Ordensmeister zwei Kandidaten aus den eigenen Reihen den Magistergrad vorzuschlagen: den Münsteraner Theologen Tiemo Rainer Peters OP und den in Rom lehrenden Philosophiegeschichtler Walter Senner OP. Mehrere Gutachter wurden beauftragt, den wissenschaftlichen Beitrag der Kandidaten kritisch zu sichten. Zusammen mit seinem Konsil entschied der Ordensmeister der Dominikaner, Bruno Cadoré OP, am 16. September 2013, die Promotion zuzulassen.

In einem letzten Schritt des Verfahrens sind die Kandidaten gefordert, eine öffentliche Vorlesung – eine „lectio magistralis" – zu halten. Am 28. Januar 2014, dem Hochfest des hl. Thomas von Aquin, kamen Peters und Senner dieser Forderung nach. Ort des Unternehmens war die Erzbischöfliche Dom- und Diözesanbibliothek in Köln, die seit 2009 die große Dominikanerbibliothek Sankt Albertus Magnus – vormals Teil der Philosophisch-Theologischen Hochschule Walberberg – beherbergt. Die Debatte begann im Rahmen des Festakts, an dem unter anderem auch Konštanc Miroslav Adam OP in seiner Eigenschaft als Rektor der Universität St. Thomas von Aquin (Angelicum) sowie Reinhard Feiter in seiner Eigenschaft als Dekan der Katholischen Fakultät der Westfälischen Wilhelms-Universität Münster teilnahmen, die jeweils jene universitären Einrichtungen repräsentierten, in denen Senner und Peters lehren und lehrten.

Inhaltlich haben sich Tiemo Rainer Peters, aus der Tradition der neuen Politischen Theologie kommend, und Walter Senner, seine Zeichens Mediävist, auf die Frage nach dem Politischen und der Politik bei Thomas von Aquin (ca. 1225–1274) und seinem Umfeld (z. B. Meister Eckhart) in ihrer Bedeutung für die Gegenwart fokussiert. Der Obertitel der beiden lectiones lautete: „Engagement und Distanz. Systematische und historische Theologie nach Thomas von Aquin“. Die Wahl des Themas findet ihre theologische Begründung in der von Beginn an welt- und gesellschaftsbezogenen Predigtkonzeption des Ordens. Die junge Gemeinschaft, 2016 durch den Kastilier Dominikus von Guzmán gegründet, war von Beginn an eine Körperschaft von Predigern. Der Missionsauftrag des Ordens bestand und besteht bis heute darin, für das „Heil der Seelen“, wie es die Fundamentalkonstitutionen ausdrücken (LCO 1 § II), Sorge zu tragen, d. h. die Menschen in ihren je konkreten Situationen in den Focus zu rücken. Theologie steht nicht für sich allein, sondern sie ist immer in einen gesellschaftlichen Kontext eingebettet. Das war bereits dem Aquinaten in seiner conversio zur Welt bewusst, wenn er seine theologische Konzeption aus den sozialen und politischen Konstellationen seiner Zeit ableitete.

Der Dominikanerorden hat sich seines herausragenden Lehrers Thomas schon bald nach dessen Tod zum Vorbild genommen und hält ihn bis heute in Ehren – nicht nur als Heiligen der Kirche, sondern vor allem als genialen Vertreter des mittelalterlichen Wissenschaftskosmos.

Für die Nachgeborenen ist das ein Erbe, welches nicht nur Lust bereitet, sondern durchaus auch eine Last sein kann. Versucht man nämlich, sich ein theologisches Konzept aus dem Hochmittelalter zu eigen zu machen, um es nicht nur historisch zu rezipieren, sondern auch systematisch in und auf die Gegenwart zu übertragen, dann zeigt sich schnell, dass es einer sensiblen Hermeneutik bedarf, um den lust-vollen Diskurs einer theologischen Schule nicht zu einer last-vollen Verbrämung vergangener Zeiten werden zu lassen. Allzu große Verliebtheit in eigene Traditionen riskiert eine unkritische Übertragung von letztlich Nichtübertragbarem in die Gegenwart. Das gilt selbst für Thomas von Aquin – und mit Sicherheit hätte er die Rezeption seiner Philosophie und Theologie im 21. Jahrhundert nicht anders gewünscht als im Modus einer kritischen und gegenwartssensiblen Relecture seiner Schriften. Auch und gerade in der Thomas-Rezeption gilt es die Zeichen der Jetzt-Zeit (vgl. Marie-Dominique Chenu OP) im Blick zu halten.

Es ist Sinn einer Debatte, dass sie nicht nur begonnen, sondern auch weitergeführt wird. So lag es nahe, nicht einfach nur eine Gedenkpublikation im Anschluss an den Actus Academicus in den Blick zu nehmen, sondern den Diskurs vertieft weiterzuführen.

Das vorliegende Buch trägt den Titel „Bewahren und Bewähren. Historische und politische Theologie im Anschluss an Thomas von Aquin“. Das Ergebnis weisen die Auseinandersetzungen mit Thomas, so wie sie Peters und Senner hier präsentieren, Parallelen, Überschneidungen und auch auseinanderstrebende Linien auf. Ergänzt wird das Haupkonvolut durch

Hinführungen in Leben und Werk der beiden neuen Magistri. Verantwortlich zeichnen dafür die Gutachter Ulrich Horst OP und Klaus-Bernward Springer (für Walter Senner) sowie Johannes B. Brantschen OP, Ulrich Engel OP und Ján Branislav Mičkovic OP (für Tiemo Rainer Peters).

Neben den bereits erwähnten Ulrich Engel und Klaus-Bernward Springer danke ich Herrn Volker Sühs (Matthias Grünewald Verlag) sowie Frau Laura Käding und Herrn Simon Berninger (jeweils Mitarbeiter/-in des Institut M.-Dominique Chenu), die sich um die Erstellung dieses Buches verdient gemacht haben.

Solide ausgeführt, ist die Rezeption des Thomas von Aquin keine Last, sondern akademische Lust!

Berlin, am 28. Januar 2015,
dem Hochfest des hl. Thomas von Aquin

Thomas Eggensperger OP
Studienregens und Herausgeber

Theologisch-politische Positionen und Perspektiven

Thomas und die Politische Theologie der Welt

Tiemo Rainer Peters

Theodor W. Adorno hätte diesen Titel allein schon wegen des „und" beanstandet. In seinen *Noten zur Literatur* schrieb er: „Wie in der Allegorese erlaubt das *Und* alles mit allem zu verbinden und ist darum ohnmächtig zum Meisterschluss".[1] Er hatte dabei wohl hauptsächlich an *Sein und Zeit*, Martin Heideggers Hauptwerk, gedacht, in dem sich tatsächlich alles, vorzugsweise der Tod und das viel zitierte „Sein zum Tode", mit allem verbindet und alles zu vergleichgültigen droht, auch das Grauen Hitler-Deutschlands, wie wir inzwischen wissen. Dietrich Bonhoeffer bezeichnete, bald nach Erscheinen des Buches, Heideggers Verständnis des Todes als „eigentlichem Seinkönnen" als „metaphysisch und zutiefst unernst".[2]

Gleichwohl ist Heidegger zwischen den Kriegen und in der Kriegs- und Nachkriegszeit für eine sich neu orientierende Theologie bestimmend gewesen. Ich nenne nur Rudolf Bultmann und Karl Rahner. Letzterer aber hatte, noch in den 1930er Jahren, auch Thomas von Aquin neu entdeckt und mit seiner Hilfe die gesamte systematische Theologie von Grund auf erneuert. Johann Baptist Metz hat den Rahnerschen Ansatz dann fundamental theologisch entfaltet und gleichzeitig auf die geschichtliche und gesellschaftliche Wirklichkeit verpflichtet. Wie wichtig dabei das thomanische Erbe war und weiterhin einer zukunftsfähigen Gottesrede dienen kann, soll im Folgenden gezeigt werden.

Theologische Entdeckung der Welt

Den Weg von Thomas zur Politischen Theologie der Welt hatte bereits Karl Rahner gebahnt und anfänglich beschritten. Sein 1939 erschienenes Buch *Geist in Welt* war eine ebenso akribische wie kreative Thomas-Lektüre für die Moderne. Wie kam die *Welt*, dieses der Theologie damals noch unvertraute Wort, in den Titel? Von Thomas? Oder eher von Heidegger und seinem Existenzial des „In-der-Welt-Seins"? Von Metz weiß ich, dass Rahner nicht auf den Jesuiten Francisco de Suárez, was nahe gelegen hätte, sondern auf Thomas von Aquin als Philosophen gesetzt hatte, weil ihm dessen Seins-,

---

[1] Th. W. Adorno, *Noten zur Literatur*, Frankfurt/M. 1981, 327.

[2] D. Bonhoeffer, *Akt und Sein* (1931), Dietrich Bonhoeffer Werke (= DBW) Bd. 2, München 1988, 147.

Geist- und Weltverständnis geeigneter erschienen war für das Gespräch mit Martin Heidegger. Jedenfalls hat er dadurch, wie Joseph Maréchal, die Neuscholastik für etwas ihr wirklich Neues geöffnet: für den Menschen als sich in der Welt erfahrendes und nur so Gott, die Welt und sich selbst verstehendes Subjekt. Als Subjekt ist er „die schwebende Mitte zwischen ... Zeit und Ewigkeit" („quasi in horizonte existens aeternitatis et temporis"), wie Rahner aus Thomas' *Summa contra gentiles* zitiert.[3] „Ein Seil, geknüpft zwischen Mensch und Übermensch – ein Seil über einem Abgrunde".[4]

Thomas von Aquin war in der staufischen „Wende zur Welt" verankert. Er hat die Vernunft, auch die theologische, auf die Gegenstände verwiesen. Bei der thomanischen „conversio ad phantasmata"[5], dieser Hinwendung zu den Erscheinungen – nicht der Seele, wie bei Augustinus, sondern der Außenwelt – begann Rahners wegweisende Thomasauslegung, vertieft durch die kritische Philosophie Kants, die idealistische Hegels und vor dem stets präsenten Hintergrund der Fundamentalontologie Martin Heideggers.

Das 12./13. Jahrhundert war ein Schmelztiegel. Hier begegneten sich Altes und Neues, östliche und westliche, jüdische, christliche und islamische Kultur – besonders in Südspanien – um im Blutrausch der Reconquista des 15. Jahrhunderts, als Granada fiel, dann selbst wieder auseinander zu fallen. Thomas ist ein „Denker im geschichtlichen Übergang", eine Brücke, gebaut zwischen Vergangenheit und Zukunft, auch er „ein Seil über einem Abgrund". Ob es nicht, fragte Paulus Engelhardt, die „Übermacht" der internalisierten Tradition war und die „Ahnung unheimlicher, künftiger Konsequenzen", die Thomas in den letzten drei Monaten seines Lebens haben verstummen lassen?[6]

Ich gehe historisch vor, aber in betont *systematischer* Absicht. Mich interessiert, dass Thomas der Theologie in jener Sternstunde des Geistes etwas zugemutet hat, das sie fortan nicht mehr in Ruhe lassen wird: das Ewige der Religion mit dem Zeitlichen der Erfahrung zusammen zu denken; die Wahrheit also nicht einfach aus den heiligen Texten der Bibel, bzw. des Koran respektive dem Weltganzen der Ideen ableiten oder sie gar einer beanspruchten mystischen Unmittelbarkeit entlocken zu können. Die Wahrheit ist vielmehr, gestützt auf das Erfahrungswissen der Zeit und in der

---

[3] K. Rahner, *Geist in Welt,* Innsbruck 1939, ^{2}1957, 406; Thomas von Aquin, *Summa contra gentiles* II, 81.

[4] F. Nietzsche, *Also sprach Zarathustra,* Kritische Studienausgabe (= KSA) 4, München ^{2}1988, 16.

[5] Thomas von Aquin, *Summa theologiae* I 84, 7.

[6] Vgl. P. Engelhardt, *Thomas von Aquin.* Wegweisung in sein Werk (Dominikanische Quellen und Zeugnisse 6), Leipzig 2005, 25.

Begegnung mit der wirklichen Welt und ihren Erscheinungen, je neu herauszuarbeiten.

Thomas hat keinem Empirismus oder Positivismus vorauseilend das Wort geredet. Denn die Subjekte, die diese ausklammern, waren bei ihm als erkennende und wollende stets involviert. Sehr wohl zeigt sich hier jedoch eine Art Frühnominalismus. „Offenkundig falsch ist die Meinung derer", heißt es in der *Summa contra gentiles*, „die behaupten, es sei im Blick auf die Wahrheit des Glaubens gleichgültig, was einer über die geschaffene Welt denke, wenn er nur über Gott die rechte Meinung habe. Ein Irrtum über die Welt wirkt sich aus in einem falschen Denken über Gott."[7] Ins Heute übertragen: „Das Reich Gottes ist nicht indifferent gegenüber den Welthandelspreisen!"[8]

Wen hatte Thomas in seiner *Summe gegen die Heiden* vor Augen? Die Antworten auf diese Frage sind vielfältig und oft widersprüchlich. Auf der einen Seite scheinen es diejenigen zu sein, die uns bereits begegnet sind und die eine beinahe gnostische Glaubenswahrheit verkündet haben, welche durch Erleuchtung und Eingeweihtsein der Seele erfasst wird, also letztlich rein mystisch. Nicht Augustinus hat Thomas abgelehnt, wohl aber diese Weltlosigkeit des Glaubens, also die Preisgabe der Welt, die seit Augustinus das christliche Denken gefährdet.

Die Gegner auf der anderen Seite dürften zu jenen averroistischen Kreisen an der Pariser Universität der 1260/70er Jahre gehört haben, die einem reinen Aristotelismus verpflichtet waren und deshalb einer fast schon säkularistischen, jedenfalls offenbarungsunabhängigen Weltsicht das Wort redeten. Thomas dagegen verband mit der Bejahung der Welt stets ihre Nicht-Göttlichkeit und Nicht-Absolutheit und vertrat gegen Aristoteles/Averroes eine eschatologische Vorbehaltlichkeit, die leitmotivisch bis heute auch die Politische Theologie der Welt bestimmt. Wie sie verfolgte er in seiner *Summe gegen die Heiden* beides: die Rückeroberung der Welt aus den Zwängen des Pessimismus und die Kritik an einer rigorosen Weltlichkeit, die früher oder später zu erneutem Weltverlust führen müsste.

Johann Baptist Metz hatte 1968 sein vielleicht nicht wichtigstes, aber doch folgenreichstes Buch vorgelegt: *Zur Theologie der Welt.* Darin stand der Vortrag, den er 1967 auf dem Theologenkongress in Toronto gehalten hat: *Kirche und Welt im Lichte einer ‚politischen Theologie'*.[9] Ich füge beide Titel zusammen und spreche von einer „Politischen Theologie der Welt". Dabei

---

[7] Thomas von Aquin, *Summa contra gentiles* 2, 3.

[8] *Unsere Hoffnung* (Entwurf J.B. Metz), Ein Beschluß der Gemeinsamen Synode der Bistümer in der Bundesrepublik Deutschland (= Synodenbeschlüsse 18), Bonn 1975, 29.

[9] J.B. Metz, *Zur Theologie der Welt,* Mainz/München 1968 u.ö. 99–116.

zeigt sich der Begriff des „Politischen" noch immer – nicht nur wegen Carl Schmitt – als ebenso problematisch wie produktiv und also geeignet, die „verhältnislos" und abstrakt gewordene Welt der Theologie zurückzuholen in den Raum öffentlicher Diskurse und Auseinandersetzungen.

Nicht dass Rahner die „alltäglichen Dinge" übersehen, politische Dimensionen des Christentums ignoriert oder die Zukunft als Thema der kommenden Theologie verkannt hätte. Sie haben allerdings nicht zu den hermeneutischen Voraussetzungen seines Denkens gehört. Die Politische Theologie der Welt wollte zwar ebenfalls zurück zu den durch die aristotelisch-thomanische Wende wichtig gewordenen Phänomenen, um diese nun aber gleichsam von Beginn an geschichtlich und im weitesten Sinn „politisch" zu interpretieren. „Politik" nicht unmittelbar, wie bei Max Weber oder der lateinamerikanischen Befreiungstheologie, als Handlungsbegriff verstanden, sondern als Reflexionsbegriff, das heißt als Chiffre für eine „theologische Hermeneutik im zeitgenössischen gesellschaftlichen Kontext"[10], kurz, als „Organ des Gesamtdenkens", wie Friedrich Nietzsche, in einem Brief an Carl von Gersdorff hellsichtig formulierte.[11]

Auch Dietrich Bonhoeffer war einem solchen „politischen" Verständnis auf der Spur, also nicht nur dem Thema der weltlichen Welt, das jeder sofort mit seinem Namen verbindet. Eine derartige Sicht stand unter der kritischen Beobachtung jener Interpreten, die Bonhoeffer in ungebrochener Kontinuität mit der akademischen Theologie in Deutschland sehen wollten. Dabei war klar, dass gerade er die nicht selten verhängnisvollen Arbeitsteilungen zwischen wissenschaftlicher und politischer bzw. politischer und religiöser Existenz mit großer Skepsis betrachtete. „Denken und Handeln", schrieb Bonhoeffer 1944 seinem Patenkind – also meiner Generation – „wird für euch in ein neues Verhältnis treten. Ihr werdet nur denken, was ihr handelnd zu verantworten habt."[12]

Offenbarungsdenken

In einem Brief an Alfred Sohn Rethel vom November 1936 sprach Theodor W. Adorno von der „Erschütterung", mit der er dessen Erkenntnis aufgenommen habe, dass „nicht Wahrheit in Geschichte enthalten [ist], sondern

---

[10] J.B. Metz, *Politische Theologie in der Diskussion*, in: H. Peukert (Hg.), *Diskussion zur Politischen Theologie*, Mainz/München 1969, 274.

[11] F. Nietzsche, Brief vom 16.2.1868, in: Werke in drei Bänden, Bd. 3 (hg. v. K. Schlechta), München 1966, 992.

[12] D. Bonhoeffer, *Widerstand und Ergebung*. Briefe und Aufzeichnungen aus der Haft (DBW 8), Gütersloh 1998, 433.

Geschichte in der Wahrheit". Dies dürfte der Ausgangspunkt seiner „negativen Dialektik" sein. „Ich glaube nun gewiss…, dass es uns *konkret* gelingt den Idealismus zu sprengen".[13] Johann Baptist Metz hat diesen idealismuskritischen Ansatz auch deshalb als wichtiges Prinzip seiner Theologie übernehmen können, weil er mit den Ergebnissen seiner eigenen Thomaslektüre korrespondierte. – Dass nämlich Wahrheit eine lebendige *Beziehung* ist, nicht Sache oder Begriff, hatte schon Thomas von Aquin gewusst.[14]

Metz hat das Thema der Geschichte Karl Rahner und einem in sich ruhenden Thomismus abtrotzen müssen, aber nicht Thomas selbst. Zwar konnte dieser noch nicht die Geschichte im modernen Verständnis als Fortschritts-, Verfalls- oder Überlieferungsgeschehen gemeint haben. Trotzdem war Thomas „nicht mehr primär und ausschließlich an Sach-, sondern an (geschichtlich einmaligen) Existenzverhaltungen orientiert"[15], was auch „der inneren Dynamik des Offenbarungswortes" entspricht.[16] Demnach hatte Thomas, so bestätigt es Ulrich Kühn, den „Grundriss menschlich-existentieller Geschichte" frei gelegt und namentlich in seiner Theologie des Gesetzes begonnen, dezidiert geschichtlich zu denken.[17] Für Metz und seine *Christliche Anthropozentrik* liegen hier, wie verborgen und vergessen auch immer, die eigentlichen Quellen der Neuzeit.

Die in großer Nähe zu Rahners *Geist in Welt* und Heideggers *Sein und Zeit* geschriebene *Christliche Anthropozentrik* richtete ihr Augenmerk zwar durchgängig auf die Form des thomanischen Denkens. Insgeheim kreiste sie aber um ein inhaltliches Problem, das nicht Rahner interessierte und erst recht nicht Heidegger, jedoch ihn, Metz, und Thomas, so, wie er ihn las: um das Ineinander von griechischer Philosophie und hebräischem Geist, oder in der späteren politisch-theologischen Nomenklatur: um das Verhältnis von Athen und Jerusalem. Es ging um die Frage, die bereits Thomas kannte und die heute nach wie vor virulent ist: wie man die Offenbarung theologisch-argumentativ auslegen soll, ohne sie entweder an ein ihr fremdes philosophisches System verraten, oder einem eifernden Fundamentalismus ausliefern zu müssen.[18]

---

[13] Th.W. Adorno und Sohn Rethel: *Briefwechsel*, München 1991, 32.

[14] Vgl. P. Engelhardt, *Thomas von Aquin*, a. a. O., 203.

[15] J.B. Metz: *Christliche Anthropzentrik*, München 1962, 110 f.

[16] Ebd., 113.

[17] Vgl. U. Kühn, *Via caritatis*. Theologie des Gesetzes bei Thomas von Aquin, Göttingen 1965, 164; 212 f.

[18] Vgl. J.B. Metz: *Christliche Anthropozentrik*, a. a. O., 98 ff; 105. Nicht, wie sich der griechische Logos das biblische Denken im Zuge der Neuzeit aneignet, beschäftigte die *Christliche Anthropozentrik*, sondern inwiefern die sich *selbst* vollziehende Subjektivität „in das Ereignis der Offenbarung selbst hineingehört".

Thomas hatte in der *Summa contra gentiles* „seinen" Philosophen, Aristoteles, nicht zuletzt wegen der Eschatologie mit Vorbehalt und zunehmender Skepsis betrachtet. Für Metz „durchwaltet" und „steuert" dieser „zeitlich-eschatologische" Impuls das gesamte thomanische Seins- und Weltverständnis und prägt so das christliche Denken bis heute.[19] Nachhaltig habe Thomas die Glaubensreflexion davor bewahrt, in eine neue „babylonische Gefangenschaft" zu geraten, diesmal der griechisch-arabischen Philosophie.

Ob sich die Theologie heute, in Zeiten ihrer offenkundigen Schwäche, als Theologie behaupten und philosophischer oder anderer Vereinnahmungsversuche erwehren kann, steht noch dahin.

Metz hatte bei Thomas etwas gefunden, das er bei Ernst Bloch verdichtet wiederentdeckte: Dass die biblische Hoffnungsbotschaft Voraussetzung und Grundbestand des Wissens ist, des theologischen ohnehin. Sie spricht von den elementaren Bedürfnissen: vom „Leiden, das keines bleiben will", „von Auszug und Gutmachen", vom „aufgedeckten Angesicht". Sie gehört zu den rational nicht ersetzbaren, ebenso umkämpften, wie eine wirkliche Argumentations- und Streitkultur erst ermöglichenden Voraussetzungen humanen Denkens und Tuns.[20]

Antigeschichte des Leidens

Die Politische Theologie der Welt hat von Thomas gelernt, was diesen – ähnlich wie dann Karl Rahner – zeitlebens beschäftigte: dass das Denken, wenn es Gott sagt, mehr denkt, als in den Begriffen und Gedanken der (aristotelischen) Philosophie ausgedrückt werden kann. Aber Metz hatte sich in der Schule Rahners nicht nur mit Thomas und Heidegger beschäftigt, sondern auch mit Walter Benjamin und Theodor W. Adorno und war darum sensibilisiert für etwas, das in der damaligen Heideggerfaszination völlig vergessen, wahrscheinlich gründlich verdrängt worden war: für die Zeit als „Vergängnis" (Adorno) und Manifestation der Schrecken und Pathologien der Moderne. Entsprechend glaubte er, dass das Denken erst dann vernünftig und verantwortlich denkt, wenn es die Leidensgeschichte der Menschheit nicht nur nicht ausblendet, sondern in seine eigene intelligible

[19] Vgl. J.B. Metz: *Christliche Anthropozentrik*, a.a.O., 112. „Der Christ versteht sein Verhältnis zur Transzendenz selbst – zeitlich-eschatologisch, er erwartet das Jenseits als das geschichtlich Ankünftige …", ebd., 134.

[20] E. Bloch, *Atheismus im Christentum*, Frankfurt/M. 1968, 54; 25; vgl. *Unsere Hoffnung*, a.a.O., 18; „Diese Bilder und Gleichnisse … sind genau und unersetzbar" (27).

Mitte rückt. Nur so war der Bann der meist genauso vergesslichen, wie zukunftsfixierten Säkularisierungstheologien jener Zeit zu brechen.

Im Raum stand die von Theologen viel zu leichtfertig übergangene Einsicht Adornos, dass „kein vom Hohen getöntes Wort, auch kein theologisches, ... unverwandelt nach Auschwitz ein Recht“ hat.[21] Bei Thomas hatte weit weniger genügt, um ihn theologisch verstummen zu lassen. Angesichts des „Zivilisationsbruchs“ (Dan Diner) reichten die traditionellen Argumente der Fundamentaltheologie nicht mehr und die Christologie wurde spätestens jetzt als „Speerspitze des Antijudaismus“ (Rosemary Radford-Ruether) erkennbar. Tatsächlich war sie weit davon entfernt, ein Ort des theologischen Erschreckens zu sein oder die Frage zuzulassen, wie aus dogmatischen Begriffen antisemitische Wirkungen entstehen konnten. Damals hatten Philosophen wie Martin Buber, Hans Jonas oder Emmanuel Lévinas aufgedeckt, dass die meisten der uns bestimmenden Denktraditionen selbstfixiert und apathisch sind, blind gegen die Anderen und ihren Schmerz. Wo ließ sich noch anknüpfen?

Selbstverständlich ist Thomas in den christlichen Antijudaismus involviert, wie in das egologische griechische Denken. Und dennoch war etwas Neues geschehen, als er die weltlichen Phänomene zur Grundlage einer fast induktiven Erkenntnis machte. Er meinte, wie anfänglich auch immer, Erfahrung als Evidenz, als „Lehrmeisterin aller Dinge“. Das hatte zwar erst Bartolomé de Las Casas in einem beschwörenden Brief an Pius V. gesagt, dreihundert Jahre nach Thomas, um auf die katastrophale Situation der Indianer in den „Westindischen Ländern“ hinzuweisen.[22] Doch noch immer lässt sich hierin die thomanische „conversio ad phantasmata“ erkennen, die im Laufe ihrer Entfaltung auf die Antigeschichte des Leidens, der Ausgebeuteten, Unterdrückten und Verfolgten stößt.

Letztlich waren diese Verlorenen schon in der thomanischen Wende zur Welt zumindest mitgemeint. Der Wortlaut seiner Schriften genügt ja nicht, um Thomas zu erfassen. Der geschichtliche Kontext ist dafür genauso wichtig, wie der Blick von heute, der diese Geschichte für uns lesbar macht.[23] So sehen wir in jenem revolutionären 12./13. Jahrhundert die „große Schar aus allen Nationen und Stämmen, Völkern und Sprachen“ (Offb 7, 9), die Franziskus, Dominikus und Petrus Waldes vor 800 Jahren, parallel zum damaligen Aufbruch in Philosophie und Theologie, in den Armen ihrer Zeit

---

[21] Th. W. Adorno: *Negative Dialektik,* Frankfurt/M. 1966, 356; 358.

[22] Zit. nach: G. Gutiérrez, *Wenn wir Indianer wären,* in: E. Schillebeeckx (Hg.), *Mystik und Politik (*FS Johann Baptist Metz), Mainz 1988, 36.

[23] Vgl. H. Schnädelbach, *Vernunft und Geschichte,* Frankfurt/M. 1987, 279–284.

wahrgenommen hatten und die bis heute die Leidensgeschichte der Menschheit prägen, diese Menschheitsgeschichte „von unten".

Im 13. Jahrhundert waren die Weltdinge also nicht nur ins helle Licht theoretischer Erkenntnis getreten. Sondern die doppelte Umwälzung, die staufische *und* die „evangelische", hatte die Welt bereits ganz unmittelbar von ihrer Schattenseite gezeigt und höchst realistisch eine bis jetzt andauernde Apokalypse aufgedeckt. In genau dieser Spannung lebt und denkt der historische Thomas. Das macht ihn „heilig". Deshalb hat Gilbert Keith Chesterton ihn am Anfang seiner herrlichen Biographie demonstrativ neben Franziskus gestellt.[24]

Marie-Dominique Chenu dürfte Recht haben mit seiner Behauptung, dass die Hoffnungsperspektive, mit der Thomas den griechischen Logos konfrontiert hatte, aus der Evangelischen Bewegung stammt; dass sie es war, die ihn befähigte, auch noch einmal das aristotelische Menschen- und Weltbild kritisch zu betrachten und neu zu bewerten.[25] Jedenfalls kann man Thomas nicht in einen philosophisch-spekulativen und einen christlich-engagierten Teil aufspalten, ohne beide zu verlieren.

In dieser frühmodernen „Achsenzeit", im Prozess der Theologiewerdung der Offenbarung in der Gestalt Thomas von Aquins, durchdringen sich also endliche Erkenntnis und evangelisch-soziale Erneuerung. Hier wurde im Ansatz erkennbar, was dann bei Immanuel Kant thematisiert werden wird: dass die Vernunft vernünftig erst dann ist, wenn sie bis an ihre Grenze geht und begreift, „dass der Verstand des Menschen nur so weit reicht wie sein Tun" (Franz Rosenzweig).[26] Das heißt, die Theorie hat bereits bei Thomas aufgehört, rein kontemplativ zu sein. Sie bedarf einer genuinen politischen Hermeneutik, um in ihrer Grundinspiration verstanden und angeeignet werden zu können.

Für Thomas und auch noch für Kant war Gott die Grenze, die gedacht werden muss, ohne *nur* gedacht werden zu können. Bei Kant als „transzendentales Ideal", bei Thomas, um „zu wissen, dass wir ihn nicht wissen".[27] Gott und das Leiden, hatte Johann Baptist Metz aus den nunmehr bekannten Gründen hinzugefügt. Die von Thomas ausgelöste Wende zur Welt muss, um in ihr Ziel zu kommen, bis zur „Objektivität des Leidens" (Adorno) vorstoßen.

---

[24] G.K. Chesterton, *Thomas von Aquin,* Heidelberg ²1957, 11–46; vgl. M.-D. Chenu, *Das Werk des Hl. Thomas von Aquin,* Heidelberg 1960, 78; J. Pieper, *Hinführung zu Thomas von Aquin,* München 1958, 18 ff.

[25] M.-D. Chenu, *Das Werk des Hl. Thomas von Aquin,* Graz/Wien/Köln ²1982, 40.

[26] F. Rosenzweig, *Die Schrift,* Frankfurt/M. 1964, 187.

[27] Thomas von Aquin, *De Pot.* 7, 5 ad 14.

Damit sind wir zurückgekehrt zur Politischen Theologie der Welt. Die Autorität der Leidenden, die der Offenbarung ihre Tiefe und der Humanität ihre Würde verleiht, verpflichtet von vornherein und kategorisch. Metz hat diese Priorität zuletzt als „Leidensapriori"[28] bezeichnet. Stimmiger und phänomenologisch genauer sprach Emmanuel Lévinas davon, dass der traumatisierte Andere mir uneinholbar voraus ist, lange bevor wir uns gegenseitig anerkennen oder frei für einander entscheiden könnten. Ich bin seine „Geisel", ich bin ihm gegenüber nicht autonom, „ich werde verfolgt"[29]. Wir werden, zeitdiagnostisch ausgedrückt, durch Auschwitz „verfolgt". Die moralische Bürde des Holocaust lässt sich nicht mehr abschütteln.

Darum erweist sich die „humane" Vernunft als inhuman und zurückgeblieben schon hinter Kant, wenn sie den Schrei der Opfer und darin die Stimme der geschundenen Menschheit überhört. Dieses Ergebnis ist weniger eindeutig, als dem Betroffenheitsdenken lieb sein kann. So gefordert nämlich die Vernunft ist, auch die theologische, so überfordert ist sie, weil sich keiner in die Leidenden hineinzudenken vermag – durch keine Erinnerung oder noch so raffinierte Dialektik. Man erreicht sie, falls sie noch da sind und leben, allein praktisch, im konkreten Handeln. Dass diese Praxis nicht nur eine Möglichkeit ist, sondern ein kategorischer Befehl, dem man sich *faktisch* entziehen kann, aber nicht *moralisch*, sagen der Glaube Abrahams und Jesu, betont auch der radikale Humanismus von Emmanuel Lévinas; dass dieser Glaubensgehorsam vernunftgemäß ist, darauf insistiert seit langem, in der Tradition Karl Rahners, die Politische Theologie der Welt.

Theologie – Politik – Poesie

Was ist Theologie? Für die Politische Theologie der Welt ist sie mystisch und politisch zugleich. Sie kann nur Rede *von* Gott sein, als Rede *zu* Gott – und dies nicht beliebig und zeitenthoben, sondern an ihrem Ort und in ihrer Zeit. Sie gehorcht einer „negativen Dialektik", weil das, was sie zu begreifen versucht – Gott – in keinem einzigen ihrer Begriffe aufgeht. „Gott wird durch Schweigen … geehrt", befand auch Thomas, „nicht weil wir von ihm nichts zu sagen oder zu erkennen vermöchten, sondern weil wir unvermögend sind, ihn zu begreifen".[30]

Die „sacra doctrina", heißt es in der Eingangsquästion der *Summa theologiae*, ist Lehre Gottes selbst und sie geschieht durch Offenbarung.

[28] J.B. Metz, *Memoria Passionis,* Freiburg/Brsg. 2006, 218 f.
[29] E. Lévinas, *Die Spur des Anderen*, Freiburg/Brsg. – München ²1987, 315–323.
[30] Thomas von Aquin, *In Trin.* 2,1 ad 6.

Deshalb wird sie dort auch als „sacra scriptura“ bezeichnet und bereits vorher als „Wissenschaft der heiligen Schrift“.[31] Diese Theologie sagt das Wort von Gott gleichsam nur „weiter“, unterstreicht Otto Hermann Pesch[32], – *im* Menschenwort, jedoch nicht *als* Menschenwort. Sie ist das, so steht es in der *Summe gegen die Heiden*, was „der Glaube bekennt und die Vernunft aufspürt“.[33] Thomas verstand sie als eine Form des Bekenntnisses und der Verkündigung, womit wir heute mehrfach vermintes und umkämpftes Gelände betreten.

In einer Studie über Meister Eckhart[34] hat sich der Philosophiehistoriker Kurt Flasch in die Diskussion um die Verfassung der Theologie und ihr Verhältnis zu Philosophie und Mystik eingeschaltet. Er übt darin offene Kritik an jeder Hoffnungs-, Befreiungs- oder Politischen Theologie und zuvor an einem als „sacra scriptura“ konzipierten Theologieverständnis, das heißt an Thomas von Aquin. Die Gründe, so Flasch, die Eckhart für die Wahrheit nennt, stehen nicht im geoffenbarten Wort der Schrift, sie finden sich bei Aristoteles bzw. Averroes. Entsprechend sei das Schriftwort für den Meister nicht mehr, wie noch für Thomas, das, wovon die Theologie gläubig ausgeht, um argumentieren zu können, sondern wohin sie zurückkehrt, um die aus reiner Vernunft vorab gewonnene Wahrheit nun auch biblisch zu belegen.[35]

Nach Flasch betreibt der lateinische, besser der arabische Eckhart, den er isoliert vom „deutschen“ betrachtet, nichts anderes als „die Ent-Eschatologisierung und Enthistorisierung“ – und, falls es so wäre – die Entchristlichung des Christentums.[36] Eine solche klinisch „reine Interpretation“[37], mit ihrer Beschränkung auf das verstandesmäßig Erkennbare, hatte Thomas in seiner *Summe gegen die Heiden* gerade bekämpft. Er hat, wie Paulus Engelhardt prägnant formuliert[38], allem „Hoffnungslos-Fertigen“ misstraut. Deshalb war die „sacra doctrina“ für Thomas eine unvollkommene und „unreine“ Wissenschaft, was sie für die Politische Theologie der Welt aus vergleichbaren Gründen noch immer und für Kurt Flasch nie und nimmer ist – dessen glühendes Bekenntnis *Warum ich kein Christ bin* jüngst er-

[31] Thomas von Aquin, *In Trin.* 5, 4.

[32] Vgl. O.H. Pesch, *Theologie des Wortes bei Thomas von Aquin*, in: Zeitschrift für Katholische Theologie 66 (1970), 461.

[33] Thomas von Aquin, *Summa contra gentiles*, I, 9.

[34] Vgl. K. Flasch, *Meister Eckhart.* Die Geburt der deutschen Mystik aus dem Geist der arabischen Philosophie, München 2006.

[35] Ebd., 151.

[36] K. Flasch, *Meister Eckhart*, a.a.O., *147, 157.*

[37] Vgl. J.B. Metz, *Christliche Anthropozentrik*, a.a.O., 120 Anm.3.

[38] Vgl. P. Engelhardt: *Thomas von Aquin*, a.a.O., 211.

schienen ist und ihn in seiner großen historisch-philosophischen Meisterschaft und noch größeren theologischen Begrenztheit offenbart.

Nach heutigen Maßstäben ist die Theologie *als* Theologie nicht wissenschaftsfähig. Sie vereinigt in sich lauter Gegensätze: Glaube und Wissen, Kerygma und methodische Strenge. Sie ist Traktat und Essay, kontextuell und global, dem je Einzelnen in seiner Andersheit und dem Ganzen verpflichtet und mehr als dem Ganzen. Ein geschlossenes System ist sie nicht, bzw. nur um den Preis ihrer Selbstaufgabe. Für Metz ist sie „reflexives Gebet", für Rahner Rede vom „unbegreiflichen Geheimnis" Gottes, für Barth eins mit dem Auftrag der Predigt. Adolf von Harnack, der Barth und die *Verächter der wissenschaftlichen Theologie unter den Theologen* attackiert hatte[39], befürchtete, dass das Evangelium nun „in die Hand der Erweckungsprediger gegeben" ist. Aber die Theologie predigt nicht, sondern „lehrt" – das, was man nicht exakt wissen kann. Deshalb nennt sie noch das jüngste Konzil „heilig" (Dei Verbum, 24).

Dass sich aus dieser Spezialität des theologischen Denkens große Chancen, zum Beispiel für das interdisziplinäre Gespräch, ergeben – das hatten die 1960er bis 80er Jahre gezeigt – wird heute kaum noch realisiert. Die Universitäten sind mehr und mehr dazu übergegangen, alles Nicht-Exakte aus ihrem Umfeld zu verbannen. Um dem Verdacht des Ungenügens und des Dilettantischen zu entgehen, haben sich viele Geisteswissenschaftler und Theologen den neuzeitlichen Standards derart untergeordnet, dass sie nur noch vertreten, was sich in den Grenzen exakten Wissens bewegt und methodisch gesichert ist. Das aber, so weiß die in der Leidensgeschichte der Menschheit gehärtete apokalyptische „Hoffnung gegen alle Hoffnung" (Röm 4, 18), ist wenig und dazu meist nicht wichtig.

„Hätten wir", schrieb Johann Baptist Metz 1976, „wie in angelsächsischen Ländern, in slawischen oder romanischen, eine Kultur der öffentlichen Verbindlichkeit der Poesie, auch nur des Essayistischen, dann wäre nicht der Vorwurf des ‚Dilettantismus' so schnell bei der Hand. Dilettantisch im präzisen Sinn scheint aber eher die Ahnungslosigkeit jener zu sein, die fröhlich und ohne Skrupel die theologische Rede einer standardisierten Wissenschaftssprache unterwerfen".[40]

„Die Nähe der Dinge ist Poesie" (Emmanuel Lévinas)[41], das heißt die Gegenstände offenbaren sich „an sich selbst" und unmittelbar, bevor sie beschrieben, betrachtet oder analysiert werden. Sie zu gestalten ist Politik.

[39] Vgl. J. Moltmann, *Anfänge der dialektischen Theologie*, Teil I, München 1966, 326; 333; vgl. M. Seckler: *Im Spannungsfeld von Wissenschaft und Kirche*, Freiburg/Brsg. 1980.

[40] J.B. Metz, *Glaube in Geschichte und Gesellschaft*. Studien zu einer praktischen Fundamentaltheologie, Mainz ^{5}1992, 214.

[41] E. Lévinas, *Die Spur des Anderen*, a. a. O., 280.

Dazwischen die Theologie, die weit mehr thematisiert, als in rein diskursiven Verfahren behandelt werden kann. Thomas hatte uns die Welt und den Menschen nahe gebracht. Er war phänomenologisch genau, vielleicht nicht poetisch, aber ungemein schöpferisch. Wir hatten Grund, seine Theologie für implizit „politisch" zu halten. Sie erwies sich als Brücke zur Neuzeit und Gegenwart, gebaut über Gegensätze und Gräben hinweg, vertraut mit der Ewigkeit und dem Elend der Zeit.

Jetzt ist für das thomanische Denken nur noch etwas scheinbar Nebensächliches nachzutragen, es ist entscheidend. Die Theologie sollte nicht für sich selbst da sein. Sogar seine *Summa theologiae* verstand Thomas als Kompendium, als „Handbuch" und Hilfsmittel für Anfänger. So steht es im Prolog. „Theologie ist ein Hilfsmittel, ein Kampfmittel, nicht Selbstzweck", bestätigte Dietrich Bonhoeffer.[42] Seinem programmatischen Satz von 1940 hatte er einen Appell hinzugefügt, der von Papst Franziskus stammen könnte: „Keine Theologenkirche!"[43]

---

[42] Vgl. D. Bonhoeffer, *Theologie und Gemeinde,* Gesammelte Schriften (= GS) Bd. 3, München 1960, 423. Der Satz stand als Motto über meiner ersten theologischen Arbeit: T.R. Peters, *Die Präsenz des Politischen in der Theologie Dietrich Bonhoeffers,* Mainz/München 1976, 8.

[43] D. Bonhoeffer, ebd. 425.

Zeitreflektierte Theologie. Eine Skizze

Tiemo Rainer Peters

Befristete Zeit

Die Zeit ist das Jetzt der psychischen Abläufe, das „Ausgespanntsein der Seele“ (Augustinus), das Geschehen der ewigen Wiederkunft (Nietzsche), der Fluss des inneren Lebens (Bergson), der Horizont des Seins (Heidegger). Zeit geht für den Philosophen Hans Michael Baumgartner mit dem Wissen einher, dass etwas unwiederbringlich verloren gegangen, d. h. vergangen ist, also tot.[1] Dass es die Zeit nicht „gibt“, dass es sie, mit Kant gesprochen, als „objektive“ Zeit nicht eigentlich geben kann, sondern nur als „subjektive“, haben sie im Grunde alle behauptet. Für Thomas von Aquin dagegen ist die Zeit mit Körper und Materie verbunden und sie hat „ein Früher und ein Später“, sie gibt der Seele ihr „Maß“.[2]

Besonders die biblische Apokalyptik, die dort entsteht, wo „die Institutionen faulen“ (Hans Walter Wolff), wo Geschichte in ihrer Tödlichkeit erfahren wird, spricht von der Befristung (2 Tim 3, 1), von der Kürze (1 Kor 7, 29) und vom Ende der Zeit (Offb 10, 6), so, als „gäbe“ es die Zeit und als sei ihr Ende die Grenze ihres Seins. Johann Baptist Metz, der dem Augustinismus in all seinen Spielarten misstraut, versteht die Zeit in der Tradition Thomas von Aquins als etwas höchst Reales. Und wie kein anderer zeitgenössischer Theologe weiß er sich zugleich dem „Realismus“ der apokalyptischen Welt- und Geschichtsdeutung verpflichtet und darin, wie Thomas, dem jüdischen Hoffnungs- und Erinnerungsdenken. Israel „hat seinen rettenden Gott nicht hinterweltlich geglaubt und gedacht, nicht als das Jenseits der Zeit, sondern als das zukommende, befristende Ende der Zeit“.[3] Besonders in seinen *Unzeitgemäßen Thesen zur Apokalyptik*[4] schöpft Metz aus biblisch-Blochschem Erbe, in dem, symbolisch verschlüsselt, das Wissen um das diskontinuierliche und katastrophische Wesen der Zeit aufbewahrt sei.

[1] Vgl. H.M. Baumgartner (Hg.), *Zeitbegriffe und Zeiterfahrung*, Freiburg/Brsg. - München 1994, 189–211, 210.

[2] Thomas von Aquin, *Summa Theologiae* I, 10, 5; *De Pot* q. 3.a.10 ad 8: „anima mensuratur tempore“.

[3] Vgl. T.R. Peters/C. Urban (Hg.), *Ende der Zeit?* Die Provokation der Rede von Gott, Mainz 1999, 37. Zum Verständnis der Apokalyptik vgl. T.R. Peters: *Biblische Apokalyptik und Politische Theologie*, in: *Befristete Zeit*, Jahrbuch Politische Theologie Bd. 3 (hg. v. J. Manemann), Münster 1999, 60–70.

[4] J.B. Metz, *Glaube in Geschichte und Gesellschaft*, a. a. O., 165–174.

In diesen aphoristischen Notizen aus dem Jahre 1977 findet sich jenes Metz-Wort, das in gewisser Weise nicht nur die Thesen selbst zusammenfasst, sondern bereits den Sinn der Rede vom „Ende der Zeit" erläutert: „Kürzeste Definition von Religion: Unterbrechung". Auch die Zeit wird unterbrochen, in ihrer Macht und „Sieghaftigkeit" gebrochen, wenn Gott am Ende der Tage wiederkommt und alles neu macht (Offb 21, 5). Die Aporie ist komplett: neuzeitlich gedacht „hat" die Zeit überhaupt keine Macht, sondern sie ist schon etymologisch ein „Schnitt" („zit"), ein „Riss".[5] Sie ist selber Unterbrechung und kann ihrerseits nicht unterbrochen oder abgebrochen werden. Ist Metz' Gedanke vom „Ende der Zeit" also ebenso mythologie- wie tautologieverdächtig und insgesamt viel zu abstrakt, um die darauf basierenden theologischen Begriffe nicht ebenfalls unbestimmt werden zu lassen?

Dietrich Bonhoeffer, den ich Johann Baptist Metz gegenüberstelle, hat der Eschatologie und erst recht der Apokalyptik keine gesteigerte Aufmerksamkeit entgegengebracht. Wie Metz kämpfte er gleichwohl gegen einen, Welt und Geschichte verschlingenden Idealismus und Transzendentalismus in der Theologie. Mit Franz Rosenzweig und Martin Buber war er einem Gedanken auf der Spur, der Gott als zeitliches Bezogen- und Verbundensein begreift. „Gott ‚ist' im Personbezug", einen Gott, den es unabhängig davon „gibt", gibt es nicht.[6]

Dass Temporalität und Relationalität, und nicht Vorstellungen „des Absoluten, Metaphysischen, Unendlichen", dem Gedanken Gottes entsprechen, hat Bonhoeffer in seinen Gefängnisbriefen Widerstand und Ergebung (1943/44) wieder aufgegriffen. Hier wird gleichzeitig, gestützt auf die Arbeiten Wilhelm Diltheys und Carl Friedrich v. Weizsäckers, klargestellt, dass der Versuch, Welt und Zeit als begrenzt denken zu wollen, wissenschaftlich und im Blick auf die Autonomie des Menschen, obsolet geworden ist: „In der Naturwissenschaft beginnt die Sache offenbar mit Nikolaus von Kues und Giordano Bruno und ihrer – ‚häretischen' – Lehre von der Unendlichkeit der Welt. Der antike Kosmos ist ebenso wie die mittelalterliche geschaffene Welt endlich. Eine unendliche Welt – wie immer sie auch gedacht sein mag – ruht in sich selbst, etsi deus non daretur", auch wenn es Gott nicht gäbe.[7]

---

[5] Vgl. H.M. Baumgartner (Hg.), *Zeitbegriffe und Zeiterfahrung*, a.a.O., 190.

[6] D. Bonhoeffer, *Akt und Sein*. Transzendentalphilosophie und Ontologie in der systematischen Theologie, DBW 2, München 1988, 112.

[7] D. Bonhoeffer, *Widerstand und Ergebung*, a.a.O., 532.

Zeit und Ewigkeit

Indem sich Bonhoeffer jenem seit Avicenna (980–1037) virulenten und auch von Thomas von Aquin im Blick auf die Schöpfung erwogenen[8] Gedanken von der Unendlichkeit der Welt anschließt, ihn aber nicht mehr wie diese aus der Unendlichkeit Gottes ableitet, ergreift er theologisch Partei für eine Moderne, die es als Errungenschaft erachtet, methodisch gottlos geworden zu sein. Bonhoeffer verzichtete natürlich nicht auf Theologie, nur darauf, sie als „theologia naturalis" zu entwerfen. Diese „natürliche Theologie" hatte jedoch Metz im Blick, bis hin zu dem Versuch, Gott von der Zeit her, als das „noch ausstehende Geheimnis der Zeit"[9], zu denken – nicht zuletzt, um das fundamental theologische Thema der Zeit nicht Martin Heidegger und der Anti-Theologie von *Sein und Zeit* zu überlassen.

Dafür musste er sich, stellvertretend für die gesamte Moderne, mit Friedrich Nietzsche auseinandersetzen, von dessen Zeit- und Nihilismusanalyse Heidegger ausgeht. Für Nietzsche war „die Zeit das einzige nachmetaphysische Faszinosum" (Metz).[10] Nicht zufällig nannte Nietzsche die Apokalypse (des Johannes) „jenen wüstesten aller geschriebenen Ausbrüche", „welche die Rache auf dem Gewissen hat"[11] und stellte dem apokalyptischen Endzeit-Denken den Gedanken von der Ewigkeit der Zeit, genauer: des Augenblicks, entgegen.

Der apokalyptische Gedanke vom „Ende der Zeit" will bei Metz nicht von den Herausforderungen der Geschichte und des Augenblicks ablenken und vorneuzeitlich ein „Ende" beschwören, in dem alles aufgehoben und vergleichgültigt wäre. Vielmehr soll das Tun unter der Perspektive des Endes gerade unter den „Zeit- und Handlungsdruck" der Nachfolge gesetzt werden.[12] Etwas Vergleichbares bezweckte Nietzsche mit seiner Wiederkunftslehre allerdings auch, die zunächst ja ethisch und nicht metaphysisch zu verstehen ist. „Wenn jener Gedanke über dich Gewalt bekäme, er würde dich, wie du bist, verwandeln und vielleicht zermalmen; die Frage bei Allem und Jedem ‚willst du dies noch einmal und noch unzählige Male?' würde als das größte Schwergewicht auf deinem Handeln liegen".[13]

---

[8] Vgl. M.-D. Chenu, *Leiblichkeit und Zeitlichkeit*, (Collection Chenu 1), Berlin 2001, 30.

[9] T.R. Peters/C. Urban, *Ende der Zeit?*, a. a. O., 34, 37.

[10] Vgl. J.B. Metz, *Ende der Zeit?*, in: Universitas 6 (1992), 592.

[11] F. Nietzsche, *Zur Genealogie der Moral* (16), KSA 5, 286.

[12] Vgl. J.B. Metz, *Zeit der Orden?* Zur Mystik und Politik der Nachfolge, Freiburg/Brsg. 1977, u. ö. 83; zum Folgenden vgl. auch: T.R. Peters, *Endlichkeit und Vollendung.* Grenzen des theologischen Denkens, in: M. Böhnke u. a. (Hg.), *Freiheit Gottes und der Menschen* (FS Thomas Pröpper), Regensburg 2006, 175–192, hier 180 f.

[13] F. Nietzsche, *Die fröhliche Wissenschaft*, (341), (KSA 3), 570.

Mit der Betonung des „Schwergewichts" (Nietzsche) bzw. „Handlungsdrucks" (Metz) bekommen die Worte vom „Ende" und der „Ewigkeit" der Zeit einen unbedingten moralischen Ernst. Kommt man so über einen impliziten Moralismus aber hinaus? Gelangt speziell Metz mit Hilfe der apokalyptischen Letzterwartung zu einer zwingenden Verpflichtung im Jetzt, einem konkreten Gebot oder auch nur zu einer theologischen Würdigung des „Vorletzten", das nach Bonhoeffer/Barth „um des Letzten willen gewahrt bleiben" muss?[14] Was ist mit der Zeit davor, vor dem Ende? Diese Frage kann einer politisch reflektierten Theologie nicht gleichgültig sein.

Gott und Zeit

Vom „Ende der Zeit" auszugehen, entspricht nicht nur apokalyptischem, sondern auch mythischem Denken. Johann Baptist Metz ist von der Unersetzbarkeit der biblischen Bilder und Mythen überzeugt und versucht sie, indem er sie gleichsam reflexiv weitererzählt, vor einer banalen, alles verschlingenden Moderne (und deren Neo-Mythen) zu schützen. Auch für Dietrich Bonhoeffer galt, dass die biblische Mythologie „die Sache selbst" ist, die vor Missbrauch und Profanierung bewahrt werden muss.[15] Ähnlich wie Metz meinte er, dass diese „Sache" nicht der Neuzeit und ihrer Methodik geopfert, also säkularisiert werden dürfe, dass man sie aber übersetzen und weltlich „interpretieren" müsse, interpretieren „im alttestamentlichen Sinne und im Sinne von Joh 1,14".[16] Damit erläuterte Bonhoeffer, was er unter „weltlicher Interpretation" verstand: den Versuch, die biblischen Begriffe unter der hermeneutischen Voraussetzung einer unendlich kostbaren, von Gott bewohnten Welt zu interpretieren und nicht eines unendlich transzendenten theistischen oder idealistischen Gottes, der letztlich weder die Welt, noch das Geheimnis der Zeit erschließt.

Metz hat sich der Frage Bonhoeffers und der traditionellen Theologie: „Wer ist Gott?"[17] durch die andere zu entledigen versucht: „Wo bleibt Gott" – als derjenige, der die gnadenlose Zeit unterbricht und endlich sein Reich der

---

[14] D. Bonhoeffer, *Ethik (*DBW 6), München 1992, 152; vgl. T.R. Peters, *Mystik, Mythos, Metaphysik,* Mainz-München 1992, 104–11.

[15] D. Bonhoeffer, *Widerstand und Ergebung,* a. a. O., 482.

[16] Ebd., 416; Joh. 1,14; „Und das Wort ist Fleisch geworden und hat unter uns gewohnt ...".

[17] Zu Bonhoeffer vgl. seine Berliner Christologievorlesung von 1933, DBW 12 (Berlin 1932–1933), Gütersloh 1997, 279–348; 282 f: „Das ist die Frage der entsetzten, entthronten Vernunft wie auch die Frage des Glaubens: Wer bist Du ... Jede Möglichkeit der Einordnung muss ... fehl gehen, weil das Dasein dieses Logos das Ende meines Logos bedeutet ... Die Frage nach dem ‚Wer' ist die Frage nach der Transzendenz. Die Frage nach dem ‚Wie' ist die Frage nach der Immanenz."

Gerechtigkeit und Freiheit anbrechen lässt?[18] Wir haben diese ebenso biblische, wie theodizeesensible Fragestellung als Korrektiv gegenüber einer allzu „intimen" und zudringlichen Was- bzw. Wer-Frage in Christologie oder Trinitätslehre kennen und schätzen gelernt. Nach dem bisher Gesagten bedarf aber gerade auch dieses eingängige „Wo-bleibt-Gott?" der theologischen Überprüfung.

Während sich Metz bei der Gottesfrage „der Vermittlung durch die Frage nach der Zeit" bedient, bei der Frage nach der Zeit aber tendenziell nicht auf Gott, sondern wieder nur auf die Zeit seines zukünftigen Kommens blickt, droht er sich in sich selbst und im Kreis der Zeit zu drehen. Alles muss unter dem mächtigen Bann des Noch-nicht offen bleiben; der nicht konkret erfasste Gott kann in der Zeit noch nicht wirklich begegnen, worin zwar apokalyptischer Realismus erkennbar wird, aber auch die Schwierigkeit, die eine negative Theologie mit sich und dem ungeteilten Erbe Israels hat. Schließlich steht das Volk der Bibel mit JHWH im Bunde und erfährt in der Tora, ohne das Geheimnis Gottes zu verraten, eine konkrete Weisung und Verbindlichkeit im Jetzt. Gott nahe zu sein und ihm doch nicht zu nahe zu treten, scheint das Privileg Israels – und das Problem der Christen.[19]

Was es wirklich gibt

Weil Gott dem Denken nicht preisgegeben, weil es ihm aber auch nicht entzogen werden darf, hat Bonhoeffer stets Gottes „Sein" zu denken versucht – „auf das ‚Sein' kommt es an!"[20] – wobei klar geworden sein dürfte, dass es für ihn Gott nicht einfach „geben" kann. Nur in Gestalt des begegnenden Nächsten, also relational, ist das Transzendente da. „Gott in Menschengestalt".[21] „Transzendenz" meint dabei ein „Ende", eine „Grenze" und Schwelle, an der Gott konkret wird, ohne religiös verfügbar zu sein. Während Metz dem apokalyptischen Denken folgt und (im Sinne Bonhoeffers) ausgesprochen „religiös" an das „Ende der Zeit" und an Gott als „befristende", unendlich transzendente Macht denkt, blickt Bonhoeffer auf die Transzendenz im „Vorletzten", diese Grenze nicht am *Ende*, sondern in der *Mitte*[22]*:* „Unser Verhältnis zu Gott ist kein ‚religiöses' zu einem denkbar

[18] Vgl. J.B. Metz, *Ein Blick voll zärtlichen Zorns,* in: H.W. Brockmann (Hg.), *Sauerteig,* Zürich 1979, 70.

[19] Vgl. E. Lévinas, *Schwierige Freiheit.* Versuch über das Judentum, Frankfurt/M. 1992, 109–113; 173–176.

[20] Vgl. D. Bonhoeffer, *Berliner Christologievorlesung,* a. a. O., 282.

[21] D. Bonhoeffer, *Widerstand und Ergebung,* a.a.O., 558.

[22] Vgl. bereits: D. Bonhoeffer, *Schöpfung und Fall,* DBW 3, München 1989, 75–87.

höchsten, mächtigsten, besten Wesen – dies ist keine echte Transzendenz -, sondern unser Verhältnis zu Gott ist ein neues Leben im ‚Dasein-für-andere', in der Teilnahme am Sein Jesu".[23] „So ist es alttestamentlich", sagt er an anderer Stelle, „und in diesem Sinne lesen wir das N.T. noch viel zu wenig vom Alten her."[24]

Systematisch-theologisch spricht Bonhoeffer nur selten über Erinnerung oder Hoffnung und kaum von der Zeit. Aber seine Rede von Gott erreicht vielleicht gerade deshalb das Jetzt, das jetzt Gebotene. Um darin eine Theologie der Zeit zu erkennen, braucht man die ethisch-soziale Transzendenz des „Für-Andere-da-seins" nur mit der eingangs erwähnten Etymologie zu verknüpfen: Die Zeit ist ein „Schnitt", der uns – diese Verlusterfahrung ging nach Baumgartner phänomenologisch voraus[25] – vom Anderen trennt; der uns in der Theo-Logik Bonhoeffers den anderen überhaupt erst als Anderen, ihn also in seiner herausfordernden Andersheit und Angewiesenheit sehen lässt, dort, wo er leidet.

Ohne noch auf Emmanuel Lévinas eingehen zu können, was von der Sache her gefordert wäre, lässt sich sagen: Die Zeit ist im eigentlichen Sinne des Wortes Zeit der Hingabe, der Verantwortung und des Erbarmens – nicht mit *den* Leidenden, sondern mit *diesem* hier. „Das Jenseitige ist nicht das unendlich Ferne, sondern das Nächste."[26] *Der* Nächste.

---

[23] D. Bonhoeffer, *Widerstand und Ergebung*, a. a. O., 558.

[24] Ebd., 408; „… nur wenn man das Leben und die Erde so liebt, dass mit ihr alles verloren und zu Ende zu sein scheint, darf man an die Auferstehung der Toten und eine neue Welt glauben …" (ebd. 226).

[25] Vgl. H.M. Baumgartner (Hg.), *Zeitbegriffe und Zeiterfahrung*, a. a. O., 190.

[26] D. Bonhoeffer, *Widerstand und Ergebung*, a. a. O., 551.

Die Vergesslichkeit der Erinnerung

Tiemo Rainer Peters

Erinnerungen können heilsam sein, manchmal sind sie destruktiv oder auch heikel. Sie wollen gepflegt und geschärft werden, aber durch nichts lassen sie sich erzwingen oder künstlich wach halten. Zum Beispiel müssen wir „Thomas", wie ihn ein gewisser Schulbuch-Thomismus eingeschärft hatte, vergessen, um Thomas wieder zu gewinnen. Im Folgenden geht es jedoch nicht um ihn, sondern um ein Grundproblem der an ihm geschulten Politischen Theologie: Wie können zurückliegende Ereignisse ermittelt und vermittelt werden, ohne dass sich die Erinnerung daran gleichsam selbst in den Rücken fällt und ihre eigene Auslöschung betreibt? Wie muss speziell die Vergegenwärtigung der jüngsten deutschen Vergangenheit beschaffen sein und welche Pädagogik und Politik könnten ihr an die Seite treten, damit diese Geschichte kollektiven Leidens, wo „nicht mehr das Individuum starb, sondern das Exemplar" (Adorno), nicht wie jede andere irgendwann „hinter uns" liegt und nicht mehr schmerzt? Aber auch dies ist eine erlaubte Frage: Warum soll sie überhaupt noch schmerzen und nicht der abschließenden Sichtung und Bewertung der Historiographie übergeben werden, ohne die jetzt Lebenden weiter zu beschweren?

Was ist Erinnerung?

Bevor ich mich mit dem Vergessen beim Erinnern und Gedenken beschäftige, möchte ich die Erinnerung selbst zu begreifen versuchen, um sie danach im übertragenen Sinn als „soziales Gedächtnis" zu thematisieren. Erinnerung ist spürbar und bewusst gewordene Zeit, die als solche gar nicht wahrgenommen werden kann. Sie ist faktisch immer schon vergangen und damit nie wirklich real.

Von dieser Melancholie ist das grandiose Romanwerk *À la recherche du temps perdu* von Marcel Proust begleitet. Es wurde in einer Zeit geschrieben, als der Nervenarzt Sigmund Freud Vorlesungen zur Psychoanalyse und zur Traumdeutung gehalten und der Philosoph Henry Bergson seine Lebensphilosophie der Zeit vorgelegt hatte. Proust wollte das Verlorene, das immer neu verloren zu gehen droht, dem Mahlsand der Gewohnheit und des Vergessens abtrotzen – durch Erinnerung. Nicht durch eine memoria, die von außen zu mobilisieren wäre, sondern durch ein tief im Menschen arbeitendes Vermögen, das Proust „mémoire involontaire", unwillentliche

Erinnerung nennt. Beim Essen eines Stücks Gebäck, einem bestimmten Geruch oder Klang kann es sein, dass eine daran geknüpfte Erfahrung wieder klar vor Augen tritt. Auch für Proust „gibt" es die Zeit nur in Form solcher Erinnerungen, die für Johann Baptist Metz „gefährlich" sind, weil sie Einsichten zutage fördern können, die uns noch heute zu schaffen machen und moralisch verpflichten.[1]

Nach Goethe sieht man nur, was man kennt und entdeckt es lediglich neu. Der französische Dichter-Philosoph Paul Valéry hatte etwas Ähnliches gemeint: dass „das Verständnis ein Gedächtnis in Tätigkeit", das Erinnerungsvermögen somit „der Grundstoff jeden Denkens" sei.[2] Die Vernunft ist gedächtnisbestimmt, noch bevor sie darüber nachdenkt. Aber sie hat darüber nachzudenken, wenn sie vernünftig bleiben will. – So, aber nun auf einer anderen Ebene, verhält es sich für Valéry auch mit dem sozialen Verstehen. Man muss „die Resultate der Erfahrungen anderer übernehmen und sich erweitern um das, was sie gesehen haben und wir nicht".[3] Es ist „unmöglich, die ‚Wahrheit' von sich selber zu empfangen".[4]

Tradition ist die Sozialgestalt des Gedächtnisses. Zweifellos hat die Moderne der Tradition weder Verständnis noch Wohlwollen entgegen gebracht. In den Medien wird sie gewöhnlich zur Unterhaltung gebraucht, die wiederum dem Vergessen zuarbeitet. Tradierte Erinnerungen und erinnerte Traditionen bleiben dennoch wichtig. „Wir sind Erben in dem, was wir sind, und im Entdecken des Vergangenen entdeckt sich Verborgenes unserer selbst" (Hans Jonas).[5]

Man verschmähe nicht die detektivische Intelligenz des englischen Schriftstellers und Religionsphilosophen Gilbert Keith Chesterton (1874–1936), für den Tradition heißt, „der dunkelsten aller Klassen das Stimmrecht einzuräumen: unseren Vorfahren... Die Tradition weigert sich, der kleinen und arroganten Oligarchie derer, die einfach zufällig auf Erden wandeln, sich zu unterwerfen".[6]

Erinnerung als Gefahr

Erinnerung ist ein komplexes Geschehen. „Welch scheußliche Brut wäre eine Menschheit mit unfehlbarem Gedächtnis ..., ständiger Geistesgegen-

[1] Vgl. J.B. Metz, *Glaube in Geschichte und Gesellschaft,* a.a.O., 95 u.ö.

[2] P. Valéry, *Zur Theorie der Dichtkunst,* Frankfurt/M. 1987, 92; 159.

[3] P. Valéry, *Windstriche,* Frankfurt/M. 1995, 107.

[4] P. Valéry, *Monsieur Teste,* Frankfurt/M. 1995, 51.

[5] H. Jonas, *Wissenschaft als persönliches Erlebnis,* Göttingen 1987, 9.

[6] G.K. Chesterton, *Das Abenteuer des Glaubens,* 1908, Olten 1946, 78 f.

wart und immer wachem, kritischem Sinn" (Valéry).[7] Im Hintergrund steht Friedrich Nietzsche mit seinen Reflexionen über *Nutzen und Nachteil der Historie für das Leben.* „Es gibt einen Grad von Schlaflosigkeit, von Wiederkäuen, von historischem Sinne, bei dem das Lebendige zu Schaden kommt und zugrunde geht, sei es nun ein Mensch oder ein Volk oder eine Kultur".[8] – Die Erinnerung ist also ebenso unverzichtbar für das Denken, wie es problematisch ist, wenn dieses gar nicht mehr selber denkt, sondern bloß wiederholt, was andere ihm vorgesagt haben. „Ohne Vergessen ist man nur Papagei" (Valéry).

Die Vorstellung, man könne in der Erinnerung Vergangenes bleibend und unangreifbar bewahren, ist trügerisch. Das Erinnerte bleibt im Akt des Erinnerns oder Gedenkens nicht, was es ist, es verändert sich. Es wird modifiziert, umgeschrieben und insgesamt destabilisiert, vor allem, wenn mehrere Generationen daran „arbeiten". Wer etwas zu erzählen hat, macht es meist spannender, als es eigentlich war. Die Bibel ist voll von solchen Übertreibungen, die „Wundergeschichte" als Literaturgattung baut ganz auf ihnen auf: sie gibt „nicht die historische Wirklichkeit wieder, sondern deren gesteigerte Gestalt".[9] – Und doch *gab* es den 8./9. November 1938 und die Katastrophen, die ihm gefolgt sind. Dies muss – wegen der Opfer und aus Gründen der eigenen Identität – möglichst genau im Gedächtnis behalten werden, wissend, dass man dies unverfälscht nicht kann. „Das Aufgeschriebene stimmt nicht" (Thomas Bernhard).

Erinnerung als Verantwortung

Der Holocaust-Forscher James E. Young spricht vom „vergesslichen Denkmal"[10], weil dieses oft mit dem Wesen der Ereignisse, an die es erinnern soll, verwechselt wird. Young vermisst hier die Interaktion mit dem Betrachter. Je monumentaler, desto besser, scheint das Berliner Holocaust-Mahnmal von Peter Eisenman zu sagen, das sich die Deutschen eher für sich selbst als für die Opfer gebaut haben könnten.

Der vom gewaltigen Stelenfeld Eisenmans beeindruckte Zeitgenosse läuft nicht selten über das wirkliche Holocaust-Mahnmal Berlins hinweg, eben weil es nicht monumental ist – um dann doch zu erschrecken über die imaginäre „Bibliothek" von Micha Ullmann vor der Alten Bibliothek der

---

[7] P. Valéry, *Windstriche*, a.a.O., 132.
[8] F. Nietzsche, KSA Bd. 1, 1988, 250.
[9] Vgl. G. Theißen, *Urchristliche Wundergeschichten*, Göttingen 1974, 42.
[10] Vgl. J.E. Young, *Formen des Erinnerns.* Gedenkstätten des Holocaust, Wien 1997.

Humboldt-Universität auf dem Bebel-Platz. Tief eingesenkt ein 5 mal 5 mal 5 Meter großer, von dickem Glas geschützter weißer Raum mit nichts als leeren Regalen. „Alle Bücher verbrannt", so die Botschaft, die der flanierende Betrachter nicht sofort vernimmt, weil er auch nicht mehr realisiert, dass hier tatsächlich die ersten Bücherverbrennungen der Nationalsozialisten stattgefunden hatten. Zuletzt wird die kleine in den Boden eingelassene Metalltafel mit dem Heine-Zitat von 1820 entdeckt: „Das war ein Vorspiel nur, dort / wo man Bücher verbrennt, / verbrennt man am Ende auch Menschen."

Das Auschwitz-Gedächtnis, wie es in der Öffentlichkeit, den Schulen und Bildungseinrichtungen gepflegt wird, droht zur „Gedenkreligion"[11] zu werden, weil die Trauer oft nur eingesetzt und inszeniert wird, um den feierlichen Rahmen des Gedenkens zu unterstreichen. Die Erinnerung wäre lediglich der gesellschaftlichen Correctness bzw. dem Curriculum geschuldet, nicht dem persönlichen Erschrecken darüber, vielleicht selber in die Geschichte des Grauens verstrickt zu sein.

Nicht Betrachtung kann das Ziel des Gedenkens sein, sondern Verwandlung, das heißt die Übernahme von Verantwortung für die eigene Geschichte. Zwar wird der Forderung, sich des Schrecklichen zu vergewissern und der Schuld zu gedenken, häufig das griechische Sprichwort entgegengehalten: „Die Zeit heilt alle Wunden", oder trivialer: „Das ist schon lange her". Für den Wiener Kulturphilosophen Rudolf Burger ist das Lange-schon-vorbei-sein die natürlichste Art der Heilung und damit auch so etwas wie eine ganz selbstverständliche und von selbst sich vollziehende Ent-Schuldigung durch das der Zeit eigene Vergessen.[12]

Der politische Literat Jean Améry, der selber Opfer des Nationalsozialismus war, hat sich vehement gegen die These von der Wunden heilenden Kraft der Zeit gewehrt und besonders Deutsche und Österreicher wegen ihrer moralischen Vergesslichkeit angeklagt – nicht nur im Namen der Opfer, sondern auch dem der Überlebenden. Diese dürften nicht zulassen, dass ihnen ein Stück ihrer eigenen Geschichte von der Zeit gleichsam entwendet und zum Verschwinden gebracht wird. Amérys Forderung war paradox. „Die Utopie und das Prinzip Hoffnung sind rückwärts projizierbar. Darf ich denken und handeln auf das hin, was sein soll, dann darf ich auch zumindest erwägen, was hätte sein müssen. Menschenwürde ist der Aufstand gegen ein so und so Gegebenes, ist aber auch die Revolte wider ein schon ins Sein eingesunkenes Vergangenes. Widerstand ist erlaubt nicht nur

[11] Vgl. E. Klausa, *Die deutsche Gedenkreligion des Holocaust,* in: Merkur 9/10 (1999), 911–921.

[12] Vgl. R. Burger, *Die Irrtümer der Gedenkpolitik.* Plädoyer für das Vergessen, in: Europäische Rundschau 2 (2001), 1–13.

gegen das, was geschieht; auch was geschah, muss nicht hingenommen werden".[13] Hitler muss „zurückgenommen"[14] werden! Die durch Hitler beherrschte deutsche und europäische Geschichtsphase muss nicht nur ins kollektive Gedächtnis zurückgerufen, sie muss dort auch noch einmal in die eigene Verantwortung übernommen werden.

Normalerweise wird Verantwortung als Pflicht und Leistung des moralisch denkenden Subjekts verstanden, welches Ursprung seiner Pläne, Träger seiner Handlungen und also verantwortlich für deren Wirkungen ist. Der Heidelberger Philosoph Georg Picht hatte dagegen bereits in den 1960er Jahren erkannt, dass „die Frage nach der Verantwortung für ein Geschehnis" gerade „nicht vom Subjekt und seiner moralischen Entscheidung, sondern von dem Geschehen" selbst ausgeht.[15] Wir können unsere Verantwortung zum Beispiel dort verletzen, wo wir bei einem Unfall oder einer Gewalttätigkeit, die gar nichts mit uns selbst zu tun zu haben braucht, nicht eingreifen. Es kann zu unserer Verantwortung gehören, die Taten oder Versäumnisse anderer zu korrigieren oder in ihren Wirkungen abzumildern.

Verantwortung wird nicht nur durch ein gegenwärtiges, aktuelles Geschehen ausgelöst, sondern auch durch ein potentielles, das noch nicht existiert und dennoch jetzt schon unser Engagement verlangt, damit es gar nicht erst geschieht. Wie die Zukunft, können auch, wie sich zeigte, vergangene Ereignisse Fragen an uns richten und heute noch verpflichten. Obwohl die heutigen Türken nicht unmittelbar beteiligt waren, tragen sie Verantwortung für den Genozid an den Armeniern durch die Art und Weise, wie sie gegenwärtig mit diesem historischen Ereignis umgehen. Der Mensch ist nicht nur für das verantwortlich, was er selber tut, sondern auch für das, was nach ihm geschehen kann oder vor ihm geschah. Entsprechend verlangte Jean Améry, die nazideutsche Vergangenheit als „negatives Eigentum" anzunehmen. Er forderte eine Kultur des „reflektierten Selbstmisstrauens", damit der dumpfe, unreflektierte Selbstzweifel nicht erneut von den Menschen Besitz ergreift und sie dadurch anfällig macht für alle möglichen Ersatzhandlungen.

Erinnerung und Identität

Im Mittelpunkt allen Gedenkens steht nicht der Gedenktag, nicht die monumentale Gedenkstätte, sondern der zum Nachdenken gekommene, über

---

[13] J. Améry, *Unmeisterliche Wanderjahre*, Stuttgart 1971, 117 f.
[14] J. Améry, *Ressentiments*, Hamburg 1995, 40.
[15] G. Picht, *Wahrheit, Vernunft, Verantwortung*, Stuttgart 1969, 325.

sich selbst, sein Erbe, sein Eigenstes nachdenklich gewordene und erschrockene Mensch. Dessen Wurzeln liegen in der Familie, der klassischen Bildung, im christlichen Humanismus, der Mündigkeitstradition der Aufklärung, der religiösen und nachreligiösen Kultur. Aber letztlich ist das ganze religiöse, humanistische und kulturelle Erbe umsonst, wenn es nicht persönlich, sondern nur für die Schule, die Universität oder die Kirche angeeignet wird. „Man kann die Weisheit nicht fertig übernehmen, man muss sie selbst entdecken auf einem Weg, den keiner für uns gehen und niemand uns ersparen kann, denn sie besteht in einer bestimmten Sicht der Dinge".[16] Schon bei Thomas von Aquin war es der je einmalige, selbstverantwortliche Mensch, der dem sittlichen Handeln seine Stimmigkeit verleiht.[17]

Lässt sich ein kollektives und öffentliches Gedenken vorstellen, das ganz persönlich ist und nicht nur Zuschauer oder verdrossene Objekte der pädagogischen Belehrung hervorbringt? Für den Philosophen Hans Michael Baumgartner sind es Schmerz und Trauer, die dem Phänomen der Zeit als „Schnitt" und Einschnitt etymologisch zugrunde liegen.[18] Hier wird deutlich, wie das wirkliche, nicht aufgesetzte und einstudierte Leidensgedächtnis, wie die Erinnerung als Einholen der Zeit arbeitet: als Passion. „Dein Erleiden ist dein höchstes Tun, dein Empfinden ist deine höchste Aktivität" (Eckhart). „Der Mensch", so auch Karl Marx in seinen *Ökonomisch-Philosophischen Manuskripten,* ist „ein leidendes und, weil seine Leiden empfindendes Wesen, ein leidenschaftliches Wesen"[19]. Deshalb hat die Erinnerung „nur insofern Kraft und Wirksamkeit, als sie auf mein Empfindungsvermögen noch Einfluss zu nehmen vermag" (Valéry).[20]

Den echten, jetzt noch schmerzenden Schmerz über die Vergangenheit gibt es nur dort, wo sich das Individuum mit seinen eigenen Bedürfnissen und Emotionen beim Erinnern wiedererkennt. Wo es angesichts der Massenmorde der Nationalsozialisten merkt, wie wenig es schon einmal gegolten hat (und möglicherweise auch heute oder künftig zählt), damals, als die „elementare und fundamentale Qualität unseres Menschseins ... radikal in Frage gestellt wurde" (Jörn Rüsen).[21]

---

[16] M. Proust, *Auf der Suche nach der verlorenen* Zeit (Frankfurter Ausgabe Bd. 2), Frankfurt/M. 1994 ff., 630.

[17] Vgl. etwa Thomas von Aquin, *Summa Theologiae* I 29, 1: „quae habent dominium sui actus ..." *De Pot.* 9, 2 ad 1.

[18] Vgl. H.M. Baumgartner (Hg.), *Zeitbegriffe und Zeiterfahrung,* a. a. O., 190.

[19] K. Marx, *Werke, Schriften, Briefe* (Ökonomische Schriften Bd. 4), Stuttgart 1962, 651.

[20] *Ich grase meine Gehirnwiese ab.* Paul Valéry und seine verborgenen Cahiers, hg. von Th. Stölzel, Frankfurt/M. 2011, 131.

[21] Vgl. D. Hoffmann (Hg.), *Das Gedächtnis der Dinge,* Frankfurt/M. – New York 1998, 338.

Was die Christen und christlichen Kirchen betrifft, so wird man sie nur ernst nehmen, wenn sie ihr Glaubenszeugnis mit einem Schuldbekenntnis verbinden: dass auch ihr Gedächtnis unvollständig und ungenau gewesen ist, weil sie vergessen hatten, dass Jesus Jude war. Betrachteten sie jedoch ihre eigene deutsche Christentumsgeschichte als „negatives Eigentum“, wären sie wichtige Partner im schwierigen Prozess des kollektiven Gedenkens. Sie könnten helfen, gerade wegen ihrer einzigartigen Erinnerungs- und Erzählkultur, Spielräume zu schaffen, die sowohl der Verständigung, wie auch der Prävention dienen, nicht zuletzt dem humanitären Engagement. Kreative Zonen zwischen Glauben und Weltverantwortung, Spiritualität und sozialem Handeln.

Politische Mystik

Tiemo Rainer Peters

Der Mystiker teilt die Erfahrungen und Befindlichkeiten seiner Zeit und durchdringt sie bis in jene Grunderfahrung, jenen „Seelengrund", von dem Meister Eckhart (1260–1327) gesprochen hat. Noch Marcel Proust, für den die Poesie zu solchen abgründigen Erfahrungen vordringen kann, handelt in seiner *Recherche* letztlich von der Mystik: „Diese Arbeit, die unsere Eigenliebe, unsere Leidenschaft, unser Nachahmungstrieb, unser abstrakter Verstand, unsere Gewohnheiten geleistet hatten, ist genau die Arbeit, die die Kunst erst wieder beseitigen muss; denn gerade den umgekehrten Weg, den Weg, der zu den Tiefen zurückführt, in denen das, was wirklich existiert hat, von uns ungekannt ruht, heißt sie uns ja gehen."[1] Damit tut sich ein weites Feld zwischen Kunst, Psychologie und Religion auf und wir sind gut beraten, das Thema rigoros einzugrenzen und vorab den Entwurfscharakter des Ganzen zu betonen.

Es gibt die Mystik nicht als solche und zeitlos, sondern nur als eine bestimmte, zum Beispiel als jüdische, christliche oder islamische Mystik. Meine Überlegungen bewegen sich im Umfeld der Religionen des Buches, vor allem des Christentums und suchen hier nach Anknüpfungspunkten für heute. Weil unser Kulturkreis, in dem wir leben und Verantwortung tragen, dadurch geprägt wurde, jene Welt, die ohne das Judentum und seine Folgereligionen (und deren Krisen!) nicht begriffen werden kann.

Aufstand gegen die Banalität

Besonders die Mystik des Hochmittelalters hat sich in einer Übergangszeit entwickelt, zwischen staufischem Ritterkult auf der einen Seite, symbolisiert etwa im Bamberger Reiter, und der bürgerlichen Stadtkultur auf der anderen, die von der Lombardei ausging. Westeuropa war dadurch schweren politischen, wirtschaftlichen und kulturellen Erschütterungen ausgesetzt.[2] Die Deutsche Mystik gehört in diese Zeit der beginnenden Herrschaft der Waren und der Märkte. Sie reagiert auf „ihre" Zeit und scheint auch nur so der „erfüllten Zeit" des „nunc stans" (stare: kosten/auskosten) innegeworden zu sein.

[1] M. Proust, *Die wiedergefundene Zeit,* Frankfurt/M. 2002, 302.

[2] Vgl. F. Heer, *Eckhart.* Predigten und Schriften, Frankfurt/M. 1956, 8.

„Ein alter Meister sagt, dass die Seele gemacht ist mitten zwischen Einem und Zweien. Das eine ist die Ewigkeit, die sich allezeit allein hält und wandellos ist. Die Zwei aber, das ist die Zeit, die sich wandelt und vermannigfaltigt. „Damit will er sagen", so Eckhart, „dass die Seele mit den obersten Kräften an die Ewigkeit, das ist: an Gott, rühre; mit den niedersten Kräften aber rührt sie an die Zeit, und davon wird sie des Wechsels teilhaftig [...]. Die Welt ist darum für sie gemacht worden, damit der Seele Auge geübt und gestärkt werde, dass sie das göttliche Licht ertragen kann".[3]

Die Zeit, in der sich eine solche Mystik artikulieren konnte, war schon lange vorher durch eine politisch-spirituelle Bewegung des Verzichts und der Selbstbeschränkung charakterisiert, die Teile des Adels und weite Kreise der Bevölkerung ergriffen und gegen den Klerikalismus der Kirche und das feudale Mönchtum in Stellung gebracht hatte. Die Buß- und Armengenossenschaft der Waldenser, die Franziskaner und speziell die Dominikaner, die der dualistisch-totalitären Mystik der Katharer entgegentraten, lasen das Evangelium neu und ursprünglich. Gleichzeitig erprobten sie die stadtbürgerliche Freiheit und sahen erste demokratische Strukturen in ihren Ordensregeln vor.

Eckharts Mystik – spiritueller Höhepunkt dieses Aufbruchs – verdankt sich Erkenntnissen der Stoa, die ihrerseits eine Frucht des Widerstands von Intellektuellen gegen die überhand nehmende Barbarei in den Staaten der Spätantike ab 300 v. Chr. war. Auch Eckhart verstand sich als Protagonist einer intellektuellen Rebellion, die antiklerikal und antihierarchisch war und darin in einem weit gefassten Sinn politisch. „Eine der ersten großen Revolten im Abendland war die Mystik" (Michel Foucault).[4]

Eckharts Mystik wird deutsch vorgetragen und vervielfältigt, anders als seine lateinisch geschriebene, Platon und der arabischen Weisheit verpflichtete philosophische Theologie. Die in der bürgerlichen Freiheitsbewegung verankerte Mystik seiner *Deutschen Predigten* stellt sich wie eine Warnung vor zu selbstverständlicher Vermischung des Christlichen mit dem Bürgerlichen dar. Und dies im Augenblick ihrer allerersten Annäherung, als die Hanse frühe wirtschaftliche Erfolge erzielte. „Seht, der Mensch, der weder sich noch irgend etwas außer Gott allein und Gottes Ehre im Auge hat, der ist wahrhaft frei und ledig aller Kaufmannschaft in allen seinen Werken und sucht das Seine nicht, so wie Gott ledig und frei ist in allen seinen Werken und das Seine nicht sucht".[5]

---

[3] Vgl. J. Quint (Hg.), *Meister Eckhart.* Deutsche Predigten und Traktate, München [3]1969, 295; vgl. T.R. Peters, *Mystik, Mythos, Metaphysik, a. a. O.*, 30 f.

[4] M. Foucault, *Was ist Kritik?*, Berlin 1992, 53 f.

[5] J. Quint, *Meister Eckhart*, a. a. O., 155.

Gott wird mystisch erfahren in dieser totalen Leere, die sich alles Überflüssigen entledigt. Hier sind die schöpferischen Akte des Widerstands gegen die im Entstehen begriffene Kultur der pseudoreligiösen Bedürfnisse verankert, welche die Erfahrungen zerstören und das Verhalten der Menschen zerstörerisch werden lassen. Mystik ist der Aufstand gegen die Profanation der Religion.

Um die weltlich-politische Dimension der mystischen Erfahrung zu beleuchten, müssen wenigstens noch Katharina von Siena (1347–1378), Girolamo Savonarola (1452–1498) und Bartolomé de Las Casas (1484–1566) erwähnt werden. Sie waren einer visionären Mystik verpflichtet, welche Kirchen- und Gesellschaftskritik prophetisch miteinander verband und so Geschichte geschrieben hat: in Avignon, Florenz und auf den Westindischen Inseln. Natürlich konnte die Mystik politisch instrumentalisiert werden, wie im Florenz Savonarolas. Sie war auch nicht vor Fehlurteilen gefeit, das zeigt Katharinas Parteinahme für Urban VI. Schließlich ließ sie sich als Weltflucht praktizieren. Auch das war eine Art Politisierung.

Die Mystik der Mendikanten war noch nicht individualistisch verengt. Das setzt erst bei ihren Erben und Epigonen ein. So verkündet Thomas von Kempen (1399–1471) in seiner *Nachfolge Christi*: „Das Reich Gottes ist in uns". Mit der Erneuerungsbewegung der „Devotio moderna" rückt für lange Zeit die Frage nach dem je einzelnen Subjekt in den Mittelpunkt. Sein sozialer Ort wird zweitrangig. Doch selbst solche Privatisierungen hatten objektive Gründe. Schon im 15. Jahrhundert löste sich die lebendige Beziehung zwischen Außen und Innen – eine Reaktion auf den Bruch von religiöser und weltlicher Sphäre in der beginnenden Moderne. Die Mystik hörte so zwar auf, eine Form radikaler Teilnahme zu sein und wurde in ihrer Weltverweigerung dennoch Zeugin einer Welt, so Michel de Certeau[6], die damals gerade im Kommen war. Das heißt, die Weltbezogenheit der Mystik hat eine lange Tradition, die selbst bei den Jüngern der Devotion nur scheinbar abbricht, deren Frömmigkeit in Wirklichkeit auf die einsetzende Neuzeit reagiert und sie dadurch mit herauf führt.

Es genügt nicht, auf gelungene oder verfehlte Formen des Zusammenspiels von Mystik, Gesellschaft oder gar Politik in der Geschichte hinzuweisen. Soll die Mystik etwas mit der erfahrenen und gestaltbaren Welt zu tun haben, und wenn auch nur dadurch, dass sie sich aus ihr zurückzieht, muss sie selber bereits eine welthafte Struktur besitzen.

Man tut gut daran, bei Thomas von Aquin anzusetzen, der, zusammen mit Albertus Magnus, vielleicht als erster christlicher Theologe das „Gewicht der Welt" (Peter Handke) gespürt und seiner theologischen Erkenntnislehre

[6] M. de Certeau, *Mystische Fabel*, Berlin 2010, 26–50.

zugrunde gelegt hatte. Er gehörte in jene staufische Umbruchszeit, an deren Ende Eckharts Mystik steht und deren „antiklerikale Weltlichkeit" noch Dietrich Bonhoeffer faszinierte.[7] Es ging im 13. Jahrhundert um die langsame Abkehr von einem Denkansatz, der die Christentums-, Theologie- und Frömmigkeitsgeschichte bis dahin geprägt hatte: dem augustinisch-neuplatonischen. Hier war der Intellekt, vereinfacht gesagt, immer schon eingeweiht in den Sinnzusammenhang der Welt und des Menschen, ohne dafür letztlich der Welt und des Menschen zu bedürfen. Ist es doch, wie Augustinus glaubte, der fleischgewordene Logos des dreifaltigen Gottes, der „intus docet", der von innen lehrt.[8] Erkenntnis ist Erleuchtung, Unmittelbarkeit der Seele zu Gott, mystische Teilhabe am göttlichen Sein.

Bei Thomas und Albert erhielten Empirie und phänomenologische Genauigkeit erkenntnisleitende Bedeutung. Auch die theologische Vernunft war in jener Erfahrung verankert, die der Begegnung mit der realen Welt entspringt. Zugleich lebte in dieser Phänomenologie der Welt eine Mystik, die nun Kontemplation heißt und von Thomas als „cognitio dei experimentalis"[9], als eine erfahrungserprobte Gotteserkenntnis verstanden wurde. Mit Marie-Dominique Chenu lässt sich hier geradezu von einer „objektiven Spiritualität"[10] sprechen, welche Mystik und endliche Vernunft in einem Erkenntnisakt verbindet, der den Raum der Kontemplation eröffnet.

Postsäkulare „Religiosität"

Lässt sich das, was hier historisch und zuletzt systematisch angedeutet wurde, zeitnah nachvollziehen und vergegenwärtigen? In einer Zeit, da sich die Kluft zwischen Reich und Arm katastrophal vergrößert hat, die Ressourcen der Welt sich gleichzeitig dramatisch verringern und ein ökologischer Kollaps in den Bereich des Möglichen, ja Wahrscheinlichen rückt? Der Philosoph Hans Jonas, der vor mehr als 25 Jahren *Das Prinzip Verantwortung*[11] schrieb, kam zu dem Ergebnis, dass die Einsichtsfähigkeit des Menschen sprunghaft zugenommen habe, seine Fähigkeit jedoch, nach diesen Einsichten zu handeln, dramatisch abnehme. Hiroshima, der Meadows-Bericht über die Grenzen des Wachstums, Tschernobyl, Fukushima und der Klimawandel belegen es auf je ihre Weise. War „der Weg richtig, den wir mit

[7] D. Bonhoeffer, *Widerstand und Ergebung*, a. a. O., 353.

[8] Vgl. Augustinus, *De civ. Dei*, Lib XI, cap. XXVI; Conf., Lib. XI, VIII, 10.

[9] Vgl. Thomas von Aquin, *Summa theologiae* II/II, q.97, a2, re2.

[10] M.-D. Chenu, *Thomas von Aquin* (Rowohlts Mongraphien 45), Reinbek bei Hamburg 1960, 66 ff.

[11] H. Jonas, *Das Prinzip Verantwortung*, Frankfurt/M. 1979 u. ö.

dieser Kombination von wissenschaftlich-technischem Fortschritt und der Steigerung individueller Freiheit erreicht haben?"[12] Nur eine Kultur des Widerstands, eine „asketische Weltkultur", so glaubte der Philosoph Carl Friedrich von Weizsäcker, wäre in der Lage, wirksame Gegengewichte zu setzen gegen eine Politik des besinnungslosen Wachstums, die sich den Anschein gibt, ohne Alternative zu sein.[13]

Diese Diagnose bleibt für die spätmodernen Gesellschaften gültig und speziell für ein desorientiertes Individuum, dem in der durchdigitalisierten Welt von heute nichts Geringeres als der Weltverlust droht. Gemeint war nicht jene „innerweltliche Askese", die Max Weber vor über hundert Jahren im bürgerlichen Ethos des Sparens und der Besitzanhäufung identifiziert hatte[14] und die inzwischen in einen Rigorismus des Immer-mehr ausgeartet ist, selbst wenn es das eigene Leben bzw. die Zukunft der kommenden Generationen kosten sollte. Das heißt, die von Hans Jonas diagnostizierte Plünderungsmentalität ist selbst das Resultat einer pervertierten Spiritualität und Askese und scheint auch deshalb so tief in der menschlichen Verhaltensstruktur verankert zu sein.

Inzwischen ist so etwas wie „Religion" zurückgekehrt, was Max Weber verblüfft hätte: Religion als Desiderat der „säkularen" Welt selbst, deren Säkularität auf halbem Weg stecken geblieben zu sein scheint und die Seelen der Menschen nicht mehr erreicht. Sie kehrt wieder als dasjenige Beruhigungsmittel, als das sie von der religionskritischen Aufklärung entlarvt und für überholt erklärt worden war. Ein Christentum, das diesem neureligiösen Bedürfnis entgegen käme oder darin sogar eine Chance für sich selbst erblickte, hätte weder seine mystischen Traditionen verstanden, noch die Zeichen der Zeit. Es bedarf einer Mystik, die nicht nur Dekoration und Palliativ der Verhältnisse ist; die das Politisch-Gesellschaftliche einbezieht und sich tiefer und radikaler aneignet, als dies den oft von weither geholten modischen Spiritualitäten möglich ist oder auch nur wünschenswert erscheint.

Im Christentum, so hatte sich gezeigt, gab es Zeiten freiwilliger Selbstbeschränkung, die ihren Ausdruck in der Evangelischen Armutsbewegung fand. Sie waren revolutionär selbst noch bei Meister Eckhart und stellten sich bei Franz von Assisi als eine „Bewegung von Verzicht auf Welt und Wiedergewinnung von Welt"[15] dar. Lässt sich eine solche dialektische

[12] H. Jonas, in: Der Spiegel, Heft 20/1992.

[13] C. F. von Weizsäcker, *Deutlichkeit.* Beiträge zu politischen und religiösen Gegenwartsfragen, München 1978, 73 f.

[14] M. Weber, *Asketischer Protestantismus und kapitalistischer Geist*, in: J. Winkelmann (Hg.), *Max Weber, Soziologie, Weltgeschichte.* Analysen, Politik, Stuttgart 1968, 357 ff.

[15] Vgl. F. Schupp, *Schöpfung und Sünde*, Düsseldorf 1990, 585.

Weltlichkeit in einer Zeit wiederbeleben, da die „Religion" deformiert zurückgekehrt ist und der Verdacht besteht, das richtige Leben sei wegen der Falschheit des Ganzen nicht mehr möglich?[16] Dietrich Bonhoeffer, der beispielhaft für eine heute noch mögliche Mystik sein könnte, meinte, dass unser Christsein – nach dem Glaubwürdigkeitsverlust der Kirchen im Dritten Reich – nur in zweierlei bestehen werde: „im Beten und im Tun des Gerechten unter den Menschen", dem „ora et labora" der christlichen Mönche.[17]

Nach dem „Tode Gottes"

Bonhoeffer war kein besonderer Freund der Mystik – weil aus ihr die „Ortlosigkeit Gottes" folge.[18] Gleichwohl glaubte er, dass in einer entzauberten, vom Jagdeifer gegen alles Heilige getriebenen Welt, eine spirituelle Kraft nötig sei, eine „Arkandisziplin", wie er sie zuletzt nannte, die zwischen Beten und weltlichem Tun zu vermitteln hätte. Der altkirchlichen Gemeindepraxis entlehnt, hätte sie den Glauben vor „Profanierung" und die Welt vor Verflachung zu bewahren[19] – was sich als die wesentliche Funktion der Mystik erwiesen hatte. „Nicht die platte und banale Diesseitigkeit der Aufgeklärten, der Betriebsamen, der Bequemen oder der Lasziven, sondern die tiefe Diesseitigkeit, die voller Zucht ist, und in der die Erkenntnis des Todes und der Auferstehung immer gegenwärtig ist, meine ich".[20]

Die Arkandisziplin schützt die Glaubensgeheimnisse nicht vor weltlicher Interpretation, welche Bonhoeffer als kritischer Theologe entschieden forderte. Sie ist kein Schonraum für Kirche, Glauben oder Frömmigkeit. Das Arkanum lässt sich auch nicht als Ort der mystischen Versenkung und Regeneration verstehen, der gegen die Welt abgeschirmt wäre und isoliert vom weltlichen Engagement existierte. Der mystische Raum, um den es hier geht, konstituiert sich nicht *gegen*, sondern *für* die Welt. Er kann nur ein Moment des weltlichen Handelns selbst sein. Der Gesprächspartner und wichtigste Interpret Bonhoeffers, Eberhard Bethge, hat das Arkanum deshalb mit Hilfe einer Metapher umschrieben, die auf Bonhoeffer selbst zurückgeht: als eine sich durchhaltende „Gegenstimme", als „Kontrapunkt", der das diesseitige Leben in seiner Selbständigkeit und Widerständigkeit

---

[16] Vgl. Th. W. Adorno, *Minima Moralia*, Frankfurt/M. 1975: „Der Distanzierte bleibt so verstrickt, wie der Betriebsame", 23.
[17] D. Bonhoeffer, *Widerstand und* Ergebung, a. a. O., 435.
[18] D. Bonhoeffer, *Das Wesen der Kirche* (DBW 11), Gütersloh 1994, 244.
[19] D. Bonhoeffer, *Widerstand und Ergebung*, a. a. O., 415.
[20] D. Bonhoeffer, *Widerstand und Ergebung, a. a. O.*, 541.

produktiv begleitet und vertieft. „Wenn man in dieser Polyphonie steht, dann wird das Leben erst ganz …“.[21]

Analytischer betrachtet, ließe sich das Arkanum als ein „transzendentaler Ort“ (Lukács) beschreiben. Transzendental geworden ist für Georg Lukács die Heimatlosigkeit, das Unabgeschlossene und Brüchige, die „Obdachlosigkeit“.[22] Auch Bonhoeffer geht nicht mehr von einer bergenden göttlichen Totalität aus. Im Hintergrund steht der von Friedrich Nietzsche diagnostizierte „Tod Gottes“ – und jener „letzte Mensch“, der den Gottestod durch seine religiöse Halbherzigkeit und Unbeweglichkeit im Grunde verursacht. Er trägt in den Reden Zarathustras bereits die Züge des indifferenten Gewohnheitschristen unserer Tage.[23] Dessen Nihilismus greift Bonhoeffer an – im Gedanken der Arkandisziplin und vollends mit seinen Überlegungen zu einem künftigen „religionslosen Christentum“. In ihm kennzeichnet er die Welt als Ort der Abwesenheit und fundamentalen Bedürftigkeit Gottes; als Gottes Angewiesenheit auf den Menschen. „Der jeweils gegebene erreichbare Nächste ist das Transzendente“, die personifizierte „Ohnmacht“ Gottes in der Welt.[24]

Diesem abgründigen Geheimnis standzuhalten, scheint die spirituelle Herausforderung der Gegenwart zu sein; den begegnenden Nächsten nicht zu ignorieren, zu verleugnen oder der blanken Verachtung zu überlassen, darüber wacht die Arkandisziplin, diese Mystik nach dem „Tode Gottes“. Eine Spiritualität, die nicht bis hier vorstößt, bleibt im schlechten Sinne „kontemplativ“ und verliert aus den Augen, was für Michel de Certeau nach dem Verlust des gekreuzigten Körpers Jesu in allem gesucht werden muss: ein anderer, mystischer Körper – der des Anderen.[25]

Die Mystik lässt sich somit als konstitutives Moment der religionshistorischen und gesellschaftlichen Prozesse verstehen, bis hinein in deren nachtheistische Gebrochenheit und Unbehaustheit. Man könnte sie, zeitgenössisch, als eine verborgene Trauerarbeit an der Abwesenheit Gottes bezeichnen.[26] Noch etwas anderes ergibt sich, wenn man der staufisch-thomanischen Wende zur Welt und nicht der neuplatonisch-idealistischen Spur Augustins oder Bonaventuras folgt: Nicht die innere mystische Erleuchtung ist es, die das „tätige Leben“ antreibt und uns den Anderen etwa als Objekt des Mitleids und der Fürsorge erkennen lässt. Will man den

[21] Ebd., 442.

[22] G. Lukács, *Die Theorie des Romans*, Berlin 1920 u. ö. 32.

[23] Vgl. F. Nietzsche, *Also sprach Zarathustra*, KSA 4, 265 ff. (26/27).

[24] D. Bonhoeffer, *Widerstand und Ergebung*, a. a. O., 558.

[25] M. de Certeau, *Mystische Fabel, a. a. O.*, 127.

[26] Vgl. D. Bogner, *Gebrochene Gegenwart.* Mystik und Politik bei Michel de Certeau, Mainz 2002.

Anderen in seiner Fremdheit und Unverfügbarkeit ernst nehmen und im Zusammenhang der mystischen Erfahrung verstehen, kann es gerade nicht mehr um dieses traditionelle Nacheinander gehen. Vielmehr kommt das mystische Ich, wenn es dem Anderen und so dem Transzendenten begegnet, als Subjekt seiner innerlichsten Erfahrungen und höchsten Aktivität jetzt überhaupt erst zur Welt. Darin besteht die Aktualität einer Mystik, die in ihrer dialektischen Weltlichkeit heute geradezu lebens- und überlebensnotwendig geworden ist.

Belege

Thomas und die Politische Theologie der Welt. „Lectio magistralis" zur Verleihung des Titels „Magister in Sacra Theologia" am 28.1.2014 in Köln. Unveröffentlicht.

Zeitreflektierte Theologie. Eine Skizze. Unveröffentlicht.

Die Vergesslichkeit der Erinnerung. Gekürzte Fassung in: *Meditation.* Zeitschrift für christliche Spiritualität und Lebensgestaltung 37 (4/2011), 33–38.

Politische Mystik. In: Gesellschaft der Freunde christlicher Mystik e.V., Rundbrief 2/2011,28–41. Überarbeitet.

Politik und Frieden mit Thomas von Aquin

Thomas von Aquin und die Politik – eine Nicht-Beziehung?

Walter Senner

Thomas von Aquin gilt nicht zu Unrecht als ein typischer Stubengelehrter – war er deshalb ein unpolitischer Mensch?

Auch er ist von der großen Politik und ihren dramatischen Folgen nicht unberührt geblieben: seine Familie gehörte zu den Lehnsleuten Kaiser Friedrichs II. Als sie in dessen Konflikt mit Papst Gregor IX. die Seiten wechselte, kostete das seinem Bruder Rinaldo das Leben: er wurde als Verräter hingerichtet[1]. Es ist schwer vorstellbar, dass das den jungen Dominikaner, der im Lauf seines Lebens guten Kontakt zu seinen Angehörigen gehalten hat[2], nicht getroffen hätte. Politisch motiviert war sowohl seine von Papst und König gegen Widerstand aus der Fakultät durchgesetzte Installation als Magister der Theologie in Paris 1256[3] als auch die Beauftragung als Lektor des dominikanischen Studiums am Sitz des Papstes in Orvieto 1261[4], seine abermalige Berufung in einer Krisensituation nach Paris 1268[5] und schließlich 1272 die an das mit der Universität verbundene Ordensstudium in Neapel[6]. Doch in all diesen Zusammenhängen begegnet uns Thomas nicht als politisch Handelnder, sondern als jemand, der Folgen politischer Aktionen zu tragen hat – wie wir es alle sind.

Es ist wohl etwas übertrieben wenn Ronald Carstens meint: „Man könnte vom Kontext der Zeit her, in der er lebte – einer Zeit in der die Kirche darum kämpfte ihre Führungsrolle zu behalten angesichts eines anwachsenden Materialismus und säkularer Sichtweisen der Welt, argumentieren, es sei primär ein politisches Motiv gewesen, das den Aquiner dazu bewegte, die systematische Theologie und philosophische Synthese zu entwerfen, die sein Lebenswerk waren“[7]. Yves Congar, ein guter Thomaskenner, schreibt dagegen: „Man weiß … mit welchem Bedacht Thomas politisch-theologische Themen umging, an denen so viele Autoren seiner Zeit Gefallen fanden

[1] Torrell, Jean-Pierre: Magister Thomas, Freiburg/Br. 1995, S. 25.

[2] A.a.O., S. 34.

[3] A.a.O., S. 71.

[4] A.a.O., S. 137 f.

[5] A.a.O., S. 195–199. Das doxographische Stereotyp, dies sei geschehen, um Thomas besonders zu ehren ist nicht begründet.

[6] A.a.O., S. 261–263; Senner, Walter: Gli ‚Studia generalia‘ nell' Ordine di Predicatori nel duecento, in: *Archivum Franciscanum Historicum* 98 (2005), S. 151–175.

[7] Carstens, Ronald W.: The medieval antecedents of constitutionalism, New York [u. a.] 1992 (*American University Studies* IX,115), S. 41.

… Thomas selbst jedoch hielt Abstand von der Theokratie eines Innozenz IV., zu dessen ausgehendem Pontifikat er schrieb“[8].

Mit politischem Denken hatte Thomas von Aquin durchaus zu tun: als Bakkalaureus seines Lehrers Albert hat er in Köln dessen Vorlesungen zur Ethik des Aristoteles mit und ins Reine geschrieben[9] – soweit mensch bei seiner ‚Sauklaue‘ davon sprechen kann –, der Ethik, in der sich die ‚felicitas civilis‘ als die Erfüllung des politisch erfolgreich Engagierten dargestellt findet – freilich nachrangig nach der ‚felicitas comtemplativa‘ des Philosophen[10], die Kommentare zu den beiden Hierarchien des Pseudo-Dionysius, in denen der Stufenbau der himmlischen Chöre, wie der Kirche auf Erden, spekulativ begründet wird, hat er sogar mit vorbereitet[11]. Das Werk Alberts aufnehmend und vertiefend hat Thomas sowohl philosophisch im Anschluss an Aristoteles politische Theorie dargestellt als auch eine eigene theologische Bewertung von Politik entwickelt.

Philosophisch sind das vor allem seine Kommentare zur Ethik und zu den ersten drei Büchern der Politik des Aristoteles[12], doch schon in seiner

[8] Congar, Yves: Die Lehre von der Kirche von Augustinus bis zum Abendländischen Schisma, Freiburg/Br. [e.a.] 1971 (*Handbuch der Dogmengeschichte*, vol. III, fasc. 3c), S. 156; Sinn eher: „Innozenz IV., *während* dessen ausgehendem Pontifikat“. Zum Hintergrund papalistischer Theorie und der nicht auf die eines ihrer Ideologen reduzierbaren Rolle des Thomas: Ullmann, Walter: The growth of papal government in the Middle Ages: a study in the iedeological relation of clerical to lay power, London 1955, bes. S. 439–446 u. S. 457.

[9] Albertus Magnus: *Super Ethica, commentum ac quaestiones*, l. 1–5, ed. Wilhelm Kübel, Münster Wf. 1972 (*Opera omnia Editio Coloniensis* 14,1), Prolegomena S. 5b-6a.

[10] Albertus Magnus: *Super Ethica* (Anm 9), l. I, lect. 7, n. 35: S. 32,89–333,15 u. ö.; Woyke, Andreas: Die Verortung der Glückseligkeit jenseits der Welt im christlich-mittelalterlichen Denken, in: *Freiburger Zeitschrift für Philosophie und Theologie* (2013), S. 20–48.

[11] Burger, Maria: Codex 30 der Dombibliothek Köln: ein Arbeitsexemplar für Thomas von Aquin als Assistent Alberts des Großen, in: *Mittelalterliche Handschriften der Kölner Dombibliothek: erstes Symposion der Diözesan- und Dombibliothek Köln zu den Dom-Manuskripten*, 26.–27. Nov. 2004, hrsg. Heinz Finger, Köln 2005 (*Libelli Rhenani* 12), S. 190–208.

[12] *Sententia Libri Politicorum*, ed. Hyacinth-François Dondaine & Louis-Jacques Bataillon, in: Thomas de Aquino, *Opera omnia* ed. Leonina. t. 48 (1971). Thomas hat l. I-III,6 (bis zu 1280a7) während seines zweiten Pariser Magisteriums, wahrscheinlich nach seinem Ethik-Kommentar, verfasst und das Werk unfertig liegen gelassen. Der Rest (l. III,7-VIII) ist dem Politik-Kommentar des Petrus de Alvernia entnommen (überliefert u. a. durch Vat. Ross. 569, von Martin Grabmann 1915 entdeckt). Unter 27 Handschriften sind 11 aus dem XIII. oder Anfang des XIV. Jahrhunderts „… eine sehr homogene <handschriftliche> Überlieferung, aus einem Universitäts-Exemplar hervorgegangen, das von 8 Textzeugen belegt wird.“ H.-F. Dondaine & L.-J. Bataillon, Préface, a. a. O., S. A6b-A7a. Zur Thomas vorliegenden lateinischen Übersetzung der *Politica* durch Guillelmus de Moerbeke OP: „Die wahrscheinlichste Hypothese ist, daß der hl. Thomas eine Handschrift hatte, die dem Original von Moerbeke relativ nahe stand.“ A.a.O., S. A63a. Die Drucktradition ist beschrieben von Martin Conor: The vulgate text of Aquinas's commentary on Aristotle's Politics, in: *Dominican Studies* 5 (1952), pp. 35–64: von der Ausgabe des Ludovicus de Valentia Ferrariensis OP, Rom 1492 (*HC* 1768, bei Ed. Leon.: Ed^2), hängen alle späteren bis hin zur Edition durch Raimondo

Qualifizierungsarbeit als Magister der Theologie, dem Kommentar der vier Sentenzen-Bücher des Petrus Lombardus, finden wir die Rezeption der *Politica* des Stagiriten. Es gibt vier Stufen menschlicher Kommunikation: „Erstens die eheliche Gemeinschaft, zweitens die Hauswirtschaft, in der die Menschen im Rahmen der häuslichen Pflichten kommunizieren, drittens die politische Sphäre, in der die Menschen mit ihren Mitbürgern kommunizieren und viertens die göttliche Gemeinschaft, in der alle Menschen in dem einen Leib der Kirche kommunizieren“[13]. „Politik ist die theoretische und die praktische Haltung der <Menschen>, die im Gemeinwesen (civitas) zusammenkommen“[14] – wir würden sagen: Politikwissenschaft und politische Praxis. Doch auch eine Akzentverschiebung ist bereits hier zu bemerken wenn Aristoteles nachgesagt wird, er habe Politik als Teil der Klugheit und damit der Ethik betrachtet[15]. Dieser hatte als Konsequenz einer

---

Spiazzi (bei Marietti), Torino 1951 ab. Ludovicus hatte seiner Ausgabe nur eine Handschrift. (vom Typ V^4 ähnlich Vat. Lat. 775) zugrunde gelegt, in der das ganze Werk Thomas zugeschrieben wurde und die lateinische Aristoteles-Übersetzung des Guillelmus de Moerbeke durch die Renaissance-Übersetzung. des Aretino ersetzt. Erst. In der Edition Venedig 1514 taucht der Terminus ‚lectio‘ für Abschnitte auf, die bis dahin auch in den Handschriften. nur durch einen Absatz mit Kapitale auf neuer Zeile markiert waren – die von daher stammende Annahme, es handle sich bei diesen Abschnitten in Thomas’ Aristoteleskommentaren jeweils um einzelne Vorlesungsstunden ist also unbegründet.

[13] „Communicatio … 1ª <connubium> 2ª oeconomia homines in domesticis officiis communicant, 3ª est politica, secundum quam homines ad concives suos communicant, 4ª est divina, secundum quam omnes homines communicant in uno corpore Ecclesiae vel actu vel potentia. Et haec est amicitia caritatis, quae habetur ad omnes, etiam ad inimicos.“ *Scriptum super Sententiis Magistri Petri Lombardi l.III,* d. 29, q. 1, a. 6, sol.: ed. Maria Fabianus Moos, Paris 1933, n. 75, S. 937.

[14] „… politica, quae est habitus speculativus et practicus civitati conferentium“ *Scriptum III Sent* (Anm. 13), d. 33, q. 3, a. 1, qc. 4, sol: n. 296, S. 1078. Aristoteles hat den Begriff ‚πολιτεία‘; er „bezeichnet die Bürgerschaft, sowohl als Summe der Vollbürger, wie als Bürgerrecht“ und Rechtsordnung“, insbesondere „die Ordnung der Polis im Hinblick auf die Ämter und zumal auf das höchste und wichtigste von allen“ *Pol.* 1278b8 ff.; Christian Meier: Politeia, in: *Historisches Wörterbuch der Philosophie* VII (1989), Sp. 1034–1037. „Es muß offen bleiben, ob Aristoteles die Bezeichnung der Vollbürger als Polites selber prägte oder den Sprachgebrauch bereits vorfand“. A.a.O., Sp. 1037. Dazu Thomas: „quod opportunum est ciuitati que debet bene uiuere politice“ *Sent. Pol.* (Anm. 12) L. II, c. 13: S. A163,37 f.

[15] „Philosophus dicit in 6° Ethicorum quod politica est idem quod prudentia.“ *Scriptum III Sent.* (Anm. 14), d. 33, q. 3, a. 1, qc. 4, arg. 3: ed. Maria Fabianus Moos, Paris 1933, n. 267.3, S. 1072. Quelle: Aristoteles: *Ethica ad Nicomachum* (In der Folge: *Eth. Nic.*) VI,8: 1141b29–33, benutzte Edition: Ingram Bywater, Oxford 1894 u. ö. „Politica est prudentia quaedam, qua homo dirigitur in his quae ad alium spectant.“ Ibid., ad 3: ed. Moos (Anm. 13), n. 300, S. 1078 f. „… dictum est enim in VI Ethicorum quod politica est quedam pars prudentiae“ (*Sent. Pol.* (Anm. 12) L. III, c.3: S. A194,122 f.; vgl. Aristoteles: *Eth. Nic.* VI,7: 1141b29–33). In seinem Politik-Kommentar fügt Thomas der Feststellung des Stagiriten, alle Menschen haben einen naturgegebenen Drang zur politisch verfassten Gemeinschaft (‚ad talem communitatem‘ <civitatis> *Pol.* I,1: 1253b30 f.) zu: „sicut et ad virtutes“. *Sent. Pol.* I,1: *Opera omnia* ed. Leonina t. 48, S. A79, 202–204.

umfassenden Konzeption der Wissenschaften vom Menschen als ‚πολιτικὸν ζῷον‘[16] – als nur gesellschaftlich möglichem Lebewesen – die umgekehrte Auffassung[17]. Die Wissenschaft der *Politica* zielt auf eine Praxis hin; die Fähigkeit zu deren Ausübung nennt Aristoteles Kunst (τέχνη). Diese Kunst der Politik besteht für den Stagiriten – der von ihm so wiedergegebenen Auffassung der Sophisten widersprechend – nicht aus Rhetorik und einer dem eigenen Vorteil dienenden Gesetzgebung[18]. Wir haben hier die „Gegenüberstellung von Tagespolitik, wie ihr gewöhnliche Politiker nachgehen, und der wahren Staatskunst, die Menschen besser macht“[19]. Der auf Genuss ausgehenden Lebensweise ‚der Vielen‘ setzt Aristoteles die politische und die kontemplative entgegen[20]. Als treibende Kraft für das aktive politische Leben nennt er das „Streben nach Ehre“[21], die allerdings auch nicht das höchste Gut sein kann[22], ebenso wenig wie die Tugend an sich[23]. „Das auf Gelderwerb gerichtetes Leben hat etwas Unnatürliches und Gezwungenes an sich, der Reichtum ist das gesuchte <höchste> Gut offenbar nicht“[24]. Der ‚wahre Politiker‘ bemüht sich um die Tugend, „da er die Bürger tugendhaft und den Gesetzen gehorsam machen will“[25]. Die wahrhaft so zu nennende Polis „muß für die gute charakterliche Qualität <der Bürger> Sorge tragen“[26], um nicht ein bloßes Zweckbündnis zu werden, das zerfällt, wenn es

---

[16] *Politica* I,2: 1253a 3. Dazu vgl. ausführlicher: „Frieden im Himmel … unten S. 79. *Politica* im Folgenden abgekürzt: *Pol.*, benutzte Edition: W. D. Ross, Oxford 1957; W. L. Newman: The Politics of Aristotle [griech., mit Komm.] Vol. I-IV, Oxford 1887–1902, dt.: Aristoteles: Politik, übers. von Franz Susemihl, hrsg. Nelly Tsouyopoulos, Hamburg 1965 – meist näher am Griech. – dito., übers. u. hrsg. von Olof Gigon, München 1973 – sprachlich schöner.

[17] „Der Staat ist denn auch von Natur ursprünglicher als das Haus oder jeder Einzelne von uns“. Übers. Olof Gigon. *Pol.* I,6: 1253a 19 f.

[18] *Eth. Nic.* (Anm. 15) X,10: 1181a12–19, darauf macht aufmerksam: Eckart Schütrumpf: Einl. zu Aristoteles: *Politik* <dt.>, Hamburg 2012 (*Philosophische Bibliothek* 616). S. XIII. Ich kann mich seiner Lektüre von „σσυνγγαγόντι τοὺς εὐδοκιμοῦντας τῶν νόμων (1181a16 f.) als „Auswahl der besten Gesetze“ (Schütrumpf S. 13) allerdings nicht anschließen. Für seine <Wissenschaft der> Politik nimmt Aristoteles in Anspruch, dass sie lehrbar ist.

[19] Schütrumpf, E.: Einl. (Anm. 18), S. XV.

[20] *Eth. Nic.* (Anm. 15) I,3: 1095b14–19. „πολιτικὸς wird von Guillelmus de Moerbeke mit civilis‘ übersetzt; Text in: Thomas de Aquino: *Sententia Libri Ethicorum*, ID.: *Opera omnia*, ed. Leonina t. 47,1, S. 17,18.

[21] *Eth. Nic.* (Anm. 15) I,3: 1095b22 f., Übers. Eugen Rolfes (Aristoteles: *Nikomachische Ethik*, auf der Grundlage der Übers. von Eugen Rolfes hrsg. von Günther Bien, Hamburg 1972 (*Philosophische Bibliothek* 5), S. 5. Bei Thomas, zur Stelle, wird „πολιτικὸς βιὸς“ zu „vita activa sive civilis“ *Sent. Eth.* (Anm. 18) I,5, S. 19,114 f.

[22] *Eth. Nic.* (Anm. 15) I,3: 1095b24–27.

[23] *Eth. Nic.* (Anm. 15) I,3: 1095b28–1096a4.

[24] *Eth. Nic.* (Anm. 15) I,3: 1096a5–7 Übers. Eugen Rolfes (Anm. 21), S. 6.

[25] „Ὁ κατ᾽ ἀλήθειαν πολιτικὸς“ *Eth. Nic.* (Anm. 15) I,13: 1096a5–7 Übers. Eugen Rolfes (Anm. 21), S. 22.

[26] *Pol.* (Anm. 12) III,9: 1280b6–8. Übers. E. Schütrumpf (Anm. 18), S. 101.

nicht mehr vorteilhaft erscheint. Haustiere, Frauen und Sklaven hält Aristoteles für zu planendem Denken unfähig; sie müssen zu ihrem eigenen Besten von ihren Herren geleitet werden[27].

Nicht jeder Freie soll nach Aristoteles auch Bürger, politisch Handlungsfähiger sein: „sondern nur denjenigen, die von der Ausübung lebensnotwendiger Arbeiten befreit sind, … <nicht> diejenigen, die mit solchen notwendigen Tätigkeiten einem einzigen Herrn dienen, Sklaven, und diejenigen, die der Allgemeinheit zu Diensten stehen, Handwerker (wörtlich: Banausen) und Tagelöhner“[28]. Folglich ist dem Stagiriten 'Demokratie', die Herrschaft der vulgären Masse, eine Entartungsform der rechten 'politeia', wie Tyrannei, die Gewaltherrschaft eines Einzelnen, Entartung der Monarchie und Oligarchie, die Herrschaft Weniger zum Schaden des Gemeinwohls, Dekadenz der Aristokratie sind[29]. Freundschaft unter den Bürgern ist für das Gemeinwohl gut – wenn sie nicht zum Klüngel wird[30].

Für Aristoteles, ist – wie für menschliches Handeln überhaupt – auch beim Wirtschaften und im Krieg das rechte Maß[31] zwischen zuviel und

---

[27] *Pol.* I,5: 1254a 17–1255a 2. Nach O. Gigon: Die Sklaverei bei Aristoteles, in: *La 'Politique' d'Aristote*, éd. Fondation Hardt, Vandeuvres-Genèves 1965, S. 247–283, S. 254 f. fasst hier der Stagirite eine ursprünglich „viel ausführlichere Darlegung knapp und nicht ohne Flüchtigkeit zusammen“. In diesem Rahmen wird auch die Analogie mit dem Verhältnis von Seele und Leib explizit angeführt (1254a 34-b 9.).

[28] *Pol.* III,5 (lat. III,4): 1278a8–10 ff. Übers. Eckart Schütrumpf: Aristoteles *Werke* IX,2, Berlin. 1991, S. 57,35–41. Thomas gibt als Beispiel für ‚Banausen' „Schuster und Bäcker, die die jedem gegen Geld zu Diensten sind“ *Sent. Pol.* (Anm. 12) zur Stelle: S. A198,67 sq. ‚Banause' ist laut Jacob u. Wilhelm Grimm: *Deutsches Wörterbuch*, Neubearbeitung hrsg. von d. Berlin-Brandenburgischen Akademie der Wissenschaften u.d. Akademie der Wissenschaften zu Göttingen, Bd. IV,1, Stuttgart 2008, Sp. 121 f. „jemand der seinen Lebensunterhalt durch Handarbeit bestreitet und keine intellektuellen oder künstlerischen Leistungen vollbringt, seit Anfang des 19. Jh.s zunehmend abwertend“.

[29] „Entartungen der hier genannten Verfassungen sind: Tyrannis die Entartung des Königtums (zum Nutzen des Alleinherrschers), Oligarchie der Aristokratie (zum Nutzen der Reichen), Demokratie die Entartung der Politie (zum Nutzen der Armen). … Auf den Nutzen der Allgemeinheit ist keine von ihnen ausgerichtet“. *Pol.* II,7: 1279b4–10. Thomas erläutert nicht ohne Realitätssinn: „Demokratie, Volksherrschaft, die der vulgären Masse, ist die Überschreitung der Politia in der Viele herrschen, wenigstens wegen ihrer Kriegstüchtigkeit“ *Sent. Pol.* (Anm. 12) zur Stelle: S. A204,60–63.

[30] *Eth. Nic.* VIII,12: 1160b12–15; Thomas: „Philosophus … ponit talem rationem: omnis amicitia in communicatione quadam consistit; omnis autem communicatio reducitur ad politicam; ergo omnes amicitiae species secundum politicas communicationes sunt accipiendae.“ *Sent. Eth.* (Anm. 22) VIII, 9: *Opera omnia* ed. Leonina t. 47,2, S. 472,10–14. Unter ‚Amicitia politica'(*Quaetiones disputatae De virtutibus,* q. 2 <auch *QD*> *De caritate*, a. 7, sol.: in: ID.: *Quaestiones disputatae*, Bd. 2, Rom 1965, ed. P.A. Odetto <vulgo: ed. Marietti>, hier S. 771a; *Sent. Eth.* (Anm. 22) VIII, 12: S. 47) versteht er nicht Klüngel sondern (Lokal-?) Patriotismus, den er auch ‚amicitia concivium' nennt (*S.th.* $II^{a}II^{ae}$ q. 26, a. 8, co.: *Opera omnia* ed. Leonina t. 8, S. 128a-b).

[31] *Eth. Nic.* II, 6: 1106b 12 u.ö.

zuwenig Richtmaß, das er zu operationalisieren versucht. Seine Politik ist gerade deshalb eine Kunst des Möglichen. Seine Vorstellungen zeigen deutlich die hellenische Polis als Ausgangspunkt – ein Ideal, das schon im Lauf von Aristoteles' eigener Lebenszeit immer weniger der politischen Wirklichkeit entsprach[32]. Erst recht nicht entsprach es den gesellschaftlichen Gegebenheiten des 13. Jahrhunderts, doch Thomas von Aquin – wie auch Albertus Magnus – paraphrasiert das alles ohne einen Hauch von Kritik und ohne auch nur den Versuch eines Transfers in die eigene Zeit[33]. Lediglich einige Erläuterungen lassen Rückschlüsse auf ihn zu – etwa, wenn er als Beispiel für „banausische Tätigkeiten", die keine Überlegung erfordern, sondern nur Handarbeit, die Kochkunst nennt – er war eben kein Gourmet[34].

Verständlich wird diese Distanzlosigkeit nur, wenn wir uns vor Augen halten, was Albertus Magnus am Schluss seines Politik-Kommentars schreibt: „Ich erkläre was gesagt ist und führe dafür die Argumente und Gründe an, wie ich überhaupt in allen meinen Büchern über das Natürliche, niemals etwas aus mir selbst gesagt, sondern die Ansichten der Peripatetiker so getreu ich konnte erklärt habe"[35]. Wenn auch weniger dramatisch gilt das

---

[32] „Die Eule der Minerva beginnt erst mit der einbrechenden Dämmerung ihren Flug" nannte das Georg W. F. Hegel: Grundlinien der Philosophie des Rechtes, Vorrede: Berlin 1820, S. 24.

[33] Hyacinth-François Dondaine & Louis-Jacques Bataillon, Préface, in: Thomas de Aquino, *Opera omnia* ed. Leonina. t. 48 (1971), s. A8: „ … son caractère de simple paraphrase interdit d'y chercher des critères d'évolution doctrinale. … A première lecture les deux commentaires <Albertus Magnus & Thomas de Aquino> n'offrent que relativement peu des points de contact … Les divergences sont très nombreuses. Certaines proviennent du fait qu'Albert lisait un texte aristotélicien comportant nombre des leçons differents de celui que suivait saint Thomas". Dieser wichtige Umstand wurde in der Literatur über Thomas politische Theorie durchgängig zu wenig beachtet.

[34] Aristoteles: *Pol.* I,9: 1258b25–27 (lat. Ed. Leonina t. 48, S. A108a): „tertium <pars mercatiuae artis> T: mystarina / A: ministratiua; huius autem hec quidem banausarum artium, hec autem inartificialium et corpori soli utilium". (Carolus Ducange: *Glossarium mediae et infimae Latinitatis*, ed. Léopold Favre 1883–1887, Nachdr. Graz 1954, Bd. IV, S. 563, kennt nur ‚mystarchus' als Ehrentitel des Erzbischofs von Toledo). Thomas kommentiert: „Tertia autem pars est mystarina, id est mercenaria, sicut eorum qui labores suos locant pro mercede pecunie. In haec est quidam differentia: quia quedam mercenaria fit per artes banausas, id est maculatiuas corporis, sicut est ars coquorum et huiusmodi ministeriorum; quedam autem fit per labores non artificiales, et qui sunt utiles soli corpori, et in quibus etiam solus corpus est utile, sicut illi qui mercede conducuntur ad fodiendum in agro et aliquid aliud huiusmodi." *Sent. Pol.* (Anm. 12) zur Stelle: S. A110, 98–107.

[35] „Nec Aristoteles dicit de se hoc, sed recitat qualiter tales gentes politias suas ordinaverunt. Nec ego dixi aliquid in isto libro, nisi exponendo quae dicta sunt, et rationes et causas adhibendo. Sicut enim in omnibus libris physicis numquam de meo dixi aliquid, sed opiniones Peripateticorum quanto fidelius potui exposui. Et hoc dico propter quosdam inertes, qui solatium suae inertiae quaerentes, nihil quaerunt in scriptis, nisi quod reprehendant: et cum tales sint torpentes in inertia, ne soli torpentes videantur, quaerunt ponere maculam in electis. Tales Socraem occiderunt, Platonem de Athenis in Academiam fugaverunt, in Aristotelem ma-

ebenfalls für Thomas: Ziel seines *Politica*-Kommentars ist es nicht, eine eigene Politiktheorie zu entwickeln, sondern die Lehre des Aristoteles darzustellen[36]. Das erklärt auch seine Methode der Kommentierung: Wie in seinen anderen Aristoteles-Kommentaren übernimmt Thomas nicht die zuerst bei der Erläuterung der Sentenzen des Petrus Lombardus angewandte und damals auch in der Artistenfakultät aufkommende Quaestionenform: die Vorlage schwerpunktmäßig in (aktuellen) Fragestellungen zu behandeln, bei denen die Erörterung verschiedener Auslegungen und die eigene Stellungnahme des Magisters im Mittelpunkt stehen.

Der Aquinate gibt stattdessen bewusst einen fortlaufenden Stellenkommentar, Satz für Satz, gelegentlich Wort für Wort. Aristoteles hatte die griechische ‚Polis' (πόλις, wörtlich: Stadt) vor Augen, den Stadtstaat, der sich freilich besonders im Fall Athens bis zum Peleponnesischen Krieg (431–404 vor Chr.) beträchtlich über den Zentralort und sein Umfeld ausgedehnt hatte. Thomas übernimmt aus dem ihm geläufigen Sprachgebrauch, wie auch aus der lateinischen Übersetzung der *Politica* durch Guillelmus de Moerbeke, den Begriff ‚civitas'. Seit der Spätantike war die politische Autonomie überschaubarer Gemeinwesen verloren – sie waren im Römischen Reich aufgegangen, in dem allerdings die ‚civitates', anerkannte städtische Kommunen, gegebenenfalls mit ihrer Umgebung in der die Bessergestellten ihre Villen hatten, eine lokale Selbstverwaltung genossen. Die ‚civitas' war hierbei nicht in erster Linie ein topographischer Begriff, sondern umschrieb den Personenverband der ‚cives' (Bürger), die Bürgerschaft[37]. „Für antike

---

chinantes etiam eum exire compulerunt, … Qui in communicatione studii sunt, quod hepar in corpore … ita in studio semper sunt quidam amarissimi et fellei viri, qui omnes alios convertunt in amaritudinem, nec sinunt eos in dulcedine societatis quaerere veritatem". Albertus Magnus: *Politica*, l. VIII, c. 6: *Opera omnia*, ed. Auguste Borgnet, Bd. 8, Paris 1891, S. 803 f.

[36] Das Nichtbeachten dieser hermeneutischen Voraussetzung kritisierte bereits Wilhelm Müller: Der Staat in seinen Beziehungen zur sittlichen Ordnung bei Thomas von Aquin: eine staatsphilosophische Untersuchung, Münster Wf. 1916 (*Beiträge zur Geschichte der Philosophie des Mittelalters* 19,1), S. 3, an Julius J. Baumann: Die Staatslehre des Thomas von Aquin, Leipzig 1873 – freilich ohne sich selbst kontinuierlich daran zu halten. Zur Vorsicht mahnt auch: Miethke, Jürgen: De potestate papae: die päpstliche Amtskompetenz im Widerstreit der politischen Theorie von Thomas von Aquin bis Wilhelm von Ockham, Tübingen 2000, S. 27 f.

[37] Leppeley, Claude: Ciuis, ciuitas, in: *Augustinus-Lexikon*, hrsg. Cornelius Mayer, Bd. I, Basel 1986–1994, Sp. 942–957, hier Sp. 942 f.; Strathmann, Hermann: πόλις … in: *Theologisches Wörterbuch zum Neuen Testament*, begr. Von Gerhard Kittel, Bd. VI, hrsg. von Gerhard Friedrich, Stuttgart [1960], S. 516–535, hier S. 516–518 u. 520 f. Auf die bei der Übersetzung der *Politica* des Aristoteles nicht nur in eine andere Sprache, sondern auch in einen andere soziopolitische Kultur unvermeidlichen perspektivischen Veränderungen macht aufmerksam: Ullmann, Walter: Law and politics in the Middle Ages,an intoduction to the sources of Medieval political ideas, Ithaca N.Y. 1975, S. 268–271. Immerhin war zur Zeit dieser Re-

Griechen u. Römer/innen „ist ‚civitas' die einzig mögliche Form zivilisierten Lebens … Die Barbaren sind als ‚gentes', oder ‚populi' organisiert. Die despotischen Könige der orientalischen ‚regna' erkennen ihre Untertanen nicht als ‚cives' an"[38]. In der Geheimen Offenbarung des Johannes wird „ἡ πόλις ἡ μεγάλη", „die große <verderbte und unheilvolle> Stadt" <Babylon und Rom>[39], „τὴν πόλιν τὴν ἁγίαν Ἰερουσαλὴμ", „der heiligen Stadt Jerusalem" gegenübergestellt, die nicht irdisch ist, sondern „vom Himmel herabkommt"[40]. In der Vulgata wurde ‚πόλις' mit ‚civitas' übersetzt[41]. Augustinus stellte dann in seinem berühmten *De civitate Dei* der ‚civitas terrena' die ‚civitas Dei' gegenüber[42]. Dies war Thomas natürlich bekannt, aber für ihn nicht mehr von aktueller apokalyptischer Dramatik. „Die civitas in ihrem konkreten Sein und Leben"[43] sollen nach Thomas durch die ‚iustitia legalis' geleitet sein – nicht nur die Gerechtigkeit des Gesetzgebers und der die Gesetze Befolgenden, sondern die des politischen Handelns überhaupt. Sie ist die „offenbar die hervorragendste unter allen sittlichen Tugenden, sofern das Gemeinwohl das Einzelgut einer Einzelperson überragt"[44].

Sein Grundverständnis der Politik – des Aristoteles! – legt Thomas in einem Prolog zu seinem Kommentar dar. Ausgangspunkt, ‚Thema' wie in einer nach damaligen Maßstäben kunstgerechten Predigt[45], ist das Prinzip

---

zeption der Untertan als paradigmatische Figur des Volksangehörigen dem Bürger der selbstverwalteten Stadt gewichen – auch wenn das nur eine kleine Minderheit der Bevölkerung war. Frauen, obwohl gelegentlich politisch aktiv, standen weder Aristoteles, noch Thomas, noch überhaupt einem Autor ihrer Zeiten als politisch Handelnde im Bewusstsein.

[38] Leppeley, C.: Ciuis, ciuitas (Anm. 37), Sp. 943.

[39] *Offb.* 17,18. Strathmann, H.: πόλις … (Anm. 37), S. 529, kann ich angesichts dieser und der folgenden Bibelstelle nicht beipflichten, wenn er bemerkt: „Der Gebrauch von πόλις ist demnach im Neuen Testament ein ganz und gar unpolitischer" (Ebd.).

[40] *Offb.* 21,10. Hierzu treffend Strathmann, H.: πόλις … (Anm. 37), S. 530–533.

[41] Strathmann, H.: πόλις … (Anm. 37), S. 533. Eine Ausnahme bildet allerdings *Phil.* 3,20, wo es heißt: „nostra *conversatio* in caelis est".

[42] Nach Marrou, Henri-Irené: Civitas Dei – civitas terrena: num tertium quid? / in: *Christiana tempora*, Roma 1978 (*Studia Patristica* 2), S. 415–423, identifiziert Augustinus die ihm empirisch bekannten Städte und das Römische Reich seiner Zeit mit der civitas terrena in *De civitate Dei.*

[43] Eschmann, Ignatius T.: Der Begriff der „Civitas" bei Thomas von Aquin, in: *Catholica* 3 (1934) S. 83–103, hier S. 84. Zur ‚iustitia legalis' siehe auch: Brachthäuser, Wunibald: Gemeingut- oder Gesetzesgerechtigkeit: eine geschichtlich-systematische Untersuchung zur Gerechtigkeitslehre des heiligen Thomas von Aquin, Köln-Brück 1947.

[44] *S. th.* II^{a}II^{ae} q. 58, a. 12, co.: Übers. *Deutsche Thomas-Ausgabe*, Bd. 18, *Recht und Gerechtigkeit*, kommentiert von Arthur F. Utz, Heidelberg [u.a.] 1953, S. 54. Vgl. *Eth. Nic.* I,1: 1129b27; *Sent. Eth.* zur Stelle: (Anm. 22).

[45] Bériou, Nicole: Les sermons Latins après 1200, in: *The Sermon*, dir. Beverly M. Kienzle, Turnhout 2000 (*Typologie des sources du Moyen Âge occidental* 81–83), S. 363–447, bes. S. 370–374 & S. 395.

„Kunst <im breitesten Sinn: menschliches Handeln> imitiert die Natur“[46]. Von hier aus wird eine mehrstufige argumentative Figur aufgebaut: „Wie die Prinzipien sich <als grundlegendere und abgeleitete > zueinander verhalten, so verhalten sich Aktionen und Wirkungen zueinander. Das erste Prinzip für das was aus Kunstfertigkeit geschieht ist der menschliche Verstand (intellectus humanus), der seinerseits eine Ähnlichkeit mit dem göttlichen Intellekt aufweist, der das Prinzip aller Naturdinge ist“[47]. Die Menschen sind also für ihre Aktivität auf die Betrachtung der Natur verwiesen um ähnlich zu handeln, wie die Natur[48]. Diese gibt allerdings keine detaillierte Handlungsanweisungen sondern lediglich „gewisse Prinzipien und Beispiele wie vorzugehen ist“[49]. „Das Wissen der Menschen über die Natur ist lediglich ein kennendes, das über die Kunst <das Handeln> jedoch sowohl ein kennendes als auch ein auf zu Machendes bezogen“[50]. „Folglich sind die Wissenschaften über Naturdinge theoretische, die über von Menschen Gemachtes praktische, das heißt auf ein Tun in Nachahmung der Natur ausgerichtet“[51]. Dies scheint zunächst eine unnötig umständliche Gewinnung des Unterschieds zwischen theoretischen und praktischen Wissenschaften zu sein, doch im weiteren Verlauf wird deutlich, warum Thomas so vorgeht. „Die Natur schreitet in ihrer Aktivität vom Einfachen zum Komplexen fort in der Weise, daß bei dem, was aus ihrer Aktivität entsteht, das Komplexeste das Vollkommene und Ganze und das Ziel der anderen <Naturdinge> ist“[52]. Der vorab entwickelten Analogie entsprechend „schreitet auch der praktische Verstand der Menschen vom Einfachen zum Komplexen fort, wie vom

[46] „Sicut Philosophus docet in II Phisicorum, ars imitatur naturam“. *Sent. Pol.* (Anm. 12) Prologus: *Opera omnia* ed. Leonina, t. 48, S. A69,1 f.; vgl. Aristoteles: *Physica* II,2: 194a21–23 u. II,13: 199a15 f.; vgl: Keraly, Hugues: Avant-propos, in: S. Thomas d'Aquin: *Préface à la Politque*, Paris 1974, S. 38–41.

[47] „… sicut se habent principia ad inuicem, ita proportionaliter se habent operationes et effectus; principium autem eorum que secundum artem fiunt est intellectus humanus, qui secundum similitudinem quandam deriuatur ab intellectu diuino qui est principium rerum naturalium“. *Sent. Pol.* (Anm. 12).: S. A69,2–8.

[48] „… et necesse habet <homo> in his que facit informari ex inspectione eorum que sunt naturaliter facta, ut similiter operetur“. Aa.O.: S. A69,17–19.

[49] „Set natura quidem non perficit ea que sunt artis, set solum quedam principia preparat et exempla operandi quodam modo artificibus prebet“. A.a.O.: S. A69,24–26.

[50] „… ratio humana eorum que sunt secundum naturam est cognoscitiva tantum, eorum que sunt secundum artem est et cognoscitiva et factiva“. A.a.O.: S. A69,29–32.

[51] „Vnde oportet quod scientie humane que sunt de rebus naturalibus sint speculatiue, que uero sunt de rebus ab homine factis sint practive siue operatiue secundum imitationem nature“. A. a.O.: S. A69,32–36.

[52] „Procedit autem natura in sua operatione ex simplicibus ad composita, ita quod in eis que per operationem naturae fiunt, quod est maxime compositum est perfectum et totum et finis aliorum“. A.a.O.: S. A69,37–40.

Unvollkommenen zum Vollkommenen“[53]. Die höchste Komplexität im gesellschaftlichen Zusammenleben mit seinen verschiedenen Graden und Ordnungen eheliche Gemeinschaft, (Groß-)familie, Gemeinde (vicus), Staat (civitas)[54] – hat schließlich „der Staat, der auf alles für das menschliche Leben Notwendige hingeordnet ist“[55]; er ist eine „communitas perfecta‘ – was nicht bedeutet, er wäre ideal und auch keine Legitimierung absoluter Ansprüche ist[56]. Der Mensch ist das Ziel, was zu seinem Leben dient, auch der Staat, die Gesellschaft ist auf ihn hingeordnet[57]. Mit „Das Ganze, das die „civitas“ ausmacht“ haben wir offenbar einen weiten Begriff, der Gesellschaft, Politik und Wirtschaft umfasst[58].

Thomas leitet von den angesprochenen Elementen vier Prinzipien ab, die für die aristotelische Politik gelten:

1. Das Ganze der ‚ciuitas‘ ist Gegenstand der Vernunft; ergänzend zur Philosophie, ist daher eine Wissenschaft der Politik nötig[59].
2. „Die ‚ciuitas‘ ist eine Ganzheit, bei deren menschlichem Begriff es nicht nur um Kenntnis geht, sondern auch um Handeln“[60]. ‚Handeln‘ kann

---

[53] „unde et ratio hominis operatiua ex simplicibus ad composita procedit, tanquam ex imperfectis as perfecta“. A.a.O.: S. A69,42–44.

[54] Zusammenstellung mit Quellennachweis aus verschiedenen Thomas-Texten: Müller, Wilhelm: Der Staat in seinen Beziehungen zur sittlichen Ordnung bei Thomas von Aquin: eine staatsphilosophische Untersuchung, Münster Wf. 1916 (*Beiträge zur Geschichte der Philosophie des Mittelalters* 19,1), S. 12 f. Gegenüber der Auflistung in Thomas' Sentenzenkommentar (s. o. bei Anm. 12) fehlt bezeichnenderweise die Kirche, dazu gekommen ist der ‚vicus‘ – was sowohl ein Dorf als auch ein Stadtviertel sein kann.

[55] „… ultima est communitas ciuitatis ordinata ad per se sufficientia uite humane“. *Sent. Pol.* (Anm. 12), prol. : S. A69,54 f.; I,1: S. A72,27–37; Vgl. *De regno* I,1; S. A 463,163–167; *S.th.* II^aII^{ae} q. 65, a. 2, ad 2. Fast wörtlich auch in *S.th.* II^aII^{ae} q. 58, a. 12, co, was I. T. Eschmann kommentiert: „Es gibt wohl keine Stelle der theologischen Summa, an der so unverhüllt und unverblümt … Aristoteles und mit ihm das vorchristliche griechische Altertum auf den theologischen Plan tritt, so als gäbe es die Ökonomie des christlichen Heils überhaupt nicht“. Der Begriff ‚Civitas‘ … (Anm. 43), S. 85,

[56] Es gehörte großer Mut dazu wenn Josef Endres CSsR im Kommentar des 1943 erschienen Bandes 20, *Tugenden des Gemeinschaftslebens* der *Deutschen Thomas-Ausgabe* (München – Heidelberg) schrieb: „Die im Bereich der Zweitursachen liegenden Beweger sind in ihrer Tätigkeit begrenzt und fehlbar. Von einer uneingeschränkten Befehlsgewalt <des Staates> einerseits und einer uneingeschränkten Gehorsamspflicht andererseits kann darum keine Rede sein“ (Kommentar zu II^aII^{ae}, q. 104, a.5: S. 383).

[57] „… ea que in usum hominis ueniunt ordinantur ad hominem sicut ad finem, qui est principalior hiis que sunt ad finem“. *Sent. Pol.* (Anm. 12), prol.: S. A69,57–60.

[58] „hoc totum quod est ciuitas“ (S. A69,60 f.) – der Begriffsinhalt wird nicht näher ausgeführt, sondern nur als ‚grundlegender‘ (principalius) beschrieben (S. A69,61).

[59] „… cum igitur hoc totum quod est ciuitas sit cuidam rationis iudicio subiectum, necesse fuit ad complentum philosophie de ciuitate doctrinam tradere que politica nominatur, id est ciuilis scientia“. *Sent. Pol.* (Anm. 12), prol.: S. A69,69–73.

[60] „… ciuitas sit quiddam totum cuius humana ratio non solum est cognoscitiua, set etiam operatiua“ *Sent. Pol.* (Anm. 12), prol.: S. A70,79–81. Die Betonung der ‚humana ratio‘ dient

sich auf eine Aktivität zum Herstellen von Gegenständen beziehen, worum es in den mechanischen Künsten geht, oder auf eine rein mentale, wie beraten, auswählen, wollen, was Objekt der moralischen – wir würden sagen: ‚Handlungs-' – Wissenschaften ist[61].
3. Unter den Handlungswissenschaften ist die Politikwissenschaft als diejenige, die auf das Allgemeinste, Grundlegendste geht, den Staat, die prinzipiellste und ordnet ‚architektonisch' die anderen nach ihren jeweiligen spezielleren Gegenstandsbereichen[62].
4. Wie auch in theoretischen Wissenschaften eine Ganzheit aus der Betrachtung der Teile und der Prinzipien erkannt wird, so wird auch in dieser Wissenschaft aus der Untersuchung der Prinzipien und der einzelnen Erscheinungen der ‚civitas' ein Begriffsrahmen gewonnen, um ihre Phänomene (Teile) und Wirkungsweisen aufzuzeigen. Da es sich um eine praktische Wissenschaft handelt, geht es auch um darum, wie die einzelnen (gewünschten) Wirkungen zu erzielen sind[63].

Auch wenn das – und zumeist auch der folgende Stellenkommentar – systematischer aufgebaut ist als der gelegentlich etwas dunkle Text des Aristoteles dürfen wir nicht vergessen: auch wenn Thomas, zumal in logischen, ethischen und naturphilosophischen Zusammenhängen, weithin Aristoteles folgt, legt er dabei nicht seine eigene Meinung dar, sondern die des ‚Philosophen', so wie er sie versteht. Wir können uns also nicht mit der *Politica* begnügen, sondern müssen auch – und in erster Linie – auf die theologisch-systematischen Werke von Thomas schauen, wenn wir Näheres über sein eigenes Politik-Verständnis erfahren wollen.
Schon Aristoteles hatte festgestellt: „Wie der Mensch, wenn er zur Vollkommenheit gelangt, das beste Lebewesen ist, so ist er ohne Gesetz und Recht auch das schlimmste von allen"[64]. Damit hat er Thomas das entscheidende Stichwort gegeben: ‚Gesetz' das wird für seine Konzeption des Zusammenlebens von Menschen im Staat zum zentralen Begriff[65]. ‚Lex',

der Abgrenzung von einer theologischen Betrachtungsweise wie sie z. B. in Augustinus' *De civitate Dei* natürlich auch Thomas kannte.

[61] A.a.O.: S. A70,81–92.

[62] A.a.O.: S. A70,93–108.

[63] A.a.O.: S. A70,109–119.

[64] *Pol.* I,2 (lat. I,1b): 1253a32 f. (Übers. Eckart Schütrumpf: Aristoteles: *Werke in deutscher Übersetzung*, Bd. IX,1, Berlin 1991, S. 14,19–21). Thomas gibt das wieder: „homo enim est optimum animalium, si perficiatur in eo virtus ad quam habet inclinationem naturalem; set si sit sine lege et iustitia, homo est pessimum omnium animalium". *Sent. Pol.* (Anm. 12), l. I, c. 1b: S. A79,209–212, die ‚natürliche Neigung' ist von Thomas hinzugefügt.

[65] Thomas von Aquin: *Das Gesetz: Summa theologiae* I^{a}II^{ae} qq. 90–105, lat.,-dt., komm. von Otto-Hermann Pesch, Heidelberg – Graz [u. a.] 1977 (*Deutsche Thomas-Ausgabe*, Bd. 13).

Gesetz, ist für den Aquinaten aber nicht willkürliche Normsetzung, die der möglichst verhüllten Umsetzung eigener partikulärer Ziele eines absoluten Herrschers und auch nicht einer politischen Klasse und von auf sie Druck ausübender Lobbyisten dient.

Im Gesetzestraktat der *Summa theologiae* ($I^{a}II^{ae}$ q. 90–105)[66] gibt der Aquinate zunächst eine allgemeine Umschreibung: „Das Gesetz ist eine Art Regel und Richtmaß der Tätigkeiten, dem zufolge zum Handeln angeleitet oder vom Handeln abgehalten wird"[67] – die sogleich auf ein grundlegenderes Prinzip zurückgebunden wird: „Regel und Richtmaß der menschlichen Tätigkeiten ist aber die Vernunft, die erstes Prinzip der menschlichen Handlungen ist"[68]. Es bleibt aber nicht bei dieser Einordnung: „Erstes Prinzip im Bereich des Tätigseins … ist aber das letzte Ziel. Das letzte Ziel des menschlichen Lebens ist aber das Glück oder die Seligkeit. Deswegen muß das Gesetz am meisten die Hinordnung auf die Glückseligkeit betreffen"[69]. Diese Glückseligkeit ist aber nicht nur individuell: „Jeder Teil ist auf das Ganze hingeordnet wie das Unvollkommene auf das Vollkommene; der einzelne Mensch aber ist Teil der vollkommenen Gemeinschaft. Daher muß das Gesetz eigentümlich die Hinordnung auf die gemeinsame Glückseligkeit

---

Müller, W.: Der Staat (Anm. 54), S. 10, meint, Thomas berücksichtige das ‚juristische Moment' in seiner Staatstheorie nicht. Hier soll gezeigt werden, dass es – in breiterem Sinn als dem des positiven Rechts – für ihn grundlegend ist, wie bereits Eschmann, I.T.: Der Begriff ‚civitas' … (Anm. 43), S. 84 f. feststellte, „daß hiermit das hundert und mehr Jahre alte Problem des ‚Sozialen gegen das Politische' der Gesellschaft gegen den Staat in die traditionelle Lehre Eingang gesucht hat", während sein <Thomas> „System der civitas und des Politischen <n>irgendwo eine Stelle, an der man diese antithetische Zerreißung unterbringen könnte" bietet (ebd.). Es stellt sich allerdings die Frage, ob diese ‚Zerreißung' sich nicht eher bei den Thomas-Auslegern als bei ihm selbst findet. Zum Zusammenhang von Gesetz und gesellschaftlicher Ordnung vgl.: Lachance, Louis: Le concept du droit selon Aristote et S. Thomas, Paris ^{2}1948, S. 118–135.

66 Brachthäuser, Wunibald: Gemeingut- oder Gesetzesgerechtigkeit … (Anm. 43), S. 39, rechtfertigt die Konzentration auf die *Summa theologiae*, denn „Alle übrigen Werke vermitteln entweder <a> nur die traditionelle Gerechtigkeitslehre, wie der Sentenzenkommentar und die Quaestiones de virtutibus oder <b> sprechen nur beiläufig von ihr, wie die Kommentare zur Hl. Schrift. … Der Kommentar zur Nikomachischen Ethik … nimmt in unserer Frage das Ergebnis bereits vorweg, eine systematische Entwicklung bietet er jedoch nicht". Ebd.

67 „… lex quaedam regula est et mensura actuum, secundum quam inducitur aliquis ad agendum, vel ab agendo retrahitur" Op. cit., q. 90, a. 1, co.: Ed. Leonina, Bd. VII, Rom 1892, S. 149a; Deutsch nach der *Deutschen Thomas-Ausgabe* (Anm. 65), S. 5.

68 „Regula et mensura humanorum actuum est ratio, quae est primum principium actuum humanorum". Ebd. Statt ‚Seinsgrund' der *Deutschen Thomas-Ausgabe* habe ich ‚principium' mit ‚Prinzip' übersetzt.

69 „Primum autem principium in operativis … est ultimus finis. Est autem ultimus finis humanae vitae felicitas vel beatitudo, ut supra habitum est <q. 2, a. 7>. Unde oportet quod lex maxime respiciat ordinem qui est in beatitudinem" q. 90, a. 2, co.: a. a. O., S. 150a; dt. S. 8.

betreffen“[70]. Unter Hinweis auf die Definition des Gesetzlichen bei Aristoteles[71] schließt Thomas: „und somit ist jedes Gesetz auf das Gemeinwohl hingeordnet“[72]. Wegen dieser Hinordnung auf das Gemeinwohl „steht die Gesetzgebung entweder allen zusammen zu oder der Amtsperson, welcher die Sorge für alle obliegt“[73] – eine unvermutete Aussage, dass Gesetzgebungsgewalt ursprünglich vom Volk ausgeht! Thomas folgt dieser Spur allerdings nicht weiter, sondern wendet sich der Notwendigkeit öffentlicher Bekanntgabe zu, um mit den so gesammelten Elementen schließlich zur Definition zu kommen: „Das Gesetz ist nichts anderes als eine Anordnung der Vernunft im Hinblick auf das Gemeinwohl, erlassen und öffentlich bekanntgegeben von dem, der die Sorge für die Gemeinschaft innehat“[74].

Darüber darf nicht vergessen werden: der ursprüngliche Gesetzgeber ist Gott, der der Schöpfung eine sinnvolle Ordnung gegeben hat und dessen Vorsehung sie erhält (*Summa theologiae* I^a q. 22–23). Seine Rechtsordnung ist in der Heiligen Schrift den Menschen explizit gegeben (I^aII^{ae}, q. 98–108) – im Alten (q. 98–105) und im Neuen Testatment (106–108). Während Manches, was Thomas hier über das Alte Gesetz schreibt, dessen Zeremonialgebote nach ihm für Christ/inn/en keine Gültigkeit mehr haben[75], nicht von politischer Bedeutung ist, sind die Gebote, die das Zusammenleben der Menschen regelten (q. 104–105) seit der Menschwerdung Christi zwar nicht mehr direkt gültig, sie können aber teilweise als positives Recht in einem Staat verbindlich gemacht werden (q. 104, a. 3, co.). Hierzu bedarf es allerdings einer neuen Einsetzung – in diesem Kontext ist es lediglich der Herrscher (princeps), der Gesetze erlässt. Das neue Gesetz, ablösende Er-

[70] „… cum omnis pars ordinatur ad totum sicut imperfectum ad perfectum; unus autem homo est pars communitatis perfectae: necesse est quod lex proprie respiciat ordinem ad felicitatem communem“. Ebd.; dt. S. 9 – statt ‚eigentlich‘ für ‚proprie‘ habe ich ‚eigentümlich‘ vorgezogen.

[71] *Eth. Nic.* V,3: 1159b17 u. *Pol.* I,1: 1252a5. Vgl. o. S. 60.

[72] „Et ideo omnis lex ad bonum commune ordinatur“. A.a.O.: S. 150b; dt. S. 9 – statt dem missverständlichen ‚Gemeingut‘ für ‚bonum commune‘ hier das bekanntere ‚Gemeinwohl‘ vorgezogen.

[73] „… quae <lex> nihil est aliud quam quaedam rationis ordinatio ad bonum commune, ab eo qui curam communitatis habet, promulgata“. Q. 90, a. 4, co.: S. 152b; dt. S. 15.

[74] „Et ideo condere legem vel pertinet ad totam multitudinem, vel pertinet ad personam publicam quae totius multitudinis curam habet“. Q. 90, a. 3, co.: S. 151a; dt. S. 12.

[75] Es spricht für seine Liebe zum Detail, dass der Aufweis, die jetzt nicht mehr relevanten Speisegebote des Alten Bundes waren vernünftig, den längsten Artikel (I^aII^{ae} q. 102, a. 6) der ganzen *Summa theologiae* einnimmt. In seinem Kommentar weist Pesch auf „die Weisheit Gottes auch im scheinbar Abstrusen“ hin, räumt aber sogleich ein: „Thomas scheint das Gefühl des kaum noch Nachvollziehbaren und Abstrusen vieler alttestamentlicher Kultvorschriften nicht nur bei seinen Lesern zu vermuten, er scheint es selbst sehr stark empfunden zu haben.“ (*Deutsche Thomas-Ausgabe,* Bd. 13 (Anm. 65), S. 720). Eine Erklärung für die dermaßen ausführliche Behandlung des für ihn nicht praxisrelevanten Themas bietet das freilich nicht.

füllung des alten (q. 107, a. 2), ist grundlegend Gnade – und damit überbietende Norm der von Menschen erfüllbaren Gerechtigkeit und von ihnen machbaren Gesetzen (q. 106, a. 1 co.). Der Gesetzestraktat der *Summa theologiae* ist also „keine aus rein philosophischem Interesse entspringende Rechts- und Staatsphilosophie, keine ‚politische Theorie'"[76].

Doch zurück zu den von Menschen gemachten Gesetzen. Sie müssen dem Gemeinwohl dienen und dafür ist das höchste Kriterium, ob sie der als ‚ewiges Gesetz' (lex aeterna) gottgegebenen Ordnung entsprechen. Diese Ordnung ist vom Schöpfer der Natur gegeben[77] – auch und gerade als ein Streben nach einem Gleichgewichtszustand. Die Menschen sind allerdings nicht einfachhin Naturdinge: sie können ihre Ziele und Handlungen aus eigener Einsicht wählen: „Durch Vernunft und Willen ist der Mensch Herr seiner Handlungen"[78]. Diese Freiheit kann zu einem tugendhaften Leben führen: aufgrund von Übung und kluger Einschätzung der jeweiligen Situation im Einklang mit den sinnvoll angewandten Gesetzen das Rechte zu tun; sie kann aber auch dazu missbraucht werden, den nur anscheinend besseren, meist bequemeren Weg zu gehen – gegen das Naturgesetz. Wir haben bei Thomas von Aquin also eine theonome Ordnungsvorstellung: das Letztgültige ist das von Gott gegebene Gesetz, nicht eine autonome eigene Setzung durch Menschen. Alle politisch erarbeiteten Satzungen müssen sich vor der Instanz des Naturrechts legitimieren lassen[79].

In einer auf Bitten eines Königs von Zypern, wahrscheinlich Hugo II. (regierte 1253–1267)[80], verfassten Schrift *De regno* (Über das Königreich) – in älteren Druckausgaben und einer recht frühen Handschrift[81] auch *De regimine principum* genannt – nahm Thomas von Aquin sich vor: „den Ursprung von Königreich<en> und was zum Aufgabenbereich des Königs gehört aus der göttlichen Autorität der <Heiligen Schrift>, den Lehrsätzen

---

[76] Pesch, Otto-Hermann: Einleitung zu *Deutsche Thomas-Ausgabe*, Bd. 13 (Anm. 65), S. (8).

[77] Für ‚Lex aeterna' siehe *S.th.* I, q. 93, a. 3. ‚Naturgesetz' ist u. a. angerissen in *S.th.* I^{a}II^{ae}, q. 94, a. 5, ad 3, und eingehender entfaltet in *QD ver.* q. 23, a. 6, ad 3.

[78] „Est autem homo dominus suorum actuum per rationem et voluntatem". I^{a}II^{ae} q. 1, a. 1, co: ed. Leonina, Bd. VI, S. 6b. Vgl. u. S. 70 f.

[79] Auf dieses theonom verstandene Naturrecht berief sich Wilhelm Emmanuel von Ketteler als er am 3. April 1871 im Berliner Reichstag der den Antrag der Zentrumspartei auf Aufnahme eines Grundrechtskatalogs in die Reichsverfassung ablehnenden Mehrheit entgegen hielt: „Geben Sie niemals Zustimmung zu Gesetzen, welche die Rebellen gegen Gottes Gesetz sind. Dann werden auch wir gewiß niemals Rebellen gegen Landesgesetze sein". Ketteler, Wilhelm E. von: Sämtliche Werke und Briefe, hrsg. Erwin Iserloh, Abt. I,4 *Schriften, Aufsätze und Reden* 1870–1877, Mainz 1977, S. 10.

[80] Vgl. Dondaine, Hyacinth-François: Prolegomena zu: Thomas de Aquino: *De regno ad regem Cypri*, in: ID.: *Opera omnia iussu Leonis XIII P.M. edita*, t. XLII, Roma 1979, S. 437–483, hier S. 424 f.

[81] Allerdings von späterer Hand nachgetragen. Vgl. Dondaine, H.-F. (Anm. 80), S. 428, N^{1}.

der Philosophen und dem Beispiel gepriesener Fürsten zu erschließen"[82]. Das eigentlich umfangreicher konzipierte Werk hat zwei Bücher mit zwölf bzw. acht Kapiteln; es ist unvollendet geblieben[83] – möglicherweise weil der vermutliche Empfänger 1267 gestorben war – und später durch einen anderen Autor um zwei weitere Bücher ergänzt worden[84]. Für eine damit womöglich einhergegangene Revision der ersten beiden Bücher gibt es keine Indizien[85]. Thomas selbst gibt eine Skizze seines nicht ausgeführten Programmes (II,4) – die spätere Ergänzung[86] entspricht dieser nicht und ist wesentlich ausführlicher. Das erste Buch handelt von der politischen Person des Königs, das zweite von seinen Aufgaben – es ist also ein ‚Fürstenspiegel', eine in Mittelalter und früher Neuzeit beliebte Textsorte zur Darstellung der Herrschertugenden und guter Regierung[87]. *De regno* unterscheidet sich aber deutlich von den bisherigen Werken dieser Literaturgattung: „... nicht eine Liste von Verhaltensregeln ... will er <Thomas> liefern, er möchte vielmehr die politische Verfassung der menschlichen Gesellschaft systematisch erfassen und die Amtspflichten des Königs nicht allein als sittliche Gebote, sondern als Folgerungen aus der Konstruktion der politischen Herr-

[82] „... regni originem et ea que ad regis officum pertinent secundum Scripture diuine auctoritatem, philosophorum dogmata et exempla laudatorum principum, depromerem". Prol.: op. cit., S. 449,5–8. An Bibelzitaten finden sich laut dem Index der Ed. Leonina 65 aus dem AT, 18 aus dem NT, von Aristoteles wird 11 x *Pol.*, 10 x *Eth. Nic.*, zitiert, 4 x Sallust, 3 x Cicero, an Kirchenvätern 10 x Augustinus: *De civitate Dei*, 2 x Hieronymus, 1 x Gregor der Große; die Exempel sind großenteils der Bibel (AT) entnommen.

[83] In den älteren Druckausgaben findet sich eine nicht dem Original entsprechende Einteilung in 15 gleichumfängliche Kapitel des 1. Buches – das damit bis II,4 einschl. geht; dazu Dondaine, H.-F. (Anm. 80), S. 443. *De regno* bricht in l. II, c. 5 ab – sinnigerweise mit der Empfehlung: „Es ist gut im Umgang zwischen Menschen, gewissermaßen als Würze, auch einmal etwas Entspannung zu haben, damit die Geisteskräfte wieder aufgefrischt werden" („Oportunum est autem in conversatione humana modicum delectationis quasi pro condimento habere, ut animi hominum recreentur". Op. cit., S. 471,49–51). Die Spätdatierung auf die Zeit 1271–1273 (Flüeler, Christoph: Rezeption und Interpretation der aristotelischen ‚Politica' im 13. und 14. Jahrhundert, Bd. 1, Amsterdam 1992 (*Bochumer Studien zur Philosophie* 19,1), S. 27 f., die auch Miethke (Anm. 36, S. 29) übernimmt, erscheint mir weniger wahrscheinlich als Dondaines Hypothese (Anm. 80).

[84] In der Ausgabe *Divi Thomae Aquinatis Opuscula philosophica* <vulgo: ed. Marietti>, Torino 1953, S. 253–358, macht der Editor Raimondo Spiazzi zwar auf diesen Umstand und die Kontroverse darüber aufmerksam (S. 253) und teilt die Fortsetzung, wie bereits Quétif-Echard (*Scriptores Ordinis Praedicatorum*, Bd. I, Paris 1719, S. 337) Ptolemaeus von Lucca zu, lässt aber unverdrossen die schlechte traditionelle Textgestalt abdrucken.

[85] Vgl. Dondaine, H.-F. (Anm. 80), S. 424.

[86] Ed. Spiazzi (Anm. 72), S. , 280b-358. Zu den verschiedenen Hypothesen über die Textgestalt und -tradition siehe Dondaine, H.-F. (Anm. 80), S. 421–444; zusammenfassend: Miethke: De potestate papae (Anm. 36), S. 28 f.

[87] <Verschiedene Autor/inn/en>: Fürstenspiegel, in: *Lexikon des Mittelalters*, Bd. IV, München – Zürich 1989, Sp. 1040–1058; zu Thomas' *De regno* Sp. 1046.

schaftsverfassung überhaupt verstehend entwickeln“[88]. Gleichwohl ist *De regno* nicht ein allgemeiner staatsphilosophischer Traktat, sondern eine in einer bestimmten Situation von einer bestimmten Person erbetene Gelegenheitsschrift – wie zahlreiche andere *Opuscula* des Aquinaten. Das bedeutet durchaus nicht, er habe nur für diesen Empfänger Gültiges schreiben wollen, aber wohl dass wir hier keine näheren Ausführungen, etwa zu den nicht nur in Italien aufkommenden Stadtrepubliken und überhaupt zur Kommunalpolitik, erwarten können[89].

Ausführlich begründet Thomas, von der rationalen Natur der Menschen mit der Fähigkeit zur Selbstbestimmung für das individuelle Handeln ausgehend[90], die Notwendigkeit von Leitung der ‚civitas‘ von ihrem Ziel her: „Ein Schiff, dem es durch die Einwirkung unterschiedlicher Winde zustößt, in verschiedene Richtungen getrieben zu werden, würde nicht zu seinem bestimmten Ziel gelangen, wenn es nicht durch die Bemühung des Lenkers zum Hafen gelenkt würde“[91]. Der Mensch ist – im Unterschied zu den mit für sie hinreichenden Instinkten ausgestatteten Tieren – ein Gemeinschaftswesen, auf gegenseitige Hilfe und arbeitsteilig spezialisiertes Wissen angewiesen[92]. Wenn es nicht jemand gäbe, der leitet, indem er für das Gemeinwohl sorgt, würde sich die Menge in verschiedene Richtungen zerstreuen, jede, jeder, nach den individuellen Interessen[93]. Unterschwellig ist hier bereits der eine Herrschende eingeführt – nicht als unbedingte Denkvoraussetzung, sondern sowohl aus der noch zu entfaltenden Theorie der Regierungsformen (I,2–6) als auch aus dem Anlass von *De regno* zu erklären. Von Aristoteles nimmt Thomas den Leitsatz: „Rechte und gerechte Herrschaft über Freie dient dem Gemeinwohl“[94]. Tyrannei als Entartungsform der Monarchie ist auf den Vorteil eines Einzigen gerichtet[95]. Oligarchie ist

[88] Miethke, Jürgen: De potestate papae (Anm. 36), S. 31.

[89] Entsprechend mahnt Pius Engelbert in seiner Rezension: „so wie es uns überliefert ist, kann es auch nach Ansicht der Editores Leonini nur bedingt als Expression de la pensée de l’auteur bewertet und benutzt werden, was sicher für alle eine herbe Enttäuschung ist, die *De regno* als Quelle der thomasischen Staatsphilosophie benutzen möchten“. *Theologie und Philosophie* 57 (1982), S. 597–600, hier S. 599.

[90] *De regno* I,1: (Anm. 80), S. 449,10–25.

[91] „Non enim navis, quam secundum diuersorum uentorum impulsum in diuersa moueri contingit, ad destinatum finem perueniret, nisi per gubernatoris industriam dirigeretur ad portum“. Ebd.: S. 449,6–10.

[92] Ebd.: S. 449,39–450,55.

[93] Ebd.: S. 450,68–74.

[94] „Si igitur liberorum multitudo a regente ad bonnum commun multitudinis ordinetur, erit regimen rectum et iustum quale convenit liberis“ Ebd., S. 450,109–111. Vgl. *Pol.* III,6: 1279a22-b10.

[95] Ebd.: S. 450,121–127; ausführlicher I,6: S. 455 f.

Unterdrückung des Volkes durch einige Wenige zu ihrer Bereicherung[96], „Wenn aber eine ungerechte Herrschaft durch Viele ausgeübt wird, wird sie ‚Demokratie' <Sinn eher: Pöbelherrschaft> genannt, das ist Herrschergewalt des <gemeinen> Volkes: wenn das Volk der Plebejer die Reichen durch die Macht der Masse unterdrückt: so wird das Volk gewissermaßen ein Tyrann"[97]. Es gibt auch nicht entartete Formen der Herrschaft Mehrerer: die ‚Politia' – wir würden sagen Demokratie – durch die Menge der Wehrfähigen und die Aristokratie durch tugendhafte Wenige[98]. Auch dies ist ein Aristoteles-Referat[99]. Zentriert auf die rechte Herrschaft durch Einen kommt Thomas zu der Definition: „König ist, wer als einer die Volksmenge einer ‚Ciuitas' oder Provinz regiert und das um des Gemeinwohls willen"[100]. Es bleibt hier merkwürdig unterbestimmt, ob unter ‚rex' neben dem ‚König' im heutigen Sprachgebrauch als dem Herrscher eines autonomen Staates auch der von einem König abhängige Herrscher über eine Provinz gemeint ist, oder ob es sich um einen Reflex der Idee von Imperium oder Christenheit mit verschiedenen Königreichen handelt. Ambig – nicht nur bei Thomas – ist auch der Gebrauch von ‚Ciuitas'; in *De regno* kann es sowohl ein Staat als auch eine einzelne Stadt sein, jeweils im Hinblick auf die Bürger/innen[101].

Schließlich fällt in diesem ersten Kapitel von *De regno* das Fehlen eines Gottesbezugs auf, wie er in der Summa theologiae deutlich hervorgetreten ist. Dieser findet sich unter erneutem Verweis auf die Metapher vom Schiff, das auf ein Ziel zugesteuert wird, im dritten Kapitel des zweiten Buches (alte Zählung: I,14)[102]. Es ist nicht hinreichend, dass das Schiff schwimmfähig erhalten bleibt, es hat einen Zielhafen, zu dem hin es unterwegs ist und braucht deshalb nicht nur einen Schiffszimmermann, der es wenn nötig repariert, sondern einen Steuermann, der es zum Hafen dirigiert[103]. Auf einer ersten Ebene ist das die Arbeitsteilung in der menschlichen Gesell-

[96] „oligarchia … quando scilicet pauci propter diuitias opprimunt plebem". Ebd., S. 450,127–132.

[97] „Si uero iniquum regimen exerceatur per multos, democratia nominatur, id est potentatus populi, quando scilicet poplus plebeiorum per potentiam multitudinis opprimot diuites: sic enim et populus totus erit quasi unus tyrannus". Ebd.: S. 450,132–137. Einen schon etwas älteren Versuch einer Anwendug auf das US-amerikanische Demokratieverständnis des 20. Jahrhunderts unternahm Edward F. Murphy: St. Thomas' political doctrine and democracy, Diss. Catholic Univ. of America, Wahington D.C. 1921.

[98] Ebd.: S. 450,138–451,146.

[99] Vgl. *Pol.* III,6: 1279a22-b10.

[100] „… rex est qui unus multitudinem ciuitatis uel prouincie et propter bonum commune regit". Ebd.: S. 451,173–175. Ebd., S. 450,138–451,146.

[101] Letzteres ist offenbar in II,5–8 der Fall, wo auch ‚urbes' bedeutungsgleich gebraucht wird (II,7: S. 470,1; II,8: S. 451,1). Zur ‚ciuitas' vgl. o. S. 57 f.

[102] *De regno* II,3: (Anm. 80), S. 465,5–9.

[103] Ebd.: S. 465,9–26.

schaft: genannt werden Arzt, Ökonom, Lehrer und Erzieher[104] – die Bauern und Bäuerinnen, einschließlich der von Grundherrschaft Abhängigen, damals immerhin über 90 % der Bevölkerung, werden nicht in den Blick genommen. Diese Aufgabenteilung würde genügen, wenn das Ziel des menschlichen Lebens auf dieser Erde nur in sich selbst läge. Das letzte Ziel besteht aber in der „ultimativen Glückseligkeit, die im Genuß <der Gemeinschaft> Gottes nach dem Tod erwartet wird“[105]. „Deshalb braucht der Christenmensch <noch> eine andere, eine geistliche Fürsorge, durch die er zum Hafen des ewigen Heils gelenkt wird. Diese Fürsorge wird den Gläubigen durch die Diener der Kirche Christi erwiesen“[106]. Die Erreichung dieses letzten Zieles liegt aber nicht in der Reichweite rein natürlicher menschlicher Kräfte[107], und so ist zu unterscheiden zwischen dem auf die Natur gegründeten irdischen Bereich und dem darin unter politischer Herrschaft Erreichbaren und dem Himmelreich, „dessen König nicht nur Mensch, sondern auch Gott ist – Jesus Christus, der die Menschen zu Kindern Gottes macht und in die himmlische Herrlichkeit führt … und alle Christgläubigen werden, insofern sie seine Glieder sind, Könige und Priester genannt“[108]. Dieser angerissene Gedanke wird allerdings weder politiktheoretisch noch ekklesiologisch weiterverfolgt. Thomas kehrt sogleich wieder zu einer direkt handlungsorientierten Ebene der Unterscheidung zwischen weltlicher und geistlicher Gewalt zurück: „Der Dienst eines solchen Königreiches ist, damit das Geistliche vom Irdischen unterschieden sei, nicht irdischen Königen anvertraut, sondern den Priestern, und vor allem dem Hohenpriester, Nachfolger des <Apostels> Petrus, Vikar Christi, dem Römischen Pontifex, dem alle Könige des christlichen Volkes (Singular!) untertan sein müssen wie dem Herrn Jesus Christus selbst“[109]. Das ist allerdings kein maßloser Cäsaropapismus, denn die Sorge um das zeitliche Gemeinwohl, Aufgabe des Königs, wird klar von der um das ewige Heil, geschieden. Thomas von Aquin sieht also auch hier die Autonomie des

[104] Ebd.: S. 465,27–31.

[105] „… scilicet ultima beatitudo que in fruitione Dei expectatur post mortem“. Ebd.: S. 465,35 f.

[106] „Unde homo christianus … indiget alia spirituali cura per quam dirigatur ad portum salutis eterne; hec autem cura per ministros Ecclesie Christi fidelibus exhibetur“. Ebd.: S. 465,38–44.

[107] Ebd.: S. 466,81–98.

[108] „Ad illum igitur regem huiusmodi regimen pertinet, qui non est solum homo, sed etiam Deus, scilicet ad Dominum Ihesum Christum, qui homines filios Dei faciens in celestem gloriam introduxit … omnes Christi fideles in quantum sunt membra eius reges et sacerdotes dicuntur“. Ebd.: S. 466,99–109.

[109] „Huiusmodi ergo regni ministerium, ut a terrenis spiritualia essent discreta, non terrenis regibus sed sacerdotibus est commissum, et precipue summo sacerdoti successori Petri, Christi uicario Romani Pontifici, cui omnes reges populi Christiani oportet esse subiectos sicut ipsi Domino Ihesu Christo“. Ebd.: S. 466,110–116.

Irdisch-Politischen. Nur für die Stadt Rom nimmt er als geistlichem Hauptsitz einen durch göttliche Fügung begründeten Sonderstatus in Anspruch: „diese Gewohnheit ist <dort> allmählich gewachsen, dass die Leiter der Stadt den Priestern untergeben seien"[110] – was allerdings nicht als Beschreibung des politischen Zustands seiner Zeit gelten kann.

Die Skizze für die nur noch zum kleinsten Teil ausgeführte Fortsetzung lautet: „Durch das göttliche Gesetz belehrt ist nun die Aufmerksamkeit darauf zu richten, wie die ihm <dem Fürsten> untergebene Menge gut leben kann. Dieser Gegenstand wird in drei unterteilt: <1> daß <der Fürst> das gute Leben der ihm untergebene Menge einrichte, <2> daß er es einmal eingerichtet bewahre <und 3> daß er das Bewahrte zu noch Besserem fördere"[111]. Bereits der erste Punkt (II, 5), Stadtgründung in <klimatisch> gemäßigter Gegend, ist nur noch angerissen. Jürgen Miethke würdigt das bis heute meist nur wenig beachtete Werk: „Unter den vielen großen Leistungen des Thomas von Aquin ist es nicht die kleinste, dass er am Ende seines Lebens hat zeigen können, wie in selbstständigem Umgang mit der praktischen Philosophie des Aristoteles ein in sich stimmige politische Theorie entworfen werden konnte, die die politisch theoretische Reflexion auf eine neue Ebene hob"[112].

Thomas von Aquin unterscheidet auch in seinen anderen Werken die geistliche Aufgabe der Kirche von der weltlich-politischen des Staates. Die Sorge für das zeitliche Wohl der Menschen und ihrer Gesellschaft ist Aufgabe des weltlichen Bereichs, nur wo das ewige Heil in Gefahr gerät, hat die Kirche eine ‚potestas indirecta'[113], was nicht besagt, sie könne sich dafür Waffen und andere gewaltsame Machtmittel zulegen, ihr aber wohl eine moralische öffentliche und damit auch politische Verantwortung gibt. Da dieses Heil in Entscheidungen großer ethischer Tragweite auf dem Spiel steht, kann sich die Kirche nicht auf das Jenseitige zurückziehen, sondern ist verpflichtet, in Situationen wie etwa jetzt der in der Ukraine, im Heiligen

[110] „Hic mos paulatim inolesceret ut ciuitatis rectores sacerdotibus subderentur". Ebd.: S. 466,135 f.

[111] „Per legem igitur diuinam edoctus, ad hoc precipuum studium oportet intendere qualiter multitudo sibi subdita bene uiuat. Quod quidem studium in tria diuiditur: <1> ut primo quidem in subiecta multitudine bonam uitam instituat, <2> ut institutam conseruet, <3> ut conseruatam ad meliora promoueat". *De regno* II,4: S. 467,41–47.

[112] Miethke, Jürgen: *De potestate papae* (Anm. 36), S. 25.

[113] „Soweit das Heil der christlichen Seele auf dem Spiel stand galt die potestas-indirecta-Lehre, im rein politischen Felde war der Papst ohne spezifische Autorität". Weinacht, Paul-Ludwig: Potestas II – Mittelalter, Renaissance, Neuzeit <6.–18. Jh.> in: *Historisches Wörterbuch der Philosophie* VII (1989), Sp. 1047–1056, hier Sp. 1048, verweist auf Dempf, Alois: *Sacrum imperium*, ^{2}1954, S. 392. Die durchaus verschieden nuancierten Positionen und ihre Entwicklungen finden sich bei Miethke (Anm. 36), eingehend dargestellt.

Land und im Irak ihre die grundlegenden Menschenrechte und -pflichten anmahnende Stimme zu erheben.

Schon Aristoteles forderte Klugheit im politischen Handeln. Für Thomas ist unter den nicht idealen Bedingungen der Menschheit nach dem Sündenfall die umsichtige Beurteilung der jeweiligen Situation und die Beratung über das angemessene Handeln besonders wichtig. Im gesellschaftlichen Rahmen ist das Aufgabe der Politik. Es geht dabei also nicht nur um die Erarbeitung gerechter Gesetze, sondern auch und gerade um ihre situationsangemessene Anwendung. Handlungen, die obwohl gut gemeint, mehr Schaden anrichten als ihre Unterlassung, entsprechen nicht der erforderlichen Klugheit. Ein immer wieder dafür zitiertes, gleichwohl von Thomas nur nebenbei in einem anderen Zusammenhang gebrachtes Beispiel ist die Prostitution: Ein Übel sollte nicht durch die staatlicher Macht unterbunden werden, da zu befürchten steht, dass sonst Schlimmeres geschieht[114], mehr Vergewaltigungen vorkommen.

Ein ganzheitliches Konzept – das schließt nicht aus, dass es auch bei Thomas Inkonsequenzen gibt. Als die schwerwiegendste erscheint mir: im Prolog und in der ersten Quästion des zweiten, der theologischen Ethik gewidmeten Teils der *Summa theologiae* und unter Berufung auf diese Kerntexte öfter im weiteren Verlauf findet sich die grundsätzliche Feststellung: „Der Mensch unterscheidet sich von den vernunftlosen Geschöpfen dadurch, dass er Herr seiner Handlungen ist“[115] – daraus müsste nach heutigem Verständnis zwingend das grundlegende und allgemeine Menschenrecht auf persönliche Freiheit und Gleichheit aller Menschen geschlossen werden. Doch Thomas, Kind seiner Zeit und philosophisch von Aristoteles abhängig, hat zwar die Verpflichtung selbst durch das irrende Gewissen betont (*Summa theologiae* I^{a} II^{ae} q. 19, a. 5 co. u. ö.), aber die

[114] *S.th.* II^{a}II^{ae} q. 10, a. 11, co: ed. Leonina, Bd. VIII, Rom 1895, S. 93. In dem Artikel geht es um die Frage, ob die Ausübung nichtchristlicher Religionen unterdrückt werden soll. Der jüdische Gottesdienst ist zu dulden, da er als Zeugnis des Alten Bundes auf die volle Wahrheit des Christentums verweist, heidnische Kulte sind aber nur zu tolerieren, um noch größere Übel zu vermeiden („non sunt aliqualiter tolerandi, nisi forte ad aliquod malum vitandum“), wenn sonst Skandal, Zwietracht oder Abschreckung von der Bekehrung – und damit Verlust des Seelenheils – der Betroffenen die Folge wäre. Auch wenn diese Darlegung nicht dem heutigen – auch kirchlichen – Verständnis von Toleranz entspricht (*Dignitas humanae personae:* Erklärung des II. Vatikanischen Konzils zur Religionsfreiheit) zeigt sie doch im Rahmen mittelalterlicher Denkweise eine bemerkenswerte Klugheit seelsorglicher und politischer Art.

[115] „Differt autem homo ab ab aliis irrationalibus creaturis in hoc, quod est suorum actuum dominus“. *S.th.* I^{a}II^{ae} q. 1, a. 1, co. Im Prolog, Johannes von Damaskus zitierend (*De fide orthodoxa* l. II, c. 12), auf die Gottebenbildlichkeit des Menschen bezogen: „homo factus ad imaginem Dei dicitur, secundum quod per imaginem significatur intellectuale et arbitrio liberum et per se potestativum“. Vgl. o. S. 64.

Nachrangigkeit der Frau gegenüber dem Mann, die für ihn nur als Abbild Gottes und in der geistlichen Wirkung der Taufe aufgehoben ist und erst im Himmel ein Ende finden wird[116], gerechtfertigt, wie auch ‚servitus' – was wohl eher die mittelalterliche Leibeigenschaft bedeutet als die antike Sklaverei[117].

Wenn wir näher auf den Vorschlag zur politischen Organisation in *De regno* schauen, finden wir keinen rein monarchischen Verfassungstyp: „Thomas argumentiert für eine gemischte Verfassung, die den Bedarf an Führung anerkennt – das monarchische Element –, die Begabungen aller Gruppen und Individuen einbezieht – das aristokratische Element –, und das Erfordernis von Konsens aufnimmt"[118]. Eine heiß diskutierte Frage war die, ob die Gehorsamspflicht gegenüber der Staatsgewalt auch vor Gewaltherrschern gelte, oder ob der Tyrannenmord gerechtfertigt sei. Der Aquinate unterscheidet zwischen <a> dem illegal an die Macht gekommenen Herrscher (tyrannus usurpationis) und <b> dem mit arbiträrer Gewalt Regierenden (tyrannus regiminis). Dem, der sich Herrschaft durch Gewalt verschafft, darf mit Gewalt widerstanden werden wenn es keine andere Möglichkeit gibt[119]. In *De regno* betont Thomas allerdings, dass die gewaltsame Beseitigung eines Tyrannen öfter zu einer noch schlimmeren Gewaltherrschaft geführt habe[120] und dass solche Auflehnung „nicht der Lehre der Apostel entspricht; lehrt uns doch Petrus (1 Petr 2,18b f.), nicht nur den guten und besonnenen, sondern auch den launenhaften Herren ehrerbietig untertan zu sein. Das ist nämlich eine Gnade, wenn jemand, weil

[116] Dies lässt sich aus *Summa theologiae* I^{a} q. 93, a. 4 erschließen, vgl. auch *Expositio et lectura super S. Pauli epistolas, Ad Gal.* 3,28: ed. Raphael Cai (ed. Marietti), Bd. 1, Turin 1953, S. 606 f., Nr. 188; *Ad. Col.* 3,11: Bd. II, S. 154b, Nr. 156. In der von Thomas für seinen Kommentar zu *Kol.* 3,11 verwendeten lateinischen *Itala* findet sich, entsprechend einigen relativ späten griechischen Handschriften: „αρσεν και θηλυ", „*masculus et fœmina*". Zur Frau als Thema des Aquinaten: Capelle, Catherine: Thomas d'Aquin feministe?, Paris 1982 (*Bibliothèque Thomiste* 43).

[117] Näheres siehe unten 77, 82–86 u. 112–115.

[118] Carstens, Ronald W.: The medieval antecedents ... (Anm. 8), S. 42 unter Verweis auf *De regno*, von ihm noch *De regimine principum* genannt, sowie auf *S.th.* $I^{a}II^{ae}$ q. 105 und $II^{a}II^{ae}$ q. 183, a. 2.

[119] *Scriptum II Sent.* d. 44, q. 2 a. 2 und *S.th.* $II^{a}II^{ae}$ q. 104.

[120] „Quod si preualere quis possit aduersum tyrannum, ex hoc mutotiens proueniunt grauissime dissensiones in populo, siue dum in tyrannum insurgitur, siue post deiectionem tyranni dum erga ordinatioem regiminis multitudo separatur in partes". *De regno* I,6: (Anm. 80), S. 455,28–33. Ein jüngeres Beispiel ist die Entwicklung im Irak nach dem Sturz Saddam Husseins. Zur damaligen Diskussion: Miethke, Jürgen: Der Tyrannenmord im späten Mittelalter: Theorien über das Widerstandsrecht gegen ungerechte Herrschaft in der Scholastik, in: *Theologische Reflexion über Krieg und Frieden in der Geschichte der Kirche*, Hrsg. Gerhard Beestermöller u. Gerhard Justenhoven, Stuttgart 1999 (*Beiträge zur Friedensethik* 30), S. 24–48.

er sich in seinem Gewissen nach Gott richtet, zu Unrecht Betrübnis leidet"[121].

Thomas Gilby hat vier neue Theoreme politischen Denkens festgestellt, die Thomas von Aquin neu in westliches Denken eingeführt hat:

1. Die Notwendigkeit politischer Autorität ist naturgegeben, nicht lediglich konventionell.
2. Politische Autorität ist nicht von der geistlichen Autorität der Kirche abgeleitet.
3. Politische Autorität hat die Wahrung von Gerechtigkeit zum Ziel und darf nicht darüber hinaus ausgreifen.
4. Die Ausübung politischer Autorität ist eine Kunst (ars), sie muss – auch unter ethischem Aspekt – nach ihrer situationsangemessenen Klugheit beurteilt werden[122].

Für Thomas liegt der Sinn des Politischen in Friedensstiftung und Friedenswahrung, letztlich um den Menschen die ungestörte Gelegenheit zur Betrachtung der Wahrheit zu ermöglichen[123] – und so behandelt er in der *Summa theologiae* den Frieden zusammen mit der Freude und der Barmherzigkeit als diejenigen Wirkungen der Liebe, die dem Menschen innerlich sind[124] – neben der Wohltätigkeit als äußerer Wirkung[125]. Er ist sowohl gesellschaftlich Einigung mit anderen als auch persönliche ganzheitliche Ausrichtung.

Die (neo-)thomistische Naturrechtslehre hat seit den berühmten Mainzer Adventspredigten von 1848 des – damals noch – Pfarrers Wilhelm Emmanuel von Ketteler[126] einer wachsenden Aufmerksamkeit nicht nur katholischer Kreise für die Probleme einer inhumanen kapitalistischen Gesellschaftsordnung einen theoretischen Rahmen gegeben und ist für die

[121] „Sed hoc apostolice doctrine non congruit. Docet enim nos Petrus ‚non solum bonis et modestis, uerum etiam dyscolis dominis reuerenter subditos esse: hec enim est gratia, si propter conscientiam Dei sustineat quis tristitias patiens iniuste'". Ebd.: S. 455,60–65. Den Kontext der Sklavenparänese erwähnt Thomas allerdings hier nicht; das findet sich ansatzweise in *S.th.* II^{a}II^{ae} q. 10, a. 10, arg. 1 u. co: Ed. Leonina, Bd. VIII, Rom 1895, S. 91a u. 91b-92b.

[122] Gilby, Thomas.: The political thought of Thomas Aquinas, Chicago 1958, S. XV-XX.

[123] „felicitas speculativa ad quam tota vita politica videtur ordinata, dum per pacem, que per ordinationem vitae politicae statuitur et conservatur, datur hominibus facultas contemplandi veritatem". *Sent. Eth.* l. X,11 (zu 1177b4–26: S. 587,48–51. Thomas fügt dem Text des Aristoteles eine stärkere Betonung des Friedens als Ziel der Politik hinzu.

[124] Aufgliederung II^{a} II^{ae}, q. 28, prol. Hierzu ausführlicher: unten S. 105 u. 109 – 112.

[125] *S.th.* II^{a} II^{ae}, q. 31–32.

[126] Ketteler, Wilhelm E. von: Sämtliche Werke und Briefe, hrsg. Erwin Iserloh, Abt. I,1 *Schriften, Aufsätze und Reden* 1848–1866, Mainz 1977, S. 22–87. Die Berufung auf Thomas von Aquin besonders in der 1. Predigt, a. a. O., S. 26–32.

Entwicklung der katholischen Soziallehre bestimmend gewesen. Der französische Philosoph und aktive Katholik Jacques Maritain hat unter dem Eindruck des Rassismus und des Terrors der deutschen Nazi-Diktatur an der Erarbeitung der Charta der Menschenrechte der Vereinten Nationen mitgewirkt und sie wesentlich beeinflusst. In seinen Werken beruft er sich häufig und gerade an zentralen Stellen auf Thomas von Aquin[127].

In Deutschland haben sich unter Berufung auf Thomas vor allem der Dominikaner Eberhard Welty (1902–1965)[128] und der Jesuit Oswald von Nell-Breuning (1890–1991)[129], um nur die bekanntesten zu nennen, für eine naturrechtlich begründete Gesellschaftsordnung und besonders für Mitbestimmung der Arbeitnehmer im Betrieb als Umsetzung des Prinzips „der Mensch ist Herr seiner Handlungen" eingesetzt – ein heute im Zeitalter einer von Kapitalinteressen getriebenen Globalisierung ein zu Unrecht vergessenes Thema.

So sehr die thomanische theonome Ordnungsvorstellung und erst recht die aus ihr entwickelte thomistische Naturrechtslehre im 20. Jahrhundert kritisiert und abgelehnt worden sind, so wenig hat der Rechtspositivismus eine überzeugende Alternative bieten können – die schreckliche Erfahrung des Naziunrechts, dem das deutsche Justizwesen fast nichts entgegensetzte, hat uns gezeigt: wir können nicht alles ohne weiteres für gerecht annehmen, was eine gesetzgebende Körperschaft aus augenblicklichen Machtverhältnissen heraus als Recht setzt. Nach dem katastrophalen Ende dieser schrecklichen Tyrannei hat besonders die Umwelt- und die Friedensbewegung gezeigt, dass auch im Parlamentarismus positives Recht durchaus in

[127] Für seine auf Thomas von Aquin gegründete politische Philosophie sind besonders wichtig die 1939–1941 entstandenen und 1944 erstmals veröffentlichten: *Principes d'une politique humaniste*, in: Maritain, Jacques et Raïssa: Oeuvres complètes, Bd. VIII, Fribourg CH 1989, S. 177–355, sowie die in jenem Band enthaltenen Aufsätze, und (Radio-) Vorträge 1940–1945. Erst posthum veröffentlicht wurden die 1950 gehaltenen Vorlesungen *La loi naturelle ou loi non écrite*, ed. Georges Brazzola, Fribourg/Ue. 1986.

[128] Sein bekanntestes Werk, *Herders Sozialkatechismus* in 3 Bänden, Freiburg/Br. 1951–1956, enthält im grundlegenden 1. Band 17 Nennungen und Zitate von Thomas von Aquin im Text und 18 in den Anmerkungen; auch darüber hinaus ist der thomistische Grundduktus deutlich. Welty wurde der herausragende Theoretiker des ‚Walberberger Kreises', der – wenn auch nicht mehr mit so expliziter Orientierung an Thomas von Aquin – sein Werk fortführt: Ockenfels, Wolfgang: Der Walberberger Kreis: zur sozialethischen Bedeutung der Dominikaner in Deutschland, *Die neue Ordnung* 65 (2011), Sonderheft – zu Welty dort S. 7–15.

[129] Von Nell-Breuning entfaltete seit 1928 eine reiche sozialethische Tätigkeit, auch publizistisch. In dem von ihm 1947 initiierten *Wörterbuch der Politik*, Freiburg/Br. 1947–1951 (Neudr. 1956), wird Thomas von Aquin zwar nur einmal und in Klammern genannt (1. Faszikel, Sp. 25), doch auch hier ist der Grundduktus (neo-) thomistisch. Ebenso in *Gerechtigkeit und Freiheit*, Wien 1980, wo Thomas von Aquin auf S. 40 Erwähnung findet.

krassem Widerspruch zum Rechtsempfinden Vieler stehen kann – bis hin zu Stuttgart 21[130].

In jüngerer Zeit haben wir eine – wenn auch nicht unwidersprochene – Rehabilitation des Naturrechts. Vorreiter ist John Finnis, Oxford: grundlegende menschliche Bedürfnisse unterliegen nicht willkürlicher Definition, sondern sind grundlegende Menschenrechte, orientiert an Grundwerten des ‚guten Lebens' (well-being)[131]. Finnis nennt als solche: Leben[132], Wissen[133], Spiel[134], Ästhetische Erfahrung[135], „von einem Minimum an Frieden und Harmonie … bis zur Freundschaft"[136], <die Möglichkeit>, „die eigene Intelligenz dazu nutzen zu können, seine Handlungen und seinen Lebensstil zu wählen und seinen eigenen Charakter zu formen"[137], wozu auch ‚Religion' im breiten Sinn gehört[138]. Finnis ist gläubiger Christ, er beruft sich in Vielem auf Thomas von Aquin[139], aber er vermeidet es „Naturrecht oder praktische Rationalität als Ausdruck eines göttlichen Willens darzustellen"[140]. Das ist der Unterschied zwischen Damals und Heute.

Thomas von Aquin ist – wie jeder Mensch – ein Kind seiner Zeit – aber er ist nicht nur das. In einem nur wenig gelesenen Abschnitt der *Summa theologiae* (I^a q. 102, a. 3) stellt sich Thomas, der sich liebevoll auch scheinbar ganz nebensächlichen Details widmet, die Frage: „Ist es angemessen, daß der Mensch von Gott in das Paradies gestellt wurde, damit er es bebaue und behüte? (Ex. 2,15)" Vor allem zwei Gründe sprechen dagegen: (1) Ackerbau ist mühsam und Folge der Sünde: „Im Schweiße deines Angesichts sollst du dein Brot essen" (Gen. 3,19)[141]. (2) Im Paradies gab es keine Feinde, also brauchte es nicht behütet zu werden[142]. Die Antwort ist: im Zustand para-

---

[130] Ich bin mir durchaus bewusst, dass das eine dogmatische Aussage ist, doch ohne Prinzipien enden wir bei zynischer Vernunft – allerdings nicht so positiv wie vom postmodernen Glitzermann Sloterdijk propagiert.

[131] John Finnis: Natural law and natural rights, Oxford 1980.

[132] A.a.O., S. 86 f.

[133] A.a.O., S. 87; vgl. S. 59–75.

[134] „Play, then, has and is its own value". A.a.O., S. 87.

[135] A.a.O., S. 87 f.

[136] ‚Sociability' a.a.O., S. 88; vgl. S. 141–144.

[137] ‚Practical reasonableness' a.a.O., S. 88 f.

[138] A.a.O., S. 89 f.; vgl. S. 403–410.

[139] Hierfür siehe besonders: John Finnis: Aquinas: moral, political, and legal theory, Oxford 1998 ^{2}2004 (*Founders of modern political and social thought*).

[140] Finnis, J.: Natural law … (Anm. 131), S. 403. Hieran hat sich Kritik entzündet, die allerdings nicht in Rechnung stellt, dass Finnis keine Exegese der Werke und Stellen zu geben beansprucht, in den Thomas von Politik handelt.

[141] „… agricultura introducta est in poena peccati, ut diditur Gen. III° <capitulo>". *S.th.* I^a, q. 102, a. 3, arg. 1: *Opera omnia*, ed. Leonina, Bd. V, Rom 1889, S. 451a.

[142] „… in Paradiso nullus timebatur violentus invasor. Ergo non erat necessarium ut Paradisum custodiret". A.a.O., arg. 2: ebd.

diesischer Unschuld ist der Landbau keine Plackerei, sondern macht Freude – wie das Hobby eines Gärtners der sich über das Wachsen in der Natur freut – und behüten sollte der Mensch das Paradies für und vor sich selbst[143]. Unverhofft haben wir hier die Skizze einer ökologischen Theologie!

Thomas war in seinem persönlichen Verhalten kein politischer Mensch in dem Sinn, dass er Leitungsaufgaben angestrebt hätte, er war, wenn auch nicht in erster Linie, ein politischer Denker und seine auch für heute bedeutende Größe auch auf diesem Gebiet liegt nicht nur darin, dass er auf die Weisheit der Antike zurückgreifend aus der Natur des Menschen als Person und als politisches Wesen dachte[144]; der Aquinate hat eine Anthropologie konzipiert, in der – auch unter Absehung von der Gemeinschaft mit Gott als ihrem letzten Ziel – naturgegebene Werte und Rechte der Menschen begründet werden, die nicht Verfügungsmasse von Politik und erst recht nicht mit Gewalt niedergetreten werden dürfen. Und nicht zuletzt liegt seine bleibende Bedeutung für Fromme wie für irdisch Gesonnene darin, dass er Frieden, Gerechtigkeit und die Bewahrung der Schöpfung als die Grundziele jeder guten, gemeinwohlorientierten Politik gesehen und benannt hat.

---

[143] „Nec tamen illa operatio <agriculturae> esset laboriosa, sicut post peccatum; sed fuisset iucunda, propter experientiam virtutis naturae. Custodia etiam illa non esset contra invasores; sed esset ad hoc quod homo sibi Paradisum custodiret, ne ipsum peccando amitteret". A.a.O., co.: S. 451b.

[144] Ullmann, Walter: Law … (Anm. 37), S. 272, sieht hierin das entscheidend Neue, durch das die Ethik- und Politik- Konzeption des Thomas nicht nur im Rahmen eines theozentrischen Weltbildes handlungsleitend sein kann.

Friede im Himmel und Krieg auf Erden?

Komplementäre Anmerkungen von Heraklit und Aristoteles über Thomas von Aquin zu Karl Marx

Walter Senner

„Krieg ist aller Dinge Vater, aller Dinge König", heißt es in einem vielzitierten Fragment des Vorsokratikers Heraklit. Weniger bekannt ist die Fortsetzung dieses Spruchs: „Die einen erweist er als Götter, die anderen als Menschen; die einen macht er zu Sklaven, die anderen zu Freien"[1]. Diese Worte sind nicht orakelhaft dunkel, wie Heraklit oft nachgesagt wurde, hier wird vielmehr ein ‚λόγος', ein allgemeines Prinzip, ein universales Weltgesetz ausgesagt[2]. Wenn Kirk und Raven dieses Prinzip als den Wandel sehen, dem alles Irdische unterworfen ist[3], dann erscheint das doch sehr ins Blasse abstrahiert: Krieg ist für Heraklit – zumindest so wie seine Apophthegmata uns, zumeist durch Hippolyt, überliefert sind[4] – nicht nur eine Metapher dafür, dass nichts bleibt wie es war, sondern ein ganz real grundlegender Faktor des Lebens: „Man soll aber wissen, dass der Krieg gemeinsam (allgemein) ist und das Recht der Zwist, und dass alles geschieht auf Grund von Zwist und Schuldigkeit"[5] Dass der Krieg „die einen zu Sklaven macht, die anderen zu Freien", ist mythisch überformte ferne Erinnerung an die

[1] Heraklit: Fragment 53: Die Fragmente der Vorsokratiker, hrsg. Hermann Diels, Walther Kranz, Bd. I, Berlin [8]1956, S. 162: „Πόλεμος παντων μεν πατηρ εστιν" Zeile 7. „… τους μεν δουλους εποιησε τους δε ελευθερους" 8–9. Die erste Fassung dieses Beitrags ist in kroatischer Übersetzung erschienen als: Mir na nebu i rat na zemlji? Razmišljanja prema tekstovima od Heraklita i Aristotela preko Tome Akvinskog do Karla Marxa [Friede im Himmel und Krieg auf Erden. Reflexionen zu Texten von Heraklit und Aristoteles über Thomas von Aquin bis zu Karl Marx.], in: Anto Gavrić (Ed.), Ljubav prema istini. Zbornik u čast Tome Vereša O.P. prigodom 70. rođendana i 50. godina redovničkih zavjeta [Love of truth. Festschrift for Tomo Vereš OP on the occasion of his 70th birthday and the 50th anni-versary of his religious profession], Zagreb 2000, 221–251 [mit kroat. u. dt. Zusammenfassung]. Die jetzige ist in einigen Punkten überarbeitet und erweitert.

[2] Hölscher, Uvo: Anfängliches Fragen, Göttingen 1968, S. 141.

[3] Kirk, Geffrey. S., Raven, John. E: The presocratic philosophers, Cambridge 1957, S. 195 f.

[4] A. a. O., S. 5 f. + 193.

[5] Fragment 80: Diles-Kranz, Bd. I (Anm. 1), S. 169, 3–5. „Tὸν πόλεμον εόντα ξυνόν" (Der Krieg ist allgemein)" ist ein Zitat aus Homer: *Ilias* 18,309. Vgl. Fränkel, Hermann: Dichtung und Philosophie des frühen Griechentums, München [3]1976, S. 428 f. Wie aus *Odyssee* 24,531–548, hervorgeht, ist für Homer nicht Krieg, sondern Frieden ein unnatürlicher Zustand. Betonung des Gegensatzes als Grund und des Kampfes als Motor von Wandels auch bei: Gigon, Olof: Der Ursprung der griechischen Philosophie, Basel [2]1968, S. 204 f.

ägaeische Landnahme[6] und zugleich konkrete zeitgenössische Erfahrung unablässiger Kriege der hellenischen (Stadt-) Staaten untereinander, sowie mit ‚Barbaren', unter Versklavung der Gefangenen[7].

Platon forderte, dass die Bewohner besiegter hellenischer Staaten nicht versklavt werden dürften, es aber möglichst zwischen diesen Gemeinwesen überhaupt keine Kriege geben sollte[8]. Einen ständigen Kriegszustand mit den „Barbaren" hält er dagegen für naturgegeben[9]. Die Kriegskunst (πολέμικη τέχνη) ist deshalb ein wichtiger Teil der Staatskunst (πολιτική τέχνη)[10] – und das gerade deshalb, weil sie nicht nur aus Kämpfen (ὡ πολέμειν) besteht, sondern auch aus Diplomatie (ἐν τois λόγοις διερμήνευσεις), wenn sie der von Platon gelehrten Bildung (παιδεία) entsprechen soll[11]. In einer gewissen Spannung zu dieser durchaus positiven Aussage steht es, wenn die Kriegskunst mit Räuberei (ληστική), Sklavenjagd (ἀνδραπόδιστική wörtlich: Entführung) und Tyrannei (τυράννικη) in einem Atemzug genannt und unter ‚Jagd' (βίαιον θήραν) subsumiert wird[12]. In der Tat findet sich bei Platon auch ein Ansatz zu einer kritischen Analyse der Ursachen: (Angriffs-) Kriege entstehen durch Überschreiten der Grenze des Notwendigen (ὑπερβάντες τὸν τῶν αναγκαίϖν ὅρον) bei wirtschaftlichem Streben nach ungemessenem Besitz (ἐπι χρῶματον κτῆσιν ἀπείρον)[13]. Eine Ablehnung

---

[6] Thomson, George: Studies in ancient greek society, New York 1965, S. 298 + 355.

[7] Pohlenz, Max: Griechische Freiheit, Heidelberg 1955, S. 9 + 12 f. schildert das Aufkommen eines adligen Standesbewusstseins von ‚Blutsreinheit' gegenüber Sklaven und anderen ‚Minderwertigen', das in auffälligem Gegensatz zu der ständigen Gefahr stand, in einem verlorenen Krieg selbst versklavt zu werden. Erst in den späthellenischen und römischen Zeit mit einer inzwischen durch Kriegsgefangenschaft und Schuldknechtschaft gewaltig angewachsenen Anzahl von Sklaven kam ein Bewusstsein grundsätzlicher Gleichheit der Menschen auf, die – wenn Sklaven – lediglich durch widriges Schicksal in diese Lage gekommen waren (a.a.O., S. 119–122). Zur Sklaverei als einem auf dem Land nicht so verbreiteten Phänomen neuerdings auch: Ameling, Walter: Landwirtschaft und Sklavenarbeit im klassischen Attika, *Historische Zeitschrift* 266 (1998), S. 281–315.

[8] *Politeia* V: 469b8-c7. Meier, Christian: Die Rolle des Krieges im klassischen Athen: *Historische Zeitschrift* 251 (1990), S. 555–605, unterstreicht die ausgesprochen expansionistische Kriegspolitik Athens nach dem Sieg über Xerxes und der Entdeckung der Möglichkeiten die Seemacht gibt.

[9] „'Έλλενας μὲν ἀρα βάρβαροις … πόλεμιους φύσει εἶναι" *Politeia* V: 470c5–7.

[10] *Protagoras:* 322b5.

[11] *Timaios:* 19c4–8. Zum Bildungskonzept Platons vgl. Jäger, Werner: Paideia: die Formung des griechischen Menschen, Bd. II, Berlin ²1954, S. 130–360; zur Kriegserziehung S. 330–338, dort zum Fehlen eines Bezugs zu seinem Ideal vom Menschen bes. S. 335–338.

[12] *Sophistes:* 222c5–7.

[13] „διὰ γὰρ τὴν τῶν χρημάτϖν κτῆσιν πάντες οἱ πόλεμοι γίγνονται (Wegen Besitz von Geld und Gut entstehen alle Kriege)" *Phaidon:* 66c7 f. vgl. *Politeia* II: 373d6-e2. Dass dies weniger als Kritik, denn als Beschreibung politischer (Überbevölkerungs-) Zwänge gemeint gewesen sei, meint m.E. unwahrscheinlicherweise Taylor, Alfred E.: Plato, London ⁷1960, S. 274 f. Bereits

des ‚Ungemessenen‘, ‚Unnötigen‘ schwingt hier zwar mit, aber ein, seine Ethik ansonsten generell kennzeichnender Rückbezug auf die bessere Welt der Ideen[14], des ‚Urguten, Urschönen, Ureinen‘ *vor* jedem Widerspruch, jeder Dialektik, jedem Konflikt[15], ist in diesem Zusammenhang jedoch nicht zu finden[16]. Krieg ist eine Wirklichkeit, eine „traurige Notwendigkeit“[17]dieses irdischen Schattenreiches, ohne Bezug zum ewigen Frieden im Reich des Idealen.

Im Unterschied zu Platon geht Aristoteles für seine Ethik von den historisch gegebenen gesellschaftlichen Verhältnissen, der Lebenswelt der Menschen seiner Zeit aus[18] und von einer Aufteilung des Wissens in verschiedene Einzelbereiche mit ihren jeweiligen Einzelwissenschaften[19]. Heute mag es erstaunen, wenn nicht die Politik (-wissenschaft bzw. politische Philosophie) der Ethik subsumiert betrachtet wird, sondern umgekehrt[20].

---

in der – sonst eher kriegsbegeisterten – griechischen Mythologie ist dem Πόλεμος die῞Υβρις als Gattin zugesellt (Babrios: *Fabulae*, 170, zit. nach Meier, C. (Anm. 8), S. 586).

[14] Gil, Thomas: Ethik, Stuttgart 1993, S. 2 u. 12 f.

[15] Natorp, Paul: Platons Ideenlehre, Leipzig ^{2}1921, S. 505.

[16] Recht bemüht erschließt, Werner: Gewaltlosigkeit und Wahrheit, Meisenheim 1975, bes. S. 104–118, aus Platons Ablehnung des Gewaltsamen in der Rhetorik eine grundsätzliche Gewaltkritik. Für das hier im Hintergrund stehende Ethos gewaltfreien Widerstands gegen übermächtig erscheinende Tyrannei vgl. die als sein letztes Seminar unter dem Terror der Nazis entstandene Interpretation von Romano Guardini: Der Tod des Sokrates, zuerst Firenze u. Berlin 1943.

[17] „Τὸ γε μὴν ἄριστον οὔτε ὁ πόλεμος οὔτε ἡ στάσις, ἀπευκτὸν δὲ τὸ δεηθῆναι τοῦτων“ *Nomoi* I,4: 628c9 f. „Das Beste ist aber nicht Krieg und Entzweiung – es ist traurig, wenn es dieser bedarf“, übersetzt Friedrich Schleiermacher in: Platon: *Sämtliche Werke*, Bd. VI, Hamburg 1959, S. 14. Statt ‚wenn‘ wäre hier, ‚dass‘ deutlicher, denn aus dem Kontext geht hervor: Platon akzeptiert Krieg zwar nicht um seiner selbst willen – er vergleicht ihn mit einer sozialen Krankheit –, das diplomatische und soziale Bemühen um Frieden hat aber keine Erfolgsgarantie, so dass der gute Gesetzgeber besser zu Friedenszeiten für den Kriegsfall disponiert, als im Krieg zu einem <nachteiligen> Frieden genötigt zu sein (a. a. O.: 628d7-e1, vgl. VIII,1: 829a6–8). Zu optimistisch erscheint Kimmnich, Otto: Krieg I, in: *Historisches Wörterbuch der Philosophie* (in der Folge: HWP), Bd. IV, Basel 1976, Sp. 1230–1233, hier Sp. 1230, der meint, Plato habe „perfekte Vorbereitung“ als (zuverlässige) Kriegsverhinderung betrachtet.

[18] Gil, T. (Anm. 14), S. 14.

[19] *Ethica ad Nicomachum* (im Folgenden: *Eth. Nic.*, benutzte Ed. Ingram Bywater, Oxford 1894 u. ö., dt. Aristoteles: *Nikomachische Ethik*, übers. von Franz Dirlmeyer, Berlin 1956; dito, übers. von Eugen Rolfes, hrsg. von Günther Bien Hamburg 1972) I,1: 1094a 6; zur Stelle vgl. Bien, S. 264. Aus marxistischer Sicht betont Seidel, Helmut: Aristoteles und der Ausgang der griechischen Philosophie, Leipzig ^{2}1988, S. 22 f., die Einheit des aristotelischen wissenschaftlichen Weltbildes, die freilich zu dem empirischen Ansatz und der Abgrenzung einzelwissenschaftlicher Gegenstandsbereiche nicht notwendig in Widerspruch steht.

[20] „… πρότερον δη τη φυύσει πόλις η οικία και εκαστος ημῶν εστίν“ (Der Staat ist denn auch von Natur ursprünglicher als das Haus oder jeder Einzelne von uns – Übers. O. Gigon). *Politica* I,6: 1253a 19 f. (im Folgenden: *Pol.*, benutzte Ed.: William D. Ross, Oxford 19557; Newman, William L.: The Politics of Aristotle [griech., mit Komm.] Vol. I-IV, Oxford 1887–1902, dt.: Aristoteles: *Politik*, übers. von Franz Susemihl, Hrsg. Nelly Tsouyopoulos, Hamburg

Für den Stagiriten ist es Konsequenz einer umfassenden Konzeption der Wissenschaften vom Menschen als „φύσει πολιτικὸν ζῷον"[21] – als „von Natur aus politischem Lebewesen", das nur in Gesellschaft bestehen kann – der Disziplinen, die in der jüngeren Aristotelesforschung zusammenfassend ‚praktische Philosophie' genannt werden[22]. Auch wenn in der überlieferten Reihenfolge seiner Werke die *Politica* erst hinter der *Ethica ad Nicomachum* steht, rechtfertigt das, sie hier vornehmlich zu behandeln[23]. Politik – das ist für ihn nicht Herrschaftswissen in der attischen Polis, sondern grundlegend „Wissenschaft von den Bedingungen der Möglichkeit vernünftiger Praxis"[24], jedoch keine systematische Beschreibung und Bewertung der ver-

1965 – meist näher am Griech. – dito., übers. u. hrsg. von Olof Gigon, München 1973 – sprachlich schöner. In *Pol.* fehlt eine Einordnung in die Wissenschaftssystematik des Aristoteles, sie findet sich dafür am Anfang von *Eth. Nic.* (Anm. 19) I,1: 1094b11. – zur Unterordnung des einen unter das andere: wir befinden uns hier auf dem Feld der Wissenschaft des 5. Jh. *vor* Chr., nicht dem der (un-) ethischen politischen (Spenden-) Praxis des 21. Jh. *nach* Chr.

[21] *Pol.* I,2: 1253a 3. Marx, Karl: Grundrisse der Kritik der politischen Ökonomie, Berlin 1974, S. 6, bemerkt hierzu treffend: „Der Mensch ist … ein Tier, das nur in der Gesellschaft sich vereinzeln kann". Bemerkenswert für den Umgang mit den ‚Klassikern' im offiziellen Marxismus-Leninismus ist, dass diese für Marx' Denk- und Arbeitsprozess höchst aufschlussreichen Manuskripte von 1857–1858 nicht in den Editionsplan der *Marx-Engels Werke* (im Folgenden: *MEW*) aufgenommen wurden, sondern nur die geglättete Fassung des ersten Teils *Zur Kritik der Politischen Ökonomie* von 1859 (*MEW* Bd. XIII, Berlin 1961, S. 3–160); eine Rechtfertigung versuchen die Editoren erst gar nicht (a. a. O., S. VI). Wäre den Kirchenvätern solche Weisheit zuteil geworden, so hätten sie den Römerbrief aus dem Kanon des Neuen Testaments weggelassen.

[22] Bien, Günther: Die Grundlegung der politischen Philosophie bei Aristoteles, Freiburg/Br. 1973; zitiert nach ^{3}1985. Diese Sichtweise ist nicht auf die Philosophiegeschichte beschränkt geblieben: Bubner, Rüdiger: Handlung, Sprache und Vernunft: Grundbegriffe praktischer Philosophie, Neuausg. Frankfurt/M. 1982, S. 70–73, nimmt Aristoteles zur „Vorerinnerung".

[23] Auf die komplexe Frage einzugehen, aus welchen, möglicherweise ursprünglich eigenständigen Teilen und in welchen Entwicklungsschritten die Politica zusammengesetzt ist, würde den hier gegebenen Rahmen sprengen. Dazu Theiler, Willy: Bau und Zeit der aristotelischen Politik, in: *Ethik und Politik des Aristoteles*, hrsg. Fritz-Peter Hager, Darmstadt 1972, S. 253–274.

[24] Riedel, Manfred: Metaphysik und Metapolitik: Studien zu Aristoteles und zur politischen Sprache der neuzeitlichen Philosophie, Frankfurt/M. 1975, S. 30, der sich gegen eine entsprechende These Heideggers wendet. Auch wenn Riedel bei dem mit dieser ‚Übersetzung' in eine kantianisch geprägte Terminologie Ausgesagten zuzustimmen ist, fragt sich ob der Text Aristoteles: *Pol.* I,7: 1255b 22–37, auf den er sich gegen ein Verständnis von Politik (-wissenschaft) als ‚Herrschaftswissen' beruft, das hergibt; handelt es sich bei dem Angeführten doch im Rahmen der Ökonomie (*Haus*wirtschaft) um die Behandlung der ironisch gestellten Frage, ob für Sklaven für die Kenntnisse (ἐπιστήμη δοῦλικη 22 f.) in den von ihnen auszuübenden Tätigkeiten eine Unterrichtung zusätzlich zu den Anweisung ihrer Herrn sinnvoll sei, und eine sehr kurze Bestimmung des für Herren nötigen Wissens über die Anleitung von Sklaven (ἐπιστήμη δεσποτική 31–35). Letzteres wird dann ausdrücklich als gegenüber der

schiedenen in seinem Kenntnis- und Erfahrungsraum bestehenden politischen Systeme[25]. Diese praktische Wissenschaft zielt auf eine Praxis hin; die – hier nicht klar davon unterschiedene – Fähigkeit zu deren Ausübung nennt Aristoteles Kunst (τέχνη). Der Staatskunst (πολιτική) werden die Künste des Krieges (στρατηγική, des Haushalts (οἰκονομική) und der Beredsamkeit (ῥητορική) untergeordnet[26]. In einem späteren Kapitel – Spur der uneinheitlichen Entstehung der Politica – unterscheidet Aristoteles nochmals zwischen (a) Haushaltskunst, zu der auch eine (aa) Erwerbskunst (κτητική) gehört, „... die für das Haus und den Staat nützlichen Güter zu beschaffen“[27], und der (b) Gelderwerbskunst (χρηματιστική)[28]. Die erste Art (aa) der Erwerbskunst ist als Tauschhandel, bei dem es um Lebensbedürfnisse geht, naturgemäß (κατά φύσιν)[29] – auch wenn dabei Geld als von den jeweiligen Tauschgegenständen abstrahiertes Wertzeichen gebraucht wird, ja im Lauf der Entwicklung von immer weitreichenderen Handelsbeziehungen unentbehrlich geworden ist[30]. Die zweite Art (b), die darauf gerichtet ist, aus Geld mehr Geld zu machen (πᾶσα ἡ διατριβὴ περὶ τὸν χρηματισμόν ἐστι)[31], ist für Aristoteles „nicht auf die Natur gegründet“ (οὔ γάρ κατά φύσιν) [32], ja „die widernatürlichste [Kunst] von allen“ (μάλιστα πᾶρα φύσιν)[33].

Praxis der Politik und erst recht der philosophischen Theorie geringer wertig und an Verwalter delegierbar hingestellt (1255b 35–37).

[25] Newman, W. L. (Anm. 20), Bd. IV 1902, S. 7 f., sieht in den letzten 3 Büchern der *Pol.* eine Handreichung für die politisch Aktiven zum guten Umgang mit den jeweils gegebenen Verfassungen (politischen Systemen).

[26] *Eth. Nic.* I,1: 1094a 27- b2. Rolfes (Anm. 19), S. 2, übersetzt ‚στρατηγική‘ mit ‚Strategik‘, was insofern missverständlich ist, als Aristoteles dieses Wort an anderer Stelle (*Eth. Nic.* I,4: 1096a32 f.) für die ‚Feldherrenkunst‘ – also die heutige Wortbedeutung von ‚Strategie‘ – gebraucht.

[27] Seidel, H.: Aristoteles (Anm. 19), S. 90; vgl. Pol. I,8: 1256b 26 f.

[28] *Pol.* I,9: 1256b 41. Eine terminologische Schwierigkeit besteht darin, dass Aristoteles dasselbe Wort ‚χρηματιστική‘ sowohl in der in der zweiten (b) als auch in einer umfassenden (aa + b, z. B. 1256a 4)) – und sogar gelegentlich in der ersten (aa, z. B. 1258a 20) – Bedeutung von ‚Erwerbskunst‘ verwendet. Seidel, H.: Aristoteles (Anm. 19), S. 89–92 sieht in dieser „genialen Unterscheidung“ (a ./. b) den Ansatzpunkt einer Theorie der Geldzirkulation als erweiterter Reproduktion, wie sie dann Karl Marx im *Kapital* entwickelt hat. Dort findet sich denn auch die ökonomische – nicht die soziale – Theorie der Sklavenarbeit des Aristoteles gewürdigt (Bd. I, Kap. 1: *Marx-Engels Werke* – im Folgenden: *MEW* Bd. 23, Berlin 1947, S. 96; Bd. III, Kap. 23, S. 397–399.).

[29] *Pol.* I,8: 1256b 37 f., ausführlicher I,9: 1257a 6–41.

[30] *Pol.* I,9: 1257a31–41.

[31] *Pol.* I,9: 1258a 5; vgl. 1257b 20–22. Wenn auch das Bedeutungsfeld von ‚χρηματισμός‘ sowohl allgemein ‚Verhandlung‘ als auch spezieller entweder ‚Geschäftstätigkeit‘ oder ‚Geldmachen‘ umfasst (Liddell, Henry G., Scott, Robert: A Greek-English Lexicon, Oxford 1968, S. 2005b), ist hier mit O. Gigon (Anm. 20, S. 61) ‚Gelderwerb‘ zu übersetzen, nicht wie Susemihl (Anm. 20, S. 26) ‚Vermögenserwerb‘ – näherhin, dem Kontext zufolge, der Erwerb von Geld durch Geld.

[32] *Pol.* I,10: 1258b 1 f.

Diese Abgrenzungen und Bewertungen haben nur scheinbar nichts mit Krieg und Frieden zu tun; sie sind nötig um die eigentümliche Einordnung zu verstehen: „ist auch die Kriegskunst von Natur eine Erwerbskunst (ἥ πολεμική φύσει κτητική πῶσ ἔσται)[34]. Es kommt noch schlimmer: ‚Kriegskunst' im weiteren Sinn umfasst die Jagd auf wilde Tiere (θηρευτική … πρόσ τε τὰ θηρία) und die Jagd auf Menschen (θηρία καὶ τῶν ἀνθρώπων)[35], die ‚Kriegskunst' im engeren Sinn ist Jagd auf solche Menschen näherhin, „die von Natur aus zum Beherrschtwerden bestimmt sind, aber nicht <beherrscht werden> wollen, so dass ein solchen geltender Krieg von Natur aus gerecht ist"[36]. Gerechtfertigtes und – zumindest an dieser Stelle – einzig genanntes Ziel von Krieg ist also die Sklavenjagd!

Sklaverei, besonders die Versklavung von Hellenen durch Kriegsgefangenschaft, war offenbar – nicht zuletzt aufgrund der Praxis in Sparta – Gegenstand öffentlicher Debatten, durch die sich auch Aristoteles zur Stellungnahme genötigt sah[37]. Notwendigerweise verhält sich von Natur aus paarweise komplementär zueinander, was nicht alleine bestehen kann: Mann und Frau um der Arterhaltung (τῆs γενήσεῶs)[38], Herr und Sklave um der Lebenserhaltung (διὰ τὰν σῶτηρίαν)[39] willen. „Was von Natur aus mit Verstand vorauszusehen vermag ist natürlicherweise Herrschendes und Gebietendes, was aber nur mit dem Körper das [Befohlene] tun kann ist Beherrschtes und natürlicherweise Dienendes"[40]. Zu Herrschen sind aber nur Griechen imstande: „Barbar und Sklave sind von Natur aus dasselbe"[41].

---

[33] *Pol.* I,10: 1258b 7 f. Zur Erläuterung, warum Aristoteles das – der heutigen Ökonomie zugrundeliegende Maximierungsprinzip – als maßlos (ἀπείρον) ablehnt, vgl. Crespo, Ricardo F.: Nota sobre economìa y política en Aristóteles, *Sapientia* 56 (2001), S. 691–698, bes. 693–696.

[34] *Pol.* I,8: 1256b 28. Auch hier übersetzt Gigon präziser.

[35] *Pol.* I,8: 1256b 23–25.

[36] „Τῶν ἀνθρώπων ὅσοι πεφυκότες ἄρχεσται μὴ θέλουσιν, ὡς φύσει δίκαιον τοῦτον ὄντα τὸν πόλεμον". Loc. cit.: 1256b 25 f.

[37] *Pol.* I,4–6. Newman, W. L. (Anm. 20), Bd.I 1887, S. 139–144, nennt verschiedene, meist nur aus verstreuten Fragmenten erschließbare Teilnehmer (zumindest die gefundenen waren nur Männer) dieser Debatte, auf die hier nicht näher eingegangen werden kann. Zu Aristoteles: Gigon, Olof: Die Sklaverei bei Aristoteles, in: *La 'Politique' d'Aristote*, Fondation Hardt, Vandeuvres-Genèves 1965, S. 247–283; in Kurzform ders.: Die antike Philosophie als Maßstab und Realität, Zürich 1977, S. 110–113.

[38] *Pol.* I,2: 1252a 27 f.

[39] *Pol.* I,2: 1252a 31.

[40] „Τὸ μὲν γὰρ δυνάμενον τῇ διανοίᾳ προορᾶν ἄρχον φύσει καὶ δεσπόζον φύσει, τὸ δὲ δυνάμενον τῷ σώματι ποιεῖν ἀρχομένον καὶ φύσει δοῦλον." *Pol.* I,2: 1252a 31–34. Entsprechend differenziert Aristoteles auf der Ebene der Person bei dem, was den Menschen vom Tier unterscheidet, der Vernunft, einen aktiven, befehlenden, und einen passiven, gehorchenden Teil: *Eth. Nic.* I,6: 1098a 4–7.

[41] „Ταὐτὸ φύσει βάρβαρον καὶ δοῦλον ὄν" *Pol.* I,2: 1252b 9. Zur Herkunft dieser Auffassung: Gigon, O.: Sklaverei (Anm. 37), S. 249 f., wo darauf hingewiesen wird, dass folgerichtig Aristoteles die Despotie eines Alleinherrschers für die natürliche Staatsform der „Barbaren"

Verschiedene Meinungen zur Natur der Sklaverei werden ohne Nennung von Namen umrisshaft referiert[42]. Auf die Gegenthese, Sklaverei sei keineswegs naturgegeben und beruhe nicht auf Gerechtigkeit, sondern auf Gewalt[43], entwickelt der Stagirite unbeirrt die Vorstellung, Sklaven seien ‚beseelte Werkzeuge‘[44]; solche seien für ein befriedigendes Leben, erst recht für ein gutes Leben <der Freien> erforderlich[45]. Nach einer Wiederholung der These es gebe eine naturgegebene, gerechte Unterordnung von Haustieren, Frauen und Sklaven, die zum planenden Denken unfähig, zu ihrem eigenen Besten von ihren Herren geleitet werden müssten[46], geht Aristoteles schließlich auf einige von seiner Lehre über Sklaverei verschiedene Auffassungen ein. Er konzediert zunächst, dass es neben den bereits besprochenen Sklaven von Natur aus auch solche gibt, die durch Gesetz Sklaven sind[47]. „Dieses Gesetz ist, sagt man, die Übereinkunft, dass die im Kriege Überwundenen Eigentum der Sieger seien“[48]. Hierzu vermeidet der besonnene Philosoph eine direkte Stellungnahme, indem er zunächst mit geschickter Ironisierung das Gegenargument „vieler von denen, die sich mit Gesetzen beschäftigen“ referiert, eine solche Rechtspraxis (δίκαιον) sei ungesetzlich (παρνόμϖν), da lediglich auf die Macht des Stärkeren gegründet[49]. Ein Argument für den Kriegsbrauch wird nicht angegeben,

hält. Wobei freilich das Problem bestehen bleibt, wie dieser Despot in der Lage sein soll zu herrschen, wo er doch selbst zumeist „Barbar“ ist.

[42] Gigon, O.: Sklaverei (Anm. 37), S. 251 f. bemerkt hierzu, dass nach den damaligen Regeln der Rhetorik „der vornehme Stil die exakte Anführung von Namen und Zahlen meidet“, was wir als Indikator dafür betrachten können, dass dieser Text, wie die ethischen Pragmatien überhaupt – anders als die naturphilosophischen Schriften – „nicht nur für den Kreis der Schüler und der ‚Fachgenossen‘ bestimmt war.“ Die Form der Auseinandersetzung ist denn auch mehr rhetorisch als sachlich-argumentativ.

[43] „Οὐδε δίκαιον, βίαιον γάρ“. *Pol.* I,3: 1253b 22 f. Eine These, die – selbst bei Zustimmung zu der Auffassung, ‚Barbaren‘ seien von Natur aus zur Knechtschaft bestimmt – nicht der sozialen Wirklichkeit entsprach, in der viele Sklaven nicht ‚Barbaren‘, sondern durch Kriegsgefangenschaft oder Schuldknechtschaft in diese Lage geratene Griechen waren. Vgl. o. S. 78, Anm. 7.

[44] „Τῶν δ' ὀργανϖν τὰ μὲν ἄψυχα τὰ δ' ἔμψυχα“. *Pol.* I,4: 1253b 27 f.

[45] *Pol.* I,4: 1253b 24 f.

[46] *Pol.* I,5: 1254a 17–1255a 2. Nach GIGON: Sklaverei (Anm. 37), S. 254 f. wird hier eine ursprünglich „viel ausführlichere Darlegung knapp und nicht ohne Flüchtigkeit zusammen [ge]faßt“. In diesem Rahmen wird auch die Analogie mit dem Verhältnis Seele – Leib explizit angeführt (1254a 34-b 9.). Vgl. o. Anm. 40.

[47] „… ἔστι γάρ τις καὶ κατὰ νόμον δοῦλος καὶ δουλεύϖν“. *Pol.* I,6: 1255a 5 f.

[48] „… ὁ γὰρ νόμος ὁμολογία τίς ἐστιν, ἐν ᾗ τα κατὰ πόλεμον κρατούμεν α τῶν κρατούντων εἴναι φασιν“. *Pol.* I,6: 1255a 6 f.

[49] „… δεινὸν εἰ τοῦ βιάσασθαι δυνϖαμένου καὶ κατὰ δύναμιν κρείττονοσ ἔσται δοῦλον“. *Pol.* I,6: 1255a 9 f. Den Rechtskundigen wird hier eine eigentümlich weichlich klägliche Redeweise in den Mund gelegt, die auf noch nicht durch christliche Barmherzigkeit verdorbene Ohren eher

sondern nur festgestellt, die Meinungen hierüber seien auch unter den Weisen geteilt[50]. Scheinbar deshalb, weil der anschließend markierte Übergang auf die Metaebene, den Grund für diese Meinungsverschiedenheit anzugeben[51], in Wirklichkeit keiner ist, sondern das Argument zur Rechtfertigung der gängigen Praxis enthält: „dass immer das Siegende eine Überlegenheit an etwas Gutem besitzt“[52]. Freilich wird diesem – wir würden heute sagen sozialdarwinistischen – Argument keine unbeschränkte Geltung eingeräumt. Doch zuvor wird auf der Metaebene festgestellt, der Meinungsstreit betreffe gar nicht grundsätzlich die Frage nach der Legitimität der Sklaverei aus Kriegsgefangenschaft, sondern lediglich die gerechte Ausübung des Siegerrechts[53]. Während die einen es für gerecht halten, wenn Herrschaft auf freiwilliger Bereitschaft zur Unterwerfung (εὔνοια) beruhe[54], erscheint den anderen gerecht, wenn der Stärkere herrscht[55]. Eine Kritik an der zuerst genannten Position, mit der Aristoteles eine stärkere Sympathie für die andere zu erkennen gibt, ist der angedeutete Syllogismus: wird Gewalt und Tugend als konträr einander entgegengesetzt, dann folgte daraus, dass das an Tugend Bessere nicht herrschen solle[56] – was für ihn so evident absurd ist, dass es keiner weiteren Worte dazu bedarf.

Nun erst wird referierend eine dritte Meinung eingeführt, von der sich vermuten lässt, dass es auch seine ist: Sklaverei durch Krieg ist <im Regel-

abstoßend wirken musste wie Friedrich Nietzsche: Zur Genealogie der Moral (*Kritische Gesamtausgabe* VI,2, Berlin 1968) beredt betont hat: vgl. u. S. 121 f.

50 *Pol.* I,6: 1255a 11 f.

51 „Αἴτιον δὲ ταύτησ τῆσ ἀμφισβητήσεϖς“. *Pol.* I,6: 1255a 12.

52 „… ἔστιϖ ἀεὶ τὸ κρατοῦν ἐν ὑπεροχῇ ἀγαθοῦ τινος“. *Pol.* I,6: 1255a 15. Der vorangehende Satz (a13 f.) ist eine andere Paraphrase der selben Aussage.

53 „… περὶ τοῦ δικαίου μόνον εἶαι τὴν ἀμφισβήτησιν“. *Pol.* I,6: 1255a 16 f.

54 „… τοῖs μὲν εὔνοια δοκεῖ τὸ δίκαιον εἶναι“. Pol. I,6: 1255a 17 f. Ross (Anm. 20) hat statt ‚εὔνοια‘ – was ihm offenbar semantisch unpassend erschien – ‚ἄνοια‘. Dem steht jedoch die handschriftliche Tradition entgegen, in der sich als Variante – ausgerechnet der von Wilhelm von Moerbecke für seine lateinische Übersetzung benutzten Handschrift – lediglich ‚εὔηθεια‘ (Gutherzigkeit, Naivität) findet, mit ‚benevolentia‘ wiedergegeben (Ed. in: Thomas de Aquino: *Sentencia libri Politicorum*, Rom 1971 (ed. Leonina, t. XLVII), S. A90a). Anders als in seiner griech.-lat. Edition der *Politica* (Leipzig 1872, S. 22) heißt es in der auf F. Susemihl zurückgehenden, aber später überarbeiteten deutschen Übersetzung, Ross entsprechend: „scheint den einen das Recht Unsinn“ (Anm. 20, S. 17). Weder diese noch die Übertragung von O. Gigon „scheint den einen die Gerechtigkeit im Wohlwollen zu bestehen“ (Anm. 20, S. 54, vgl. die Anm. S. 270 f.), der auch die von Eckart Schütrumpf (Aristoteles, *Politik*, Bd. 1, Berlin 1991, S. 19) entspricht, können befriedigen. Newman (Anm. 20), II 1887, S. 156 f. bringt die probabelste Interpretation: gemeint ist hier eine – möglicherweise ursprünglich pythagoräische Auffassung – nach der nur freiwilliger Gehorsam gut und gerecht sei.

55 „… τὸ τὸν κρείττονα ἄρχειν“. *Pol.* I,6: 1255a 18 f.

56 *Pol.* I,6: 1255a 19–21.

fall> gerecht, kann aber auch ungerecht sein[57]: dann nämlich, wenn ein Krieg aus nicht gerechtem Grund entstanden ist[58]. Gut versteckt hinter diesen referierenden Ausführungen heißt es dann: „Wer, ohne es zu verdienen (ἀναξίον), in Sklaverei gerät, den kann man in keiner Weise einen Sklaven nennen. Andernfalls könnten die anerkannt Edelsten zu Sklaven werden und zu Kindern von Sklaven, wenn sie eben gefangen genommen und verkauft werden. Darum wollen jene auch nicht solche Menschen als Sklaven bezeichnen, sondern nur die Barbaren“[59]. Damit sind wir wieder bei dem Ausgangspunkt, den von Natur aus zu Sklaven bestimmten ‚Barbaren‘ angelangt. Sie dürfen mit Krieg überzogen, auf sie darf Jagd gemacht werden wie auf wilde Tiere.

Wir müssen freilich berücksichtigen, dass Aristoteles in einer Zeit lebte, in der Sklaverei als seit unvordenklichen Zeiten gegeben erschien und wirtschaftliche Grundlage gerade der entwickelteren Staaten war – für einen empirisch vorgehenden Philosophen, wie für fast alle seine Zeitgenossen, also eine unhinterfragte Selbstverständlichkeit, und gerade für den Stagiriten Voraussetzung dafür, dass Menschen (die wenigen, die frei, vermögend und gebildet waren) die Glückseligkeit in der philosophischen Theorie finden konnten. Dennoch – vielleicht gerade deshalb – ist festzustellen, dass seine analytische Schärfe, sein argumentatives Niveau und die Konsequenz seines Denkens in dieser Frage nicht die Qualität jener anderer seiner Reflexionen erreicht, die ihn zu einem Klassiker gemacht haben.

Die Bestimmung von Krieg lediglich als Sklavenjagd kann natürlich auch Aristoteles nicht genügen. Etwas versteckt in dem Kapitel über die staatsbürgerliche Erziehung lehnt er zunächst eine (innerhalb des hellenischen Raumes) expansionistische Kriegspolitik wie die Spartas ab[60]; dann zählt er auf, was für ihn die drei akzeptablen Kriegsziele sind: „<1.> um selbst nicht von anderen geknechtet zu werden, sodann <2.> um nach einer Herrschaft zu trachten, die den Beherrschten selber zum Nutzen gereicht, nicht aber nach einer solchen, durch die man alle zu Sklaven macht, und <3.>, um die Herrschaft zu erlangen über solche Leute, die es verdienen, Sklaven zu

[57] „… τὴν κατὰ πόλεμον δουλείαν τιθέασι δικαίαν ἅμα δ’ οὔ φασιν“. *Pol.* I,6: 1255a 23 f. Hierzu Gigon: Sklaverei (Anm. 37), S. 260 f., eigene Position des Aristoteles sei, nur Krieg gegen „Barbaren“ grundsätzlich für gerecht zu halten. Eine direkte Aussage: „Krieg gegen [hellenische] Grenznachbarn anfangen ist schlecht“, steht in einem logischen Beispiel (*I An.* II,24: 68b 41–69a1), kann also hier nicht herangezogen werden, wohl aber: „Die Übung zum Kriege soll man nicht darum pflegen, um Unschuldige (ἀναξίους) versklaven zu können“ (*Pol.* VII,14: 1333b 38–41).

[58] „… τήν τε γὰρ ἀρχὴν ἐνδέχεται μὴ δικαίαν εἶναι τῶν τολέμων“. *Pol.* I,6: 1255a 24 f.

[59] *Pol.* I,6: 1255a 25–29.

[60] *Pol.* VII,14: 1333b 18–31.

sein“[61]. Hier wird nicht nur ein Verteidigungskrieg <1> legitimiert, sondern auch Angriffskriege <2 + 3> zur Ausdehnung der Herrschaft des eigenen Staates. Richten sie sich gegen eine andere hellenische Polis <2>, so dürfen sie nur Hegemonie zum Ziel haben, die so Beherrschten haben ein Anrecht auf Förderung ihres Gemeinwohls, das – so meint Aristoteles offenbar – in einem größeren Staatsverband oder unter dem Schutz einer Vormacht sogar besser zur Geltung kommen kann – eine verblüffende Ähnlichkeit mit Carl Schmitts ‚Großraumtheorie‘[62]. <3> ‚Barbaren‘ schließlich dürfen unterworfen und versklavt werden. Koalitionskriege im Interesse von Bundesgenossen sind hier zwar nicht direkt genannt, können aber als unter diese legitimen Kriegsgründe einbegriffen aufgefasst werden[63]. Als tatsächliche Ziele kämpfender Soldaten – die zwar nicht immer mit denen der kriegführenden Staaten übereinstimmen müssen, dann aber wohl nicht legitim sind – konstatiert Aristoteles: „Beute, Sieg, Eroberung einer Stadt“[64].

Wert in sich ist ihm nur der Friede: „Der Krieg ist nur um des Friedens willen da“[65]. Niemand will Krieg um des Krieges willen[66]; lediglich der asoziale Desperado „ohne <Ahnen-> Geschlecht und Gesetz, ohne eigenen Herd … ist gierig nach Krieg“[67]. Hypothetisch lässt sich ein Staat denken, der – ohne äußere Feinde und in innerem Frieden – keiner Rüstung bedürfte[68]. Krieg ist also kein Ideal, aber die zu seiner Vorbereitung und Führung getroffenen Maßnahmen sind im Hinblick auf das Ziel (τέλος) – die Erhaltung oder Wiederherstellung des Friedens – lobenswert als Mittel zu diesem Zweck (ἐκείνου χάριν)[69]. Erst unter dieser grundlegenden Zielbestimmung lässt sich sagen: Ziel der Kriegskunst (στρατηγικὴ τέχνη) ist der Sieg[70]. Auch Aristoteles sieht – wie seine Zeitgenossen – das Militärische nicht nach bloßen Zweckgesichtspunkten: „Unter allen tugendhaften Handlungen <stehen> diejenigen, die sich um Staat und Krieg drehen an Schönheit und

---

[61] „… πρῶτον μὲν αὐτοὶ μὴ δουλεύσωσιν ἑτέροις, ἔπειτα ὅπως ζητῶσι τὴν ἡγεμονίαν τῆς ὠφελείας ἕνεκα τῶν ἀρχομένων, ἀλλὰ μὴ πάντων δεσποτείας, τρίτον δὲ τὸ δεσπόζειν τῶν ἀξίων δουλευείν“. *Pol.* VII,14: 1333b 38–1334a 2.

[62] Völkerrechtliche Großraumordnung und Interventionsverbot für raumfremde Mächte: ein Beitrag zum Rechtsbegriff im Völkerrecht. Berlin 1939 – vier Auflagen bis 1941 – lieferte eine staatstheoretische Rechtfertigung für die Unterjochung kleinerer Nachbarländer durch die nationalsozialistische Gewaltherrschaft.

[63] Newman, W. L. (Anm. 20), Bd. I 1887, S. 328.

[64] *Eth. Nic.* VIII,12: 1160a 17.

[65] „Πόλεμον μὲν εἰρήνης χάριν“. *Pol.* VII,14: 1333a 35. Vgl. *Eth. Nic.* X,7: 1177b 5 f. +10 f.

[66] „Οὐδεὶς γὰρ αἱρεῖται τὸ πολεμεῖν τοῦ πολεμεῖν ἕνεκα“. *Eth. Nic.* X,7: 1177b 9.

[67] *Pol.* I,2: 1253a 5; Zitat aus Homer: *Ilias* IX, 63 f.

[68] *Pol.* VII,2: 1325a 1–5.

[69] *Pol.* VII,2: 1325a 5–7.

[70] *Eth. Nic.* I,1: 1094a 10.

Größe obenan".[71] Im Krieg zu kämpfen ist rühmlich[72], es ist vornehm (καλόν), weil aktive Praxis der Gerechtigkeit und des Maßes[73]. Der Krieg ist geradezu eine Schule dieser Tugenden, denn er „zwingt zu Gerechtigkeit und Selbstzucht"[74]. Schließlich verdienen die im Kampf Gefallenen ein ehrenvolles Gedenken.[75]

Kritik übt Aristoteles an einem Militärstaat wie Sparta[76] – nicht nur wegen der negativen Folgen für andere hellenische Staaten, sondern auch wegen der Gefahr autokratischer Herrschaft und (gewaltsamer) Versuche zu ihrer Erlangung in diesem Staat selbst[77]. Schließlich trägt ein nur auf Krieg ausgerichteter Staat den Keim zum eigenen Untergang bereits in sich: „Denn die meisten Staaten dieser Art erhalten sich, solange sie Krieg führen, wenn sie aber die Herrschaft erlangt haben, gehen sie zugrunde, indem sie wie das Eisen ihre Schneide verlieren, sobald sie im Frieden leben. Und daran ist ihr Gesetzgeber schuld, indem er sie nicht dazu erzogen hat, dass sie die Muße zu leben verstehen"[78]. Auch die wirtschaftlichen Folgen von Kriegen sieht und benennt Aristoteles: die Reichen werden übermäßig reich, die Armen verlieren die Existenzgrundlage[79].

Spätestens hier wird deutlich, dass für den Stagiriten, wie für menschliches Handeln überhaupt, so auch beim Wirtschaften und im Krieg das rechte Maß (μεσότης)[80] zwischen zuviel und zuwenig nicht nur hohes Ideal, sondern auch Richtmaß ist, das er zu operationalisieren versucht. Seine Politik ist gerade deshalb eine Kunst des Möglichen. Eine durchgestaltete politisch-philosophische Lehre vom Krieg enthält sie nicht, ebenso wenig konsequenterweise eine vom Frieden. Die Vorstellungen, die sich erheben und zusammentragen lassen, was hier nicht umfassend geschehen konnte, zeigen deutlich die hellenische Polis als Ausgangspunkt – ein Ideal, das im Laufe seiner Lebenszeit immer weniger der politischen Wirklichkeit ent-

---

[71] „Eἰ δὴ τῶν μὲν κατὰ τὰς ἀρετράς πράξεϖν αἱ πολιτικαὶ καὶ πολεμικαὶ κάλλει καὶ μεγέθει προέχουσιν". *Eth. Nic.* X,7: 1177b 16–18. Übers. G. Bien (Anm. 19), S. 250.

[72] *Eth. Nic.* III,12: 1117b 14.

[73] Newman, W. L. (Anm. 20), Bd. I 1887, S. 304; III 1902, S. 332.

[74] „… ὁ μὲν γὰρ πόλεμος ἀναγκάζει δικαίνους εἶναι καὶ σϖφρονεῖν." *Pol.* VII,15: 1334a 25 f.; Übers. O. Gigon (Anm. 20), S. 243. Dazu Newman (Anm. 20), Bd. III 1902, S. 450.

[75] *Eth. Nic.* III,9: 1115a 31 f.

[76] *Pol.* VII,14: 1333b 11–1334a 10.

[77] „… ὅτι καὶ τῶν πολιτῶν τῷ δυναμένῳ τοῦτο πειρατέον διώκειν, ὅπϖs δύνηται τῆs οἰκείας πόλεϖs ἄρχειϖ". *Pol.* VII,14: 1333b 32 f. „Dann wird auch jeder Bürger, der dazu in der Lage ist, versuchen, ob er nicht den eigenen Staat beherrschen könnte", übersetzt O. Gigon (Anm. 20), S. 242.

[78] *Pol.* VII,14: 1334a 6–10. Übers. F. Susemihl (Anm. 20), S. 258.

[79] „… ἔτι ὅταν οἱ μὲν ἀπορῶσι λίαν οἱ δ' εὐπορῶσιν, καὶ μάλιστα ἐν τοῖς πολέμοις τοῦτο γίνεται" Pol. V,7: 1306b36 f.

[80] *Eth. Nic.* II, 6: 1106b 12 u. ö.

sprach: „Die Eule der Minerva beginnt erst mit der einbrechenden Dämmerung ihren Flug", sagte Hegel dazu[81]. Eine Milizarmee aus den freien Bürgern des Aristoteles vorschwebenden Staates[82] hätte eine Stärke von maximal etwa 15.000 Mann gehabt[83]. Sie wäre damit kaum gegen andere, größere hellenische Stadtstaaten und sicher nicht gegen die seinerzeitigen noch größeren Reiche, wie etwa Makedonien, verteidigungsfähig gewesen. Dem Erzieher Alexanders, des makedonischen Königssohns und späteren Feldherrn, konnte das nicht unbekannt geblieben sein. Aber es hätte nicht der μεσότηs entsprochen. Wie zu diesem Problem der militärischen Selbstbehauptung eines kleineren (hellenischen) Staates, findet sich bei Aristoteles nichts zu der dem Krieg innewohnende Gefahr der Ausweitung und Radikalisierung.

Für die spätere Zeit bedeutend wurde, was von Marcus Tullius Cicero zu Krieg und Frieden tradiert wurde. Er definiert Krieg als gewaltsame Art der Konfliktaustragung, den Tieren eigentümlich, zu der wir dann gezwungen sind, wenn die eigentlich menschliche Verhandlung, nicht (mehr) möglich ist[84]. Ziel ist der ungetrübte Friede[85], was sich auch in der Art der Kriegführung ausdrücken muss[86]. Als Kriterien für einen gerechten Krieg nennt Cicero eigenartigerweise ein inhaltliches und ein formales, von denen eines erfüllt sein muss: Wiedererlangung eines verlorenen Gutes oder vorhergegangene förmliche Kriegserklärung[87]. Zwar ist es unschwer nachvollziehbar, dass sich nach der Besetzung eines Landesteils durch den Gegner vor dem Feldzug zur Befreiung eine Kriegserklärung erübrigt, doch soll umgekehrt eine formgerechte Ansage einen Aggressionskrieg rechtfertigen? Mehr darüber stand in Ciceros wahrscheinlich wichtigstem Werk zu dieser Frage: *De re publica.* Leider ist es nur teilweise als Palimpsest erhalten[88]. Eine Reihe von Fragmenten ist durch Kirchenväter überliefert, darunter gerade zwei in diesem Zusammenhang besonders wichtige. Ein erstes, das Augustinus zi-

[81] Hegel, Georg W. F.: Grundlinien der Philosophie des Rechtes, Vorrede: Berlin 1820, S. 24.

[82] *Pol.* II,6: 1265a 13–28. Aus der Kritik an Platons *Nomoi* zu erschließen.

[83] Newman, W. L. (Anm. 20), Bd.I 1887, S. 327.

[84] „Nam cum sint duo genera decertandi, unum per disceptationem, alterum per vim, cumque illud proprium sit hominis, hoc beluarum, confugiendum est ad posterius, si uti non licet superiore." *De officiis* (In der Folge: *De off.*) I,11,34: ed. C. Atzert, Leipzig 1949, S. 16,32–35.

[85] „... suscipienda quidem bella sunt ob eam causam, ut sine iniuria in pace vivatur." *De off.* I,11,35: (Anm. 84) S. 16,36 f.

[86] „Bellum autem ita suscipiatur, ut nihil aliud nisi pax quaesita videatur." *De off.* I,23,80: (Anm. 84) S. 35,29–36,1. In einem gewissen Gegensatz dazu steht es, wenn Cicero an einer Stelle einen ‚Siegfrieden' fordert: „Victoria pax, non pactione parienda est." *Epistulae ad familiares* X,6,1 ed. Scriptorum Roma norum quae ex tant omnia Bd. 78–79, Padova 1967, S. 312.

[87] „... nullum bellum esse iustum, nisi quod aut rebus repetitis geratur aut denuntiatum ante sit et indictum." *De off.* I,11,36: (Anm. 84) S. 17,18–20.

[88] Cicerón: La république [franz.-lat.], ed. Esther Bréguet, t. I Paris 1980, S. 150–155.

tiert, besagt, der ideale Staat führe Krieg nur um <Bündnis-> Treue oder <seine> Unversehrtheit <zu wahren>[89]. Etwas instruktiver erfahren wir durch Isidor von Sevilla, Tullius habe als einzige Rechtfertigungsgründe für einen gerechten Krieg Vergeltung und Verteidigung gelten lassen und dazu Formbedingungen benannt[90].

Die hier skizzierte Sicht antiker Denker – zwar nur weniger, aber gewichtiger – auf Krieg und Frieden wird in dem auf der Grundlage des historischen und dialektischen Materialismus beruhenden *Wörterbuch der Philosophie* wie folgt dargestellt: „In der antiken griechischen Philosophie und Dichtung wird der Friede in den Rang des ‚höchsten Gutes' erhoben, das die Menschen verpflichtet, gegen Krieg und Kriegspolitik für eine friedliche, der Vernunft und Würde des Menschen gemäße Ordnung zu kämpfen"[91]. Hier wird ein schönes humanistisches Ideal ausgesprochen. Nur kann das leider nicht als historisch zutreffende Aussage über die tatsächliche Auffassung griechischer Philosophen vom Frieden gelten.

Eine breite Schicht alttestamentlicher Texte, die sich bis in die Prophetenbücher hineinzieht, enthält eine durchaus positive Wertung, ja sogar Glorifizierung und religiöse Überhöhung von Krieg als ‚Gotteskrieg': Israels Feinde sind Jahwes Feinde[92], Israels Kriege seine Kriege (*Ex.*17,16;

---

89 „Scio in libro Ciceronis tertio, nisi fallor, de re publica disputari: nullum bellum suscipi a ciuitate optima nisi aut pro fide aut pro salute." *De civitate Dei* (in der Folge: *De civ.*) XXII,6: Turnhout 1955 (*CCL* 48), S. 814,75 f.; übernommen in: Cicero: *De re publica,* l. III, 23, 34: ed. cit. (Anm. 88), t. II, Paris 1980, S. 70, Nr. XXVI. 37, frag. 1. Es dient nicht gerade der Übersichtlichkeit und Eindeutigkeit, dass die Editorin sich bemüßigt gesehen hat, der allgemein eingeführten Einteilung des Textes in der Edition von Konrad Ziegler (Leipzig 1916 u. ö.) noch ihre eigene zuzufügen. Die lateinischen Termini sind mehrdeutig: ‚fides' ist hier mit Wilhelm Timme [Übers.] in: Augustinus: Vom Gottesstaat, Bd. II, Zürich 1955, S. 762, mit ‚Treue' zu übersetzen; ‚salus' ist aber mit ‚Heil' im vorliegenden Fall eher missleitend wiedergegeben.

90 „Nam extra <quam> ulciscendi aut propulsandorum hostium causa bellum geri iustum nullum potest. Et hoc idem Tullius paruis interiectis subdidit: Nullum bellum iustum habetur, nisi denuntiatum, nisi indictum, nisi de repetitis rebus". *Etymologiarum sive originum libri viginta,* l. XVIII,1,2–3 (ed. W. M. Lindsay, Oxford 1911), Bd. II, unpag.; übernommen in: Cicero: *De re publica* III, 23, 35: ed. Bréguet (Anm. 87), S. 70 f., Nr. XXVI,37, frag. 2. Zum Schlussteil des Fragments vgl. *De off.* I,11,36; oben Anm. 86.

91 Klein, Matthäus: Frieden, in: *Philosophisches Wörterbuch*, Hrsg. Georg Klaus u. Manfred Buhr, Leipzig 111975, Bd. I, S. 429a–432b, hier 430b (das Werk in der Folge zit. als *Phil. Wb.*)

92 *Richter* 5,23 + 38. Rad, Gerhard von: Theologie des Alten Testaments, Bd. I, München 1960, S. 341, sieht die Priorität in der Theologie des Richterbuches bei Jahwe: seine Feinde sind Israels Feinde. Lohfink, Norbert: Altes Testament – die Entlarvung der Gewalt, in: *Weltgestaltung und Gewaltlosigkeit: ethische Aspekte des Alten und Neuen Testaments in ihrer Einheit und in ihrem Gegensatz,* hrsg. N. Lohfink u. Rudolf Pesch, Düsseldorf 1978, S. 45–61, hier S.49, sieht in diesen gewaltverherrlichenden Texten einen „Stellvertreter und Repräsentant<en> der ganzen Menschheit … Und da die Gewalttätigkeit des Menschen offenbar ein zentrales Problem darstellt, begegnen wir ihr auch in Israel auf Schritt und Tritt dem Thema

Num. 21,14; 1*Sam.* 18,17 + 25,28). Jahwe ruft sein Volk Israel zum Krieg[93], zieht seinem Heer voran und befehligt es[94] – von daher der Beiname ‚Zebaoth', ‚Herr der Heerscharen'[95]. Auch im Lager ist er (durch die Bundeslade) inmitten seiner Kämpfer (*Num.* 14,42; *Dtn.* 23,15; 1 *Sam.* 4,7; 2 *Sam.* 11,11). Diese reinigen sich kultisch zur Vorbereitung auf die Schlacht[96]. Im Kampf ist Jahwe Israels Feldzeichen (*Ex.* 17,15; *Ps.* 20,6) und Schild (*Dtn.* 33,29). Er wirft seinen Schrecken auf die Feinde, so dass sie in Panik geraten, unterliegen und fliehen (*Ex.* 15,14 + 23,27 f.; *Dtn.* 7,20; *Jos.* 2,9 + 24). Im Krieg vollzieht der Israelit Jahwes glühenden Zorn, deshalb darf er keine Milde walten lassen (1 *Sam.* 28,18). Die zum besiegten Volk gehörenden Männer – an einer anderen Stelle sogar alles Männliche[97] –, nach *Num.* 31,17 f. auch die erwachsenen Frauen[98], sind umzubringen. Abtrünnige sollen mitsamt ihren Familien und ihrem Vieh getötet werden, was als heilige Handlung bezeichnet wird (*Dtn.* 13,16 f.). Auf Nichterfüllung dieser Vorschriften, die an Grausamkeit denen anderer Völker des Vorderen Orients nicht nachstanden, stand die Todesstrafe (*Dtn.* 7,26; Jos. 7). Dass der literarische Zusammenhang der besonders detaillierten Bestimmungen im Deuteronomium nicht der von „technischen Anweisungen über die Kriegsführung" ist, sondern einer der Heiligung Israels[99], verschärft die

---

Gewalt". Diese entschuldigende Abstraktion läuft, kritisch besehen, darauf hinaus, dass wir es bei jenen Schichten des Alten Testaments lediglich mit der chauvinistischen selbstverklärenden Nationalliteratur eines bestimmten Volkes zu tun haben, in der – außer für militante Israelis – schwerlich ‚Heilige Schrift' erkennbar wäre. Zu Lohfinks (partieller) Entlastung ist freilich auch auf das hinzuweisen, was er (a. a. O. S. 52–61) zur Überwindung von Gewalt in der prophetischen Tradition schreibt. Eine eingehende Analyse der Zusammenhänge, in denen Gewalt in der Bibel positiv dargestellt wird, liefert: Lascaris, André: Het soevereine slachtoffer: een theologisch essay over geweld en onderdrukking, Baarn 1993.

93 1 *Sam.* 11,6 f.; *Ri.* 20,2; *Jes.* 13,3. Zum Schema des Jahwe-Krieges im deutoronomistischen Geschichtswerk vgl. Lohfink, Norbert: Krieg und Staat im alten Israel, Barsbüttel 1992. Zu diesem Vorstellungskreis gehört auch die Bezeichnung Jahwes als ‚Krieger' *Ex.* 15,3 u. ö. Biser, Eugen: Frieden, in: *HWP* II (Anm. 17), Sp. 1114–1117 übergeht diese Dimension des Alten Testaments, wie es auch in manchen anderen Nachschlagewerken *ad usum delphini* geschieht.

94 *Dtn.* 20,4; *Jes.* 13,3; *Jer.* 51,27. Zur Rolle der Propheten im „Heiligen Krieg" von Rad: Theologie des AT (Anm. 92), Bd. II, S. 38–40 + 87 f. + 130–133.

95 Mettinger, Tryvggve N. D.: [Art.] Yahveh Zebaoth, in: *Dictionary of Deities and Demons in the Bible*, Leiden 1995, Sp. 1730–1740.

96 Allgemeine Vorschriften: *Dtn.* 23,10–15; besonders Enthaltung von Geschlechtsverkehr: 1 *Sam.* 21,6; *Micha* 3,5; *Joel* 4,9.

97 *Num* 31,7: alles Männliche, ausdrücklich auch die Knaben (17a); In *Dtn.* 20,10–20 ist eine etwas weniger grausame Kriegsführung vorgeschrieben: dort werden Knaben und Greise ausgenommen (13 f.); zu Beginn einer Belagerung muss die Kapitulation bei Unterwerfung angeboten werden (10 f.).

98 Nur junge Mädchen sollten verschont, d. h. versklavt, werden – wie es auch heute die Terrormiliz ISIS praktiziert.

99 Eissfeldt, Otto: Einleitung in das Alte Testament, Tübingen [3]1964, S. 299.

Problematik des ‚Gotteskrieges': die Vernichtung – auch besiegter und wehrloser – Fremdvölkischer wird geradezu zu einer Bedingung für die Reinheit und Heiligkeit Israels[100].

In der Zeit nach dem Verlust der Eigenstaatlichkeit kommt angesichts der erfahrenen Ohnmacht gegenüber den Großmächten die Vorstellung auf, Jahwe selbst werde statt eines Heeres kämpfen und Israel befreien[101] – eine Vorstellung, die sich seit etwa dem 2. Jahrhundert vor Christus zu glühender eschatologischer Erwartung verdichtet: Gott wird einen wie einen Menschensohn (υἱὸς τοῦ ἀνθρώπου) auf den Wolken des Himmels senden, um Gericht zu halten, die irdischen Könige werden entmachtet: „die Herrschaft und die Macht und die Herrlichkeit aller Reiche unter dem ganzen Himmel werden dem Volk des Höchsten gegeben."[102] Das ist dann das Ende der Geschichte – und damit von Kriegen – und der Beginn ewigen Friedens, auch wenn das nicht direkt so ausgesagt wird[103].

Es wäre ein einseitiges Zerrbild, würde die eben in groben Umrissen skizzierte – und in christlicher Theologie zu oft unterschlagene – biblische Kriegsverherrlichung nicht durch eine wenigstens angerissene Darstellung des Gegenwortes komplementiert. ‚šalôm' hat in der hebräischen Bibel ein wesentlich umfangreicheres – und auch etwas anderes Bedeutungsfeld als seine häufigste Übersetzung: ‚Frieden'. Šalôm ermöglicht und sichert Le-

[100] Kampling, Rainer: Krieg / Frieden, *Handbuch theologischer Grundbegriffe zum Alten und Neuen Testament*, Darmstadt ²2009, S. 290b-292a, hier: S. 291a, sieht das wohl zu verharmlosend: „ … dieses Kriegsritual, das in staatlicher Zeit nicht mehr geübt wurde, wird in den Texten als Vergangenes erinnert" – immerhin handelt es sich um Vorschriften der Thora. Die gegenteilige Haltung nimmt ein: Assmann, Jan: Die Mosaische Unterscheidung oder der Preis des Monotheismus, München 2003; Ders.: Monotheismus und die Sprache der Gewalt, München 2006, der eine dem Monotheismus – insbesondere dem Israels – inhärente Gewaltsamkeit postuliert. Theologische Stellungnahmen dazu: *XII. Europäischer Kongreß für Theologie*, Berlin 2005, ed. Friedrich Schweitzer, Gütersloh 2006; Neuerdings: Internationale Theologenkommission: *Dieu Trinité, unité des hommes: le monotheisme chrétien contre la violence*, zum 11. 10. 2014 noch keine deutsche Übers. verfügbar, franz. Im Internet als: www.vatican.va/roman.curia/congregations/c-faith/cti_documents/re_cti_20140117_monoteismo-cristiano_fr.html.

[101] *Ex.* 14,14 u. ö. von Rad, G.: Theologie … (Anm. 92), Bd. I, S. 304 f., betont wie vor dieser Unbedingtheit des Führungsanspruches auch die Gestalt des Mose nicht mehr als Führer Israels gesehen wird, sondern als Künder von Jahwes Willen. Zu den Aussagen über den zukünftigen Sturz und die Unterwerfung der Feinde und die dann folgende Herrschaft Israels (z. B. *Sach.* 14,12; *Jes.* 14,2; *Mal.* 3,21), vgl. a. a. O., Bd. II, S. 87 f.

[102] *Dan.* 7,13–27, die entfaltetste Form in den kanonischen biblischen Büchern. Zum religionsgeschichtlichen Hintergrund und zur weiteren Bedeutung, insbesondere für das Neue Testament, vgl. Colpe, Carsten: [Art.] Υἱὸς τοῦ ἀνθρώπου, in: *Theologisches Wörterbuch zum Neuen Testament*, Bd. VIII, Stuttgart 1969, S. 403–481.

[103] ‚Εἰρήνη' wird in *Dan.* nur in Grußformeln in den erzählenden Teilen verwandt (3,98; 6,26; 10,19).

ben[104]. Ja, seine Grundbedeutung ist: „Fülle, Geglücktsein im menschlichen Leben mit einer spürbaren Betonung des Materiellen und der gemeinschaftlichen Dimension“[105]. Es ist das Wohlergehen des Einzelnen, der Familie, der (Dorf-) Gemeinschaft, des ganzen Volkes; ein Wohlergehen in ganz handfestem Sinn – nicht etwa der innerliche Seelenfriede des Gläubigen mit seinem Gott. Auch nicht unbedingt das, was heute unter „Frieden“ verstanden wird: „Der Gegensatz des hebräischen šalôm ist daher nicht der Krieg, denn auch ein gut geführter Krieg ist šalôm – sondern alles, was dem Wohlbefinden des Einzelnen und dem guten Verhältnis zwischen den Menschen usw. schaden kann“[106]. „Wahrer Friede ist nur möglich, wenn Gerechtigkeit herrscht“[107]. Dieser als umfassendes Heil- und Ganzsein erfahrene šalôm ist grundlegend Gabe Gottes (*Ps.*29,11; *Jes.* 26,12 + 45,7), die Jahwe Israel aufgrund seines Bundes schenkt (*Num.* 25,12). Bricht Israel den Bund weicht der Friede von ihm; bekehrt es sich, gewährt Jahwe ihn aufs Neue (*Lev.* 26). Er ist Prinzip des Daseins überhaupt: ‚Jahwe šalôm‘, ‚Gott ist Friede‘ (*Richter* 6,24). Erst in späterer Reflexion ist eine Verinnerlichung festzustellen: Der Gerechte, der von außen durch Unfrieden geprüft werden kann, macht dadurch die Erfahrung der Transzendenz und Absolutheit Gottes[108]. Eine mögliche Lektüre des rätselhaften *Hiob*-Verses 22,21 ist: „in der Annahme von Gottes unergründlicher Fügung wird er Frieden finden“[109] – dies wäre dann das älteste Vorkommen des Wortes im nachmaligen

---

[104] *1 Kön.* 20,18. Zum gesamten Bedeutungsfeld: Illman, Karl-Johann: Šâlem, in: *Theologisches Wörterbuch zum Alten Testament*, Bd. VIII, Stuttgart 1995, Sp. 94–101; Schmid, Hans H.: Šalôm, ‚Frieden‘ im Alten Orient und im Alten Testament, Stuttgart 1971.

[105] Téran-Dutari, Julio: Frieden, in: *Herders theologisches Taschenlexikon*, Bd. II, Freiburg/ Br. 1972, S. 332–337, hier 333.

[106] *Bibel-Lexikon*, Hrsg. Herbert Haag, Einsiedeln 1956, Sp. 496. Es ist eben eine neuzeitliche – und auch da nicht allgemeine – Vorstellung, ein gutes Verhältnis unter Menschen könne nicht Unterwerfung (und Ausbeutung) der einen durch die anderen einschließen.

[107] Kampling, R.: Krieg / Frieden (Anm. 100), S. 291a.

[108] *Hiob* 16,12. Vgl. dazu: Müller, Hans-Peter: Das Hiobproblem: seine Stellung und Entstehung im Alten Orient und im Alten Testament, Darmstadt 1978, bes. S. 120–123.

[109] *Hiob* 22,21: „hamekén-nâ’ ‘imâwô wûšelâm“ am ehesten übersetzbar mit „schaffe Nutzen mit ihm <scl. êl Gott> und habe Frieden <=Wohlergehen>“, so Weiser, Arthur: *Das Buch Hiob*, Göttingen 1951, S. 174, der den gutgemeinten schlechten Rat des Eliphas an Hiob ganz in quasi materialistischem Sinn als ‚do ut des‘ versteht. Habel, Norman C.: The book of Job, Cambridge 1975, S. 120 f. gibt nur eine Paraphrase: „come to terms with God and you will prosper (*should perhaps be:* ‚make your peace‘)“, interpretiert aber stärker einen geistlichen Sinn der Ergebung in Gott. Ebenso verfahren: Fohrer, Georg: Das Buch Hiob, Gütersloh 1963, S. 360, und Strauss, Hans: *Hiob*, Bd. II, Fasc. 1, Neukirchen 1995, S. 55 + 67: „Vertraue dich doch ihm an und sei in Frieden“ (Strauss S. 55). In der *Septuaginta* heißt es: „γενοῦ δὴ σκληρόs, ἐὰν ὑπομείνῃς, εἶτ᾽ ὁ καρπός σου ἔσται ἐῶ ἀγαθοῖς“ (bringe hervor also das Harte, falls du am Leben bleiben willst /sicher stehen willst, und deine Frucht wird im Guten sein), während sich in älteren Versionen der *Vulgata* näher am hebräischen Text, aber bereits ganz spirituell verstanden findet: „adquiesce igitur ei [scl.: Deo] et habeto pacem, et per haec

verinnerlichten Sinn. In der späten weisheitlichen Tradition kommt dann auch der Gedanke an den himmlischen Frieden auf, in dem die Seelen der verstorbenen Gerechten ruhen (*Weish.* 3,2 f.).

Nach der Mahnbotschaft der Propheten hat der Bundesbruch Israels seinen šalôm zerstört. Die diesem Handeln innewohnende Konsequenz ist das Exil, das Elend der Verbannung als Gegenteil des gesicherten Friedens und Wohlergehens. Doch in der kommenden Endzeit wird der šalôm wiederhergestellt und erhält eine ganz neue Qualität in einem ewigen Bund (*Ez.* 34, 25; *Jes.* 9,6 + 32,17; *Ps.* 72,7). Jahwe ist es, der Krieg – nun als Unheil bezeichnet – und der Frieden schafft (*Jes.* 45,7). Er wird den Krieg durch den Krieg vernichten (*Jes.* 42,13). In einer anderen prophetischen Vision werden sich die Völker zu Jahwe bekehren, zum Zion kommen, seinen Rechtsspruch annehmen, „Pflugscharen aus ihren Schwertern schmieden und Winzermesser aus ihren Lanzen" (*Jes.* 2,1–5; *Joël* 4,9–12; *Micha* 4,1–5). Nach Deuterojesaja geschieht dies nicht, indem Gewalt noch größere Gewalt gegenübergestellt wird: der Gottesknecht (Ebed Jahwe) nimmt – selbst unschuldig – Leiden auf sich und überwindet es, indem er dadurch die unselige Spirale von Gewalt, Hass und Tod beendet[110]. Im kommenden Gottesreich wird Friede herrschen, der mit der Gerechtigkeit versöhnt sein wird (*Jes.* 60,17), Friede wird auch zwischen Mensch und Tier sein – überhaupt unter allen Geschöpfen (*Jes.* 11,6–9 + 35,9 + 65,25).

Bereits ein Blick in eine Konkordanz des Neuen Testaments zeigt eine deutliche lexikalische Verschiebung gegenüber den bislang herangezogenen Schriften: hier überwiegt die Frequenz des Wortes Friede (εἰρήνη) die von Krieg (πόλεμος) um das Vierfache[111]. Auch die AutorInnenperspektive ist

---

habebis fructus optimos". *Biblia sacra iuxta Vulgatam versionem*, ed. Robertus Weber, t. 1, Stuttgart 1969, S. 749b. Vgl. auch unten S. 108. Luther übersetzt recht getreu nach dem Hebräischen: „So vertrage dich nu mit jm und habe friede, daraus wird dir viel guts komen". *Die gantze Heilige Schrifft Deudsch*, Wittenberg 1545, zit. nach dem Nachdruck München 1972. Die deutsche Einheitsübersetzung in der definitiven Fassung von 1980 enthält stark interpretierend „werde sein <Gottes> Freund und halte Frieden! Nur dadurch kommt das Gute dir zu."

[110] *Jes.* 53, vgl. auch *Jes.* 42,1–9. Dazu: Baltzer, Klaus: Deutero-Jesaja, Gütersloh 1999, bes. S. 173–186 +; Haag, Herbert: Der Gottesknecht bei Deuterojesaja, Darmstadt 1985, mit deutlicher Reserve zur christlichen Identifizierung Jesu mit dem ‚Ebed Jahwe', bes. 74–77. Zur Kritik dieses radikalen Perspektivenwechsels zum Opfer hin durch Friedrich Nietzsche vgl. u. S. 121 f.

[111] 92 Vorkommen, mit 4 verwandten Lemmata zusammen 100, gegenüber 18, mit ‚πόλεμεῳ' 25. *Computer-Konkordanz zum Novum Testamentum Graece*, hrsg. Vom Institut für Neutestamentliche Textforschung und vom Rechenzentrum der Universität Münster, Berlin 1980, Sp 549–551 + 1585. Zwar ist Bonitz, Hermann: Index Aristotelicus, Berlin 1870 nicht direkt kommensurabel, kann aber doch einen relativen Eindruck vermitteln: 3 Lemmata auf ‚εἰρήνη-' mit zusammen 13 Nennungen gegen 7 auf ‚πόλεμ-' mit 63 Nennungen. Einen leider nicht weitergeführten Ansatz zu einer lexikalisch-semantischen Analyse liefert Klemm,

eine andere: nicht negativ ist von Krieg nur in einem figurativen Sprachgebrauch die Rede, z. B.: „sich zum Krieg rüsten“ als Ausdruck für den Ernst der Nachfolge Christi (*Lk.* 14,31; *1 Kor.* 14,8; *Hebr.* 11,34). Ansonsten ist ‚πόλεμος‘, oft als eschatologisches Geschehen, Inbegriff von Schrecken[112].

Friede ist im Neuen Testament Kennzeichen der messianischen Erfüllung, heißt doch die Verkündigung der Geburt Christi in Kurzformel: „Verherrlicht ist Gott in der Höhe und auf Erden ist Friede bei den Menschen seiner Gnade“[113]. Dieser Friede ist mehr als die Beseitigung von Konflikten, mehr auch als Wohlergehen im äußerlichen Sinn: er ist das „volle Heil der Endzeit“ und „Gott selbst verherrlicht nun seinen Namen, indem er das Heil verwirklicht“[114]. Jesus wirkt und gibt den Frieden, den die Welt nicht geben kann (*Joh.* 14,27)[115]. „Er ist unser Friede. … Er stiftete Frieden und versöhnte die beiden [Juden und Heiden] durch das Kreuz mit Gott in einem einzigen Leib. Er hat in seiner Person die Feindschaft getö-

Matthys: EIPHNH im neutestamentlichen Sprachsystem, Bonn 1977. Comblin, Joseph: Théologie de la paix, Bd. I, Paris 1960, S. 29–31, geht noch von *einem* biblischen Friedensbegriff aus, so als würde sich das Wortfeld von ‚šalôm‘ und das von ‚εἰρήνη‘ decken.

112 *Mt.* 24,6 par.; *Apoc.* passim, bes. 9,7 + 11,7 + 12,7 + 17 + 13,7 + 19,19 + 20,8. Klemm (Anm. 111), S. 258 konstatiert *Mt.* 10,34 „als nicht vom neutestamentlichen Sprachsystem ableitbar“.

113 „Δόξα ἐν ὑψίστοις θεῷ καὶ ἐπι γῆς εἰρήνη ἐν ἀνθρώποις εὐδοκίας“ *Lk* 2,14; hier in der Fassung der deutschen Einheitsübersetzung von 1980 wiedergegeben, die indikativisch und nicht, wie zumeist in der Tradition optativisch lautet. Es sei hier auf die Vulgata „Gloria in excelsis Deo et in terra pax hominibus bone uoluntatis“, verwiesen, sowie auf Luthers „Ehre sey Gott in der Höhe und Friede auff Erden und den Menschen ein Wolgefallen“. Luther setzte, sich offenbar der Neuartigkeit seiner Übersetzung bewußt, als Randbemerkung hinzu: „Wolgefallen, das die menschen dauon lust und liebe haben werden gegen Gott und unternander, und dasselb mit danck annemen und darüber alles mit freuden lassen und leiden“. Auch wenn er statt des ‚guten Willens‘ der Menschen nun das Gnadengeschenk Gottes, das ‚Wolgefallen‘ betont, löst sich für Luther der ethische Anspruch christlichen Glaubens durchaus nicht ‚in Wohlgefallen auf‘; vgl. Pesch, Otto H.: Hinführung zu Luther, Mainz 1982, S. 178–180 + 185–188.

114 Schürmann, Heinz: Das Lukasevangelium, Bd. I, Freiburg/Br. 1969, S. 114 unter Verweis auf das ‚Benedictus‘, hier Lk. 1,77–79; er ergänzt das, semitischem Sprachgebrauch entsprechend weggelassene Verb indikativisch: „Verherrlichung in den Höhen (ward) Gott und auf Erden Friede den Menschen des <göttlichen> Wohlgefallens“ S. 107. Auch Grundmann, Herbert: Das Evangelium nach Lukas, Berlin [6]1971, S. 84, spricht sich für diese Lösung aus – um nur einen klassischen evangelischen Kommentar zur Stelle zu nennen. Aus Qumran-Texten erhebt Grundmann eine besonderen „Zusammenhang zwischen Frieden und Wohlgefallen … denn es hebt den wider den Menschen gerichteten Zorn [Gottes] auf“, a. a. O., S. 85. Ähnlich Thomas von Aquins Gedankengang vom Frieden, den Gott mit den Menschen schließt, denen er die Sünden nachlässt (S.th.Ia-IIae q.113, a.2, co., siehe unten, S. 111.

115 Bultmann, Rudolf: Das Evangelium des Johannes, Göttingen [19]1968, S. 485 f., weist auf die Anknüpfung an eine Abschiedsgrußformel hin, hier werde jedoch durch die indikative Form mit der Betonung des „οὐ καθὼς ὁ κόσμος δίδωσιν ἐγὼ δίδωμι ὑμῖν“ unterstrichen, dass Jesus den Frieden nicht wünscht sondern gibt; einen (präsentisch) eschatologischen Frieden der die neue Wirklichkeit konstituiert.

tet"[116]. Die christliche Heilsbotschaft ist, auf einen kurzen Begriff gebracht, „Verkündigung des Friedens" (*Eph.* 6,15). Friede gilt jetzt, umgekehrt zum Ersten Testament, als der Boden, der die Frucht der Gerechtigkeit trägt[117].

Ob die Forderung zum Verzicht auf Gewalt in der Bergpredigt (*Mt.* 5, 38 f. par.) wörtlich als unbedingtes Gebot zu verstehen ist, ihr als konkretem Imperativ in einer vergangenen Situation höchstens noch der Intention nach Geltung zukomme[118], oder gar als Aufweis, dass eine buchstäbliche Gesetzesgerechtigkeit praktisch nicht durchgehalten werden kann, ist eine Streitfrage, die christliche Stellungnahmen zu Krieg bis heute prägt und unterschiedlich ausfallen lässt[119]. Und es ist eine Frage, die deutlich werden lässt, wie friedlich oder unfriedlich Streitkultur unter denen entwickelt ist, die sich mit verschiedenen Auslegungen auf das Evangelium des Friedens berufen. Auch wenn die frühe Kirche im römischen Reich zunächst den Kriegsdienst von Christen abgelehnt hatte[120], erschien die ‚Pax Romana' – zumal in nachkonstantinischer Zeit – vorläufig nicht problematisch, ja sogar als das ewige Friedensreich der biblischen Propheten[121]. Doch 410 n. Chr. hatten die Westgoten Rom erobert. Für Augustinus war deutlich, die ‚Pax Romana' bestand nicht mehr, irdischer Friede ist brüchig[122]. Dies war ihm

---

[116] *Eph.* 2, 14–17, vgl. *Kol.* 1,19 f.; 2 *Tim.* 1,10. Angesichts dieser Texte erscheint Eugen Bisers Aussage doch wenig probabel: „Paulus nimmt die alttestamentliche Vorstellung vom Bund und einer eschatologischen Friedensherrschaft auf die christliche Subjektivität zurück." *HWP* II, Sp. 1115 (Anm. 93), unter Berufung auf *Kol.* 3,15 „in euren Herzen herrsche der Friede Christi". Diese Stelle bezieht sich primär auf die von Paulus angesprochene Gemeinde, sie steht aber nicht im Gegensatz zu einem in präsentischer Eschatologie verstandenen umfassenden Frieden: „damit das, was in Christus wahr ist, auch im konkreten Gemeindeleben wirklich werde" (Schweitzer, Eduard: Der Brief an die Kolosser, Berlin 1979, S. 156). Eine semantische Analyse des differenzierten Wortgebrauchs in den Paulinen liefert Klemm (Anm. 111), Ergebnisse bes. S. 243 f. + 255–258.

[117] Comblin (Anm. 111) Bd. I, S. 200.

[118] Hoffmann, Paul: Eschatologie und Friedenshandeln in der Jesus-Überlieferung. In: *Eschatologie und Friedenshandeln*, mit Beiträgen von Ulrich Luz ..., Stuttgart 1981, S. 115–152, hier S. 132–134.

[119] Eine kompakte, doch kenntnisreiche Übersicht dieser Problematik in der Geschichte der katholischen Kirche (des Westens) gibt: Engelhardt, Paulus: Die Lehre vom „gerechten Krieg" in der vorreformatorischen und katholischen Tradition: Herkunft – Wandlungen – Krisen, in: *Der gerechte Krieg: Islam, Christentum, Marxismus*, Red. Reiner Steinweg, Frankfurt/M. 1980, S. 72–124.

[120] Ältestes Zeugnis ist Origenes: *Contra Celsum* 8,73: ed. Marcel Borret, Paris 1969 (*Sources chrétiennes*, 150), S. 344,4–346,13 – bereits eine Reaktion auf Kritik christlicher Kriegsdienstverweigerung.

[121] Eusebius Caesariensis: *Praeparatio evangelica* I, 4, 2–5: ed. Karl Mras, Berlin 1954 (*Die griechischen christlichen Schriftsteller* 43,1), S. 14,20.16,7.

[122] Comblin (Anm. 111) I, S. 89; Mayer, Franz G.: Augustin und das antike Rom, Stuttgart 1955, S. 182 f.; Fuchs, Harald: Augustin und der antike Friedensgedanke, Berlin ²1965; Russell, Frederick H.: The just war in the Middle Ages, Cambridge 1975, S. 26, streicht als bleibende

Anlass, die Bedingungen christlichen Lebens in einer neuen, nicht mehr hegemonial bestimmten Weltsituation zu reflektieren. Auch wenn er dabei keine Lehre von Krieg und Frieden systematisch entwickelt hat[123], sind seine Ausführungen für die weitere Entwicklung auch dieser Fragen in der Theologie des Westens grundlegend geworden. Ciceros Terminologie übernehmend führte Augustinus den Begriff des ‚gerechten Krieges' (bellum iustum) in die christliche Theologie ein[124]. „Diese vom Wortlaut her mißverständliche Lehre vom ‚gerechten Krieg' wurde von christlichen Theologen, von Augustinus über Thomas von Aquin bis zum Zweiten Vaticanum gerade zum Zweck der Verhinderung und Eindämmung militärischer Gewalt entworfen"[125]. Das Gute, das sich dem Bösen gegenübersieht, ist zum Krieg gezwungen, wenn nur so ein friedliches Zusammenleben sichergestellt werden kann[126]; sein Ziel muss ein gerechter Friede sein, keine auferlegte Unterdrückung[127]. Die Frage, ob in bestimmten alttestamentlichen Texten, wie den oben angeführten, ein gerechter Krieg erkennbar werde, beantwortet Augustinus offenbarungspositivistisch: „was Gott befiehlt ist gut, es auszuführen ist gerecht"[128]. Ein wichtiger Aspekt des „gerechten Krieges ist – wie bei der Bekämpfung von Kriminalität –, dass Gewalt nicht zum Erfolg führen darf, der den bösen Willen stärkt und zur Nachahmung anreizt[129].

Friede ist für Augustinus nicht nur das zeitliche Ziel der ‚civitas Dei'; er verweist als sein Analogat auf das überzeitliche Ziel: das ewige Leben[130] – heißt die ‚Stadt Gottes' (civitas Dei) ebenfalls ja mit ihrem mystischen

Leistung A.s heraus: „ … Augustine took the Roman just war <theory> … and revived it on the moral level while managing to retainits essential Roman legal features".

[123] Berrouard, Marie-François: bellum, in: *Augustinus-Lexikon*, hrsg. von Cornelius Mayer, Bd. I, Basel 1994, Sp. 638–645, hier: Sp. 639.

[124] *HWP* (Anm. 17) Bd. IV, Sp. 1231.

[125] Ockenfels, Wolfgang: Religion und Gewalt, Köln 2003 (*Kirche und Gesellschaft* 300),S. 12.

[126] Aurelius Augustinus: *Quaestiones in Heptateuchum* VI, 10: ed. I. Fraipont, Turnhout1958, *CChr.* 33, S. 318,255–319,262. Vgl. *De civ.* XIX,7: S. 672,34 f.

[127] *De civ.* XIX,7: *CChr* 48, S. 671, 14–16.

[128] „Sed etiam hoc genus belli sine dubitatione iustum est, quod deus imperat, apud quem non est iniquitas et nouit quid cuique fieri debeat. In quo bello ductor exercitus uel ipse populus non tam auctor belli quem [LEGE: quam] minister iudicandus est." *Quaest Hept.*, c. 10 (Anm. 126): S. 319,263–266.

[129] „Nam cui licentia iniquitatis eripitur, utiliter unicitur, quoniam nihil est infelicius felicitate peccantium, qua poenalis nutritur impunitas et mala uoluntas uelut hostis interior roboratur." *Ep. ad Marcellinum* [= *Ep.* 138], c. 2, n. 14: ed. A. Goldbacher, Vindobonae 1904, *CSEL* 44,1, S. 140,12–15; vgl. *Contra Faustum*, l. XXII, n. 74: ed. Jos. Zycha, *CSEL* 25, Wien 1891, S. 672,2–5. Diese Haltung aus Sorge um die Wehrlosen und die ihr innewohnenden Gefahren für die rechte Anerkennung des Schönen und Starken hat Nietzsche als Bekämpfung der Raubtiere durch die Priester glossiert: vgl. u. S. 121 f.

[130] „… possemus dicere fines bonorum nostrorum esse pacem, sicut aeternam diximus uitam." *De civ.* XIX, 11: *CChr XLVIII* 1955, S. 674,1 f.

Namen Jerusalem, ‚Vision des Friedens‘[131]. Dieser Friede, Fülle glückseligen ewigen Lebens, übersteigt das, was auf Erden ‚Friede‘ genannt wird. Das, was die ‚ciuitas terrena‘ erstrebt, ist Beherrschung[132]. Wahrer Friede ist das nicht[133]. Doch wahrer Friede ist nicht etwas völlig Unirdisches, denn er ist die Erfüllung der Sehnsucht nach diesem höchsten und erstrebenswertesten sozialen Gut[134]. Dies wird durch eine phänomenologische Reflexion verdeutlicht: Niemand will den Frieden nicht, denn auch wer Krieg führt, will siegen, um zu einem ruhmreichen Frieden zu gelangen[135]. Auch die Friedensstörer wollen letztlich nicht Krieg, sondern einen für sie günstigeren Frieden[136]. Das gilt sogar für Räuber (latrones), die doch wenigstens mit ihren Spießgesellen in Frieden leben wollen[137]. Selbst wenn wir uns einen vollständig ungeselligen Einzelgänger vorstellen, der jedes Menschen Feind wäre und allein in einer Höhle hauste, so würde er doch dort und für seinen eigenen Körper Frieden haben wollen[138]. Diesen Frieden, den auch der – hypothetische – Menschenfeind für sich wollen muss, auch nur als Voraussetzung des eigenen Friedens, mit anderen Menschen haben zu wollen, ist die Bedingung der Möglichkeit von Gesellschaft[139].

Die Unterstellung aller anderen Kreaturen unter die Herrschaft der Menschen (*Gen.* 1,26) legt Augustinus dahingehend aus, dass es nach der Schöpfungsordnung keine Herrschaft von Menschen über Menschen geben sollte[140]. Erst als Strafe der Sünde entstand die Sklaverei[141] – wobei er in seinen frühen Werken die Sklaverei aus Kriegsgefangenschaft als göttliche

---

[131] „Hierusalem … Visio pacis“. Loc. cit.: S. 675,11. Zur lexikalischen Problematik von ‚civitas‘ vgl. o. S. 58.

[132] „Concupiscit enim terrenam quandam pro rebus infimis pacem; ad eam namque desiderat peruenire bellando; quoniam si uicerit et qui resistat non fuerit pax erit …“. *De civ.* XV,4: S. 457,18–21. Dort konkret auf die römische Geschichte bezogen. Vgl. auch *De civ.* XIX,12: 675,6–10; XIX,17: S. 684,11–15.

[133] *De civ.* XIX,17: S. 685,59–63.

[134] „Tantum est enim pacis bonum, ut etiam in rebus terrenis atque mortalibus nihil gratius soleat audiri, nihil desiderabilius concupisci, nihil postremo possit melius inueniri“ Loc. cit.: S. 675,26–29.

[135] „Nemo est qui pacem habere nolit. Quando quidem et ipsi, qui bella uolunt, nihil aliud quam uincere uolunt; ad gloriosam uero pacem bellando cupiunt peruenire.“ XIX,12: S. 675, 3–5.

[136] „… et qui pacem, in qua sunt, perturbari uolunt, non pacem oderunt, sed eam pro arbitrio suo cupiunt commutari“ Loc. cit.: S. 675,11 f.

[137] Loc. cit.: S. 676,18 f.

[138] Loc. cit.: S. S. 676,39–677,61.

[139] Loc. cit.: S. 677,62–64.

[140] „Rationalem factum ad imaginem suam noluit nisi inrationabilibus dominari; non homini hominem, sed hominem pecori“. *De civ.* XIX,15: S. 682,3–5.

[141] „Condicio quippe seruitutis iure intellegitur inposita peccatori. Proinde nusquam scripturarum legimus seruum, antequam hoc uocabulo Noe iustus peccatum filii uindicaret. Nomen itaque culpa meruit, non natura“. Loc. cit.: S. 682,8–12. Vgl. *Gen.* 9,25.

Fügung rechtfertigt: entweder als verdientes Strafgericht oder zur Läuterung des an diesem konkreten Schicksal Unschuldigen – in jedem Fall aber zum Besten des sündigen Menschen[142]. Auch wenn, im Unterschied zu Aristoteles alle Menschen als von Natur gleich und frei aufgefasst werden, kommt es so im Ergebnis ähnlich zur Rechtfertigung inhumaner gesellschaftlicher Praktiken.

Die Kirche wird – wenn auch nicht vollständig, sondern unter Wahrung eines eschatologischen Vorbehalts – mit dem Reich Gottes identifiziert[143]. Noch kann sie sich nicht ohne Feinde des himmlischen Friedens erfreuen, so dass sie eine ‚militia', eine Armee braucht[144]. Doch diese Redeweise ist metaphorisch[145]. Es ist also nicht korrekt, unter Berufung auf diese Textstelle Christi Reich in dieser Welt ein ‚regnum militiae'zu nennen[146]. Indem Augustinus, so wird kritisch angemerkt, „die Ausrottung der heidnischen Kulte durch christliche Herrscher rechtfertigt" und „die Durchsetzung der christlichen Wahrheit gegen die Donatisten und Häretiker mit der militärischen Macht des römischen Kaisers fordert stellt er jene ‚reichstheologische' Verbindung zwischen universalen kirchlichen Herrschaftsansprüchen und staatlich-militärischer Gewalt her, die in anderen historischen Zusammenhängen für die psychische und physische Vernichtung Andersgläubiger [!] in Anspruch genommen wurde"[147]. Eine Stelle, die sich im Sinn von Zwangstaufe auslegen ließe – und später so ausgelegt wurde – ist Augustins Erklärung zu jenem aus der Unterdrückung, der Erfahrung des babylonischen Exils, provozierten Ausbruch von Hass und Rachegefühlen: „Selig, wer Deine <Babylons> Kinder nimmt und gegen den Felsen schleudert"[148]. „Wer sind die Kinder Babylons?", fragt Augustinus „die aus

[142] „... hi, qui iure belli possent occidi, a uictoribus cum seruabantur serui fiebant, a seruando appellati; quod etiam ipsum sine peccati merito non est. Nam et cum iustum geritur bellum, pro peccato e contrario dimicatur; et omnis uictoria, cum etiam malis prouenit, diuino iudicio uictos humiliat uel emendans peccata uel puniens". Loc. cit.: S. 682,14–19.

[143] „Ergo et nunc ecclesia regnum Christi est regnumque caelorum". *De civ.* XX,9: *CChr* XLVIII 1955, S. 716,39 f.

[144] *De civ.* XX,9: S. 716,52–717,55.

[145] „De hoc ergo regno militiae, in quo adhuc cum hoste confligitur et aliquando repugnatur pugantibus uitiis, aliquando cedentibus imperatur, donec ueniatur ad illud pacatissimum regnum, ubi sine hoste regnabitur". Ebd.

[146] Mettner, Matthias: Frieden. In: *Neues Handbuch theologischer Grundbegriffe*, Bd. II, München ^{2}1991, S. 106.

[147] A.a.O., S. 107. Die dort gegebenen pauschalen Quellenverweise (*De consensu evangelistarum*, vgl. *De civ.* XVIII,27–36) sind nicht verifizierbar. Auch wenn es bereits in spätrömischer Zeit und später im ‚Heiligen Römischen Reich deutscher Nation' zu einer ‚Reichstheologie' gekommen ist, die von Sympathisanten des Nationalsozialismus wieder aufgegriffen wurde, bleibt die Berechtigung der Berufung auf Augustinus näher zu untersuchen.

[148] *Enarr. In Ps.* 136,9: *CChr.* 40, S. 1978.

der schlechten Begierde geboren werden. Das sind nämlich die, die mit der alten Begierde streiten"[149], ist seine Antwort. Friedensstörer sind also nicht die Nichtchristen, sondern es ist der paulinische ‚alte Mensch' (*Röm.* 5,12–21; 6,6; *1 Kor.* 15,47; *Eph.* 4,22; *Kol.* 3,1 u.ö.).

Augustins berühmte ‚Friedenstafel' zeigt schließlich die Ausfaltung des Begriffes vom Individuum hin zum Leben in der menschlichen Gemeinschaft und der Gemeinschaft mit Gott: „Der Friede des Leibes ist also die geordnete Zusammenstimmung seiner Teile. Der Friede der vernunftlosen Seele ist die geordnete Ruhe ihrer Triebe. Der Friede der vernünftigen Seele ist die geordnete Übereinstimmung zwischen Erkenntnis und Handlung. Der Friede zwischen Leib und Seele ist das geordnete Leben und Wohlbefinden des Lebewesens. Der Friede des sterblichen Menschen mit Gott ist der durch den Glauben geordnete Gehorsam gegenüber dem ewigen Gesetz. Der Friede unter den Menschen ist die geordnete Eintracht. Der Friede in der Familie ist die geordnete Eintracht der Angehörigen in Bezug auf Befehlen und Gehorchen. Der Friede im Staat ist die geordnete Eintracht der Bürger in Bezug auf Befehlen und Gehorchen. Der Friede des himmlischen Staates ist die bis ins letzte geordnete und völlig einträchtige Gemeinschaft des Gottesgenusses und des gegenseitigen Genusses in Gott. Der Friede für alle Dinge ist die Ruhe der Ordnung"[150].

In Augustins Differenzierung sehen Anita und Walter Dietze einen wichtigen Grund dafür, dass es im Mittelalter zu einer „Parzellierung des Friedensbegriffs"[151] gekommen sei. Das Wesentliche sei so nicht erkannt worden: „Bei Lichte besehen, meinen die zahlreichen und heftigen, vornehmlich theologisch inspirierten ‚Friedens'-Diskussionen des medium aevum noch keinen Frieden im modernen, neuzeitlichen Verstande von Wort und Begriff. Sie laufen darauf hinaus, im spirituellen Vorstellungsraum quietistische und vertröstende Maximen zu verkünden, im weltlichen Bereich allenfalls einen ‚Rechtsfrieden' zu befestigen, soll heißen: den Zustand

---

[149] „Qui sunt paruuli Babyloniae? Nascentes malae cupiditatis. Sunt enim qui cum uetere cupiditate rixantur". Ebd.

[150] „Pax itaque corporis est ordinata temperatura partium, pax animae inrationalis ordinata requies appetitionum, pax animae rationalis ordinata cognitionis actionisque consensio pax corporis et animae ordinata uita et salus animantis pax hominis mortalis et Die ordinata in fide sub aeterna lege oboedientia pax hominum ordinata concordia pax domus ordinata imperandi atque oboediendi concordia cohabitantium pax ciuitatis ordinata imperandi atque oboediendi concordia ciuium, pax caelestis ciuitatis ordinatissima et concordissima societas fruendi Deo et inuicem in Deo, pax omnium rerum tranquillitas ordinis". *De civ.* XIX,13: 678,1–679,11; Übers. nach Carl J. Perl in: Augustinus: *Der Gottesstaat*, Bd. II, Paderborn 1979, S. 473–475.

[151] Ewiger Friede?: *Dokumente einer deutschen Diskussion um 1800*, Hrsg. Anita u. Walter Dietze, Leipzig 1989, S. 9.

einer bestimmten, nämlich einer feudalen Rechtsordnung innerhalb kleinerer oder größerer Gemeinschaften zu sichern“[152]. Diese Tirade – möglicherweise sykophantischer Tribut an den real existiert habenden Sozialismus –, wie unsachlich und polemisch sie ist, hat durchaus ein ‚fundamentum in re‘, sie ist nicht gegenstandslos – und wir tun gut daran, den historisch geschehenen und auch heute möglichen Missbrauch des christlichen Glaubens nicht zu verdrängen. Ein geschichtlicher Hintergrund dieses Zerrbildes liegt im germanischen Friedensbegriff, nach dem ‚fride‘ immer nur in einer konkreten Rechtsgemeinschaft möglich war[153]. Sein ideologischer Hintergrund in einem zu hohler Rhetorik heruntergekommenen ‚historischen Materialismus‘[154], darf nicht daran hindern, uns den Spiegel der Geschichte vorhalten zu lassen und darin nach den Verzerrungen zu suchen, die *wir* der Frohen Botschaft vom Frieden auf Erden beigebracht haben.

Auch für Anicius Manlius Severinus Boethius, der als Vermittler des Erbes der Antike eine wichtige Grundlage für die Philosophie und Theologie des Mittelalters gelegt hat, ist Friede ein Grundbegriff: „Friede beherrscht den Himmel, er soll auch die Erde regieren“[155]. Die Gestirne bewahren in gerechtem Bund dem Weltall den alten Frieden, die Menschen können davon lernen[156]. Wenn nicht Liebe, die Himmelsbeherrscherin, Länder und Meere lenken würde, würde sich alles ständig bekämpfen <es würde Chaos herrschen> und die Welt zerstören[157]. Liebe bewegt den Kreislauf der Gestirne und lässt unter ihnen keinen Krieg aufkommen[158]; „glücklich das Menschengeschlecht, das sich von dieser Liebe leiten läßt, die den Himmel

---

[152] A.a.O., S. 10 f.

[153] Janssen, Wilhelm: Friede, *Handbuch historischer Grundbegriffe*, Bd. II, Stuttgart 1975, S. 543–590, hier S. 545.

[154] „In der von unversöhnlichen Klassen- und Interessengegensätzen, von Fehden und Kriegen zerrissenen Feudalgesellschaft gab es für eine Verwirklichung der Friedensidee – trotz der ausschließlichen ideologischen Alleinherrschaft der christlichen Liebes- und Friedensreligion, trotz der so oft gepriesenen mittelalterlichen ‚Einheit‘ und ‚Gemeinschaft des Glaubens‘ – keine sozialen Voraussetzungen. Wenn daher die theologischen Ideologen des Feudalismus die christliche Friedensidee entgegen ihrem ursprünglichen Sinn auf einen bloß ‚inneren Frieden‘, auf den Frieden der Seele mit Gott, bzw. Einen erst ‚im Jenseits‘ zu erlangenden Frieden einengten, so entsprach das sehr genau den räuberischen Interessen der herrschenden weltlichen und geistlichen Feudalmächte“. *Phil. Wb.* (Anm. 91), S. 431a.

[155] „… uti quae caelum terras quoque pax reget.“ *De consolatione philosophiae*, l. I, Prosa 5: *Trost der Philosophie*, lat.-dt, ed. Ernst Gegenschatz u. Olof Gigon, Zürich ^{3}1981, S. 32,35 f.

[156] „Aspice summi culmina caeli. Illic iusto foedere rerum, veterem servant sidera pacem.“ A.a.O., l. IV, canticum 6.: S. 216,3–5.

[157] A.a.O., l. II, cant. 8: S. 88,13–21.

[158] „Sic aeternos reficit cursus alternus amor, sic astrigeris bellum discors exulat oris.“ A.a.O., l. IV, cant. 6: S. 218, 16–18.

lenkt“[159]. Krieg ist die Folge von Besitzgier[160]; auch unbegriffene kulturelle Differenz führt zu ungerechtem Krieg[161], wie überhaupt ein roher Sinn zu Gewalttätigkeit. Boethius hingegen empfiehlt eine zivilisierte, gelassene Haltung: „Kein vernünftiger Grund ist, der die Wildheit erlaubt. Willst du wahr nach Verdienst Vergeltung üben? Liebe die Guten nach Recht, Böser erbarme dich mild“[162]. Der Gleichmut des Weisen gegenüber dem äußeren Geschick soll sich auch dann bewähren, wenn er im Krieg kämpfen muss[163].

Wer den Kommentar zu Aristoteles' *Politica* des heiligen Albertus Magnus, wie auch den des heiligen Thomas von Aquin, aufschlägt in der Hoffnung, hier etwas darüber zu finden, was der universell Gelehrte und kluge Friedensstifter, was der scharfsinnig analysierende und in eine umfassende Synthese integrierende Denker zu grundlegenden Fragen menschlichen Zusammenlebens und zu aktuellen Problemen der Gesellschaft, in der sie lebten, gedacht haben, wird enttäuscht. Keine Spur einer solchen Auseinandersetzung mit dem Text des Aristoteles; einem Text, der auch für den Gelehrten in seiner Studierstube unübersehbar die seinerzeitige Situation nicht traf[164]. Wie ihre Kommentare überhaupt, so ist, was Albertus Magnus und was Thomas von Aquin über Knechtschaft (servitus)[165] und Krieg als Erwerbskunst[166] schreiben, Wiedergabe des Aristoteles-Textes ohne Transfer in die politisch-gesellschaftliche Wirklichkeit des Mittelalters.

Für Albert hat Krieg – wie für Aristoteles – eine indirekte Beziehung zum Guten, insoweit er auf Frieden als Ziel hingeordnet ist[167]. Die Aufstellung eines Heeres (militia) und Waffenübungen, weil dazu notwendig, sind nicht verboten[168]. Die Dienste von Söldnern werden als unter Umständen klei-

---

[159] „O felix hominum genus, si vestros animos amor, quo caelum regitur regat.“ A.a.O., l. II, cant. 8: S. 88,27–30.

[160] A.a.O., l. II, cant. 5: S. 72,16–30.

[161] „An distant quia dissidentque mores, iniustas acies et fera bella movent …“ A.a.O., l. IV, cant. 4: S. 198,7 f.

[162] „Non est iusta satis saevitatae ratio. Vis aptam meritis vicem inferre? Dilige iure bonos et mireresce malis.“ Loc. cit.: S. 198, 10–12.

[163] A.a.O., l. IV, prosa 7.: S. 222,50–55.

[164] Hierzu näher oben S. 56 – 59.

[165] *Sententia libri Politicorum* I,1a: Ed. Leonina, Bd. 48, Rom 1971, S. A75,330–334; I,3 f.: S. A86,13–70 + A87,117-A93,270.

[166] „… naturalis acquisitio … Et pars eius est predatiua, qua oportet uti ad bestias que naturaliter sunt subiecte homini, et ad homines barbaros qui sunt naturaliter serui … ac si hoc sit primum iustum bellum secundum naturam“. Op. cit I,6: S. A99, 215 + 217–221.

[167] *Summa theologiae* I, tr. 17, q. 67, m. 1, sol.: Ed. Paris Bd. 31 (1895), S. 676b; vgl. Arendt, Wilhelm: Die Staats- und Gesellschaftslehre Alberts des Großen, Jena 1929 (*Deutsche Beiträge zur Wirtschafts- und Gesellschaftsphilosophie* 8) S. 43.

[168] A.a.O. ad q. 3: S. 638b. Russell (Anm. 122), S. 277, der sich dafür auf den zweiten Ethik-Kommentar beruft, unterläuft m. E. eine Fehlinterpretation, wenn er Albert „great and noble men“ für ideelle Ziele („in pursuit of great and worthy goals“) kämpfen lässt. Abgesehen von

neres Übel beschränkt akzeptiert[169]. Gleichzeitig werden die Gefahren des Militärwesens gesehen, von denen der wirklichkeitsnahe Theologe drei hauptsächliche nennt: <1> die Tötung und Verletzung Unschuldiger, <2> die (gewaltsame) Einforderung überhöhten Soldes und <3>. Das prahlerische Zeigen der Kräfte mit Gefahr für Menschen und Sachen wie Turniere und andere Gewalt verherrlichende Waffenspiele; diese Dinge sind unzulässig[170].

Der Weg des Friedens, hin zu dem alle Erfahrung übersteigenden Frieden Gottes (*Phil.* 4,7), ist in der ‚civitas' die Übereinstimmung in der Freude am Glauben und (um Gottes willen) untereinander, der, so Augustinus, seine Erfüllung im Frieden der himmlischen ‚civitas' finden wird[171]. Die ‚pax Romana' zur Zeit des Kaisers Augustus, „in der es in Erfüllung der Verheißung Jesajas (*Jes.* 2,4) keinen Waffengebrauch gab", war angemessener Weise die Zeit der Menschwerdung Christi[172]. Der durch Christus bewirkte Friede – schon auf Erden – ist der mit Gott, den Engeln, unter den Menschen und zwischen Geist und Fleisch[173]. Der Widerspruch zwischen dem Evangelium nach Markus (*Mk.* 6,8), wonach die Jünger Jesu nichts mit auf den Weg nehmen sollten, außer einem Stock, und dem nach Matthäus (*Mt.* 10,10), demzufolge der Herr noch nicht einmal das gestattet hat, gibt Albertus Magnus Anlass zu einer eingehenden Überlegung. Der Stock

der Problematik, ob es sich in Aristoteleskommentaren um Alberts eigene Meinung handelt, legt er *Eth. Nic.* III,9: 1197b17–20, wo lediglich kurz angemerkt wird, dass solche, die keinen anderen Lebensunterhalt haben vielleicht manchmal die besseren Soldaten sind, dahingehend aus, dass „Große und Berühmte" weniger bereit sind, ihr Leben für geringen Lohn einzusetzen. Erster und zweiter Ethik-Kommentar stimmen darin überein: *Super Eth.* Bd. 1, ed.Wilhelm Kübel, Ed. Colon. Bd. XIV,1 (1968), S. 194,62–69; Ethicorum libri decem, ed. Auguste Borgnet, Ed. Paris. Bd. VII (1891), S. 251b. Thomas von Aquin, an Militärischem weniger interessiert, paraphrasiert lediglich den Philosophen: *Sententia Libri Ethicorum* l. III,18, ed. René A. Gauthier, Ed. Leonina Bd. 47,1, Rom 1969, S. 178,122–132.

[169] „Dicendum quod militia secundum quod militia, secundum se non est illicita, sed abusus, qui licet multiplex sit, tamen in tribus praecipue est: scilicet <1> in concussione innocentium, et <2> exactione salarii amplioris quod deserviri possit militando, et <3> in exercitiis ad ostentationem virium cum nocumento hominum et rerum, sicut inventa sunt torneamenta et ictus lancearum et huiusmodi. Sunt tamen quaedam exercitia milita militiae necessaria … quae non prohibentur". *Commentarii in IV librum Sententiarum*, d. 16, a. 46, sol.: Ed. Paris Bd. 29 (1894), S. 637b. Vgl. Arendt (Anm. 167), S. 44; Lauer, Hermann: Die Moraltheologie Alberts des Großen, Freiburg/Br. 1911, S. 215. siehe a. a. O. ad q. 3: S. 638b.

[170] Albertus Magnus, Ebd.

[171] „‚In viam pacis' (Lk. 1,79b) … Haec enim pax est, ut dicit Augustinus, in civitate concordia fruendi Deo, et invicem in Deo qui est pax, coelestis civitatis". *Enarrationes in evangelium Lucae* 1,79: Ed. Paris Bd. 22 (1894), S. 182a. 2,1 2,14); ohne Berufung auf eine bestimmte Augustinus-Stelle.

[172] *Enarr. in Luc.* 2,1 a. a. O.: S. 187b.

[173] *Enarr. in Luc.* 2,14 a. a. O.; S. 212a. Lauer (Anm. 169), S. 186 Anm. 5, beruft sich allerdings auf den pseudepigrafische *Paradisus animae.*

(virga) ist ihm, wie Augustinus sagt, bei Markus der Hirtenstab der den Prälaten der Kirche gebührt; bei Matthäus versinnbildlicht er die Kampfmittel der weltlichen Hilfe, die die Kirche zur Bekehrung der Ungläubigen nicht in Anspruch nehmen soll[174]. Gideon hat nach dem biblischen Buch *Richter* (7) mit 300 von Gott erlesenen Israeliten das Lager der Midianiter eingenommen, indem er mit ihnen Widderhörner blies, Krüge zerschlug, Fackeln entzündeten und sie riefen „Das Schwert für den Herrn und Gideon". In Alberts allegorischer Auslegung wird daraus: „Die Krüge zerbrechen ist, die Körper durch Kastciung zwingen und untertänig machen (vgl. *1 Kor.* 9,27); die Lampen entzünden, ist die Wunder bester Vorbildlichkeit anwenden; ins Horn stoßen ist, das Wort der Predigt klar verkünden; und so siegt das Schwert des Herrenwortes (vgl. *Eph.* 6,17; *Hebr.* 4,12) und der Predigt"[175]. Bekehrung zum christlichen Glauben darf also nicht mit Gewalt geschehen. Zur Verteidigung des Glaubens und der Gläubigen ist allerdings Waffengebrauch erlaubt[176]. Die Zwei-Schwerter-Lehre erhält dabei eine besondere Auslegung: „Dazu hat der Stellvertreter Christi zwei Schwerter: eines, das er führt, das der geistlichen Gewalt, und ein anderes, das er möglichst nicht führen sollte, das aber auf sein Geheiß hin herauszuziehen ist, damit er es führe – und dieses <zweite Schwert> hat der Anwalt oder Vollstrecker der Kirche (der christliche Fürst). Doch dieses kann nicht benutzen wer Ungläubige zu bekehren sucht"[177].

In seinem Mitte bis Ende der 1240er Jahre entstandenen Sentenzenkommentar verwirft Albert im Zusammenhang der Behandlung der Ehe die Ansicht von einer Ungleichheit der Natur verschiedener Menschen als Be-

---

174 „Responsio Augustini est, quod est virga directionis, quae est in praelato … et hanc dicit Marcus tollendam. Est etiam <Mt.> virga impugnationis et defensionis mundani auxilii, et haec non est tollenda, sed praesidio Domini committat se, qui debet studere conversioni populi". *Super Matthaeum* 10,10: Ed. Coloniensis Bd. XXI,1 (1987), S. 326,6–14. Vgl. Augustinus, Aurelius: *De consensu evang.m* II,30: Ed. Franciscus Weihrich, Wien 1903 (CSEL 43), S. 177,12–17, wo allerdings zu Mt. thematisiert wird (S.177,14–179,7) dass die Jünger nicht übermäßig um ihren Unterhalt besorgt sein sollen. Albertus geht darauf in der Folge (S. 326,51–75) ein.

175 „Complodere autem langunculas est castingando confringere corpora et in servitutem redigere; et micare lampadibus est miracula optimorum exemplorum adhibere; tuba sonare est verbum praedicationis clare proponere; et sic vincit gladius verbi Domini et praedicationis". A.a.O. S. 326,23–28.

176 „… arma defensionis, non impugantionis sunt contra eos qui nituntur subvertere fidem in plebe, postquam ad statum devenit". A.a.O. S. 326,41–44.

177 „Et ad hoc habet duos gladios Christi vicarius: unum, quo ferit, qui est spiritualis potestatis, et alterum, quo licet non feriat, tamen ad imperium eius exserendus est, ut feriat, et hunc habet ecclesiae advocatus vel officiatus. Sed his non potest uti, qui infideles studet convertere". A.a.O. S. 326,44–50. Der Darstellung des Papstes gleichsam als anordnender Richter und des christlichen Fürsten als ausführender Polizeichef werden wir bei Thomas von Aquin wiederbegegnen, siehe unten S. 106 f.

gründung für Sklaverei bzw. Knechtschaft (servitus). Der Knecht unterscheidet sich vom Herrn durch seine eingeschränkte Selbstbestimmung (facultas) und die ihm als Strafe auferlegte abhängige Arbeit[178]. Albertus operiert hier mit einem dreifachen Naturbegriff: <1> als von den Individuen einer Art geteilt: in dieser Hinsicht ist Knechtschaft nicht widernatürlich, sondern gegen den Status der Person. <2> als aus dem Natürlichen hervorgehend: und so gesehen ist Knechtschaft nicht natürlich. Schließlich <3> als zwar aus dem Natürlichen hervorgehend, aber in eine neben der Natur (praeter naturam) bestehende Ordnung übergehend: und so ist Knechtschaft natürlich als Folge von Schuld der Person[179]. Knechtschaft ist also als Schuldknechtschaft gerechtfertigt, eine nähere Begründung oder Beschreibung der Umstände fehlt allerdings. In der theologischen Summe, seinem Spätwerk, geht Albert bei der Erklärung der ‚Herrschaften' als eines Ranges der himmlischen Engelhierarchie auf den Gegenbegriff ‚Knechtschaft' (servitus) ein, den er wiederum dreifach – allerdings etwas anders unterscheidet: <1> Herrschaft und Knechtschaft verhalten sich als das Vollkommenere und das Unvollkommenere infolge der Verderblichkeit der Materie[180]. <2> Die „Knechtschaft der <Lebens-> Bedingung genannte, durch die ein Mensch einem anderen unterworfen ist, so dass er alle seine Handlungen und Besitztümer auf ihn bezieht und in seinem Namen handelt und hat, was immer er tut und besitzt … ist durch die Sünde entstanden"[181]. <3> Die dritte Art Knechtschaft ist direkte Folge der individuellen Sünde: „Jemand wird, wie <Johannes von> Damaskus sagt, durch eine Sünde von dem, was er seiner Natur nach ist, heruntergedrückt zu dem, was gegen die Natur ist, so dass er nicht mehr frei nach der Fähigkeit der Vernunft und des Willens handelt, sondern dass der verdammte Mensch das tut, wozu er durch die Last der Sünde heruntergedrückt wird"[182]. Diese Formulierung lässt an Mahatma Ghandis und Martin Luther Kings Appell an die

---

[178] *In IV Sent.* d. 36, a. 1, ad 1et 2 + ad. 3 (Anm. 168): Ed. Paris. Bd. 30 (1894), S. 369a-b. Für diese Ansicht werden nicht näher genannte ‚philosophi' angeführt (S. 369a).

[179] Ebd.

[180] *Summa theologiae* II, tr. 10, q. 39, membrum 2, a. 1, part. 1, sol.: Ed. Paris. Bd. 32 (1895); S. 451b. Die kurze Erwähnung bei Lauer (Anm. 169), S. 206, lässt den Zusammenhang und die Komplexität von Alberts Text nicht erkennen.

[181] „… quae dicitur servitus conditionalis, qua unus homo alteri subjicitur, ut omnes suos actus et possessiones ad illum referat, et nomine illius agat et possideat quidquid agit et possidet" … inductus est per peccatum". Ebd.

[182] „Deprimitur enim quis per peccatum, ut dicit Damascenus, ab eo quod est secundum naturam, in id quod est contra naturam, ut scilicet non libere agat secundum facultatem rationis et voluntatis, sed ut damnatus homo agat ea ad quae pondere peccati deprimitur". A.a.O.: S. 451b-452a.

Menschlichkeit ihrer Gegner als Strategie gewaltfreier Aktion[183] denken – und zeigt gleichzeitig einen Grund auf, warum dieser nicht selten an abgründiger Bosheit als tiefer Verstrickung scheiterte.

Wichtiger noch als durch seine Schriften wurde Albertus Magnus durch seine erfolgreiche praktisch-politische Aktivität als Friedensstifter und geschickter Vermittler zu diesem Zweck – eine Leistung, die auch auf dem Hintergrund seiner politischen Theorie zu sehen ist[184]. Entscheidend für den Verhandlungserfolg wurde Alberts Fähigkeit, die ‚essentials' der Konfliktgegner auf den Punkt zu bringen und in Kompromissvorschlägen so zu formulieren, dass keine Seite sich als Verlierer sehen musste[185].

Thomas von Aquin behandelt in der *Summa theologiae* den Frieden zusammen mit der Freude und der Barmherzigkeit als diejenigen Wirkungen des Hauptaktes der Liebe, die dem Menschen innerlich sind[186] – neben der Wohltätigkeit als äußerer Wirkung[187]. Dies scheint auf ein ganz verinnerlichtes Friedensverständnis hinzudeuten. Bereits der erste Artikel macht deutlich, dass es hier nicht um eine individualistische Konzeption geht: „es scheint, dass Friede und Eintracht dasselbe sind"[188]. Doch Friede ist mehr als Eintracht, als Ausrichtung verschiedener Personen auf ein gemeinsames Ziel ihres Strebens; „Friede besagt über diese Einigung hinaus die Einigung der verschiedenen Strebekräfte in ein und demselben Strebenden"[189]. Unter Berufung auf Augustinus wird festgestellt, dass jedes Strebende Frieden als Ziel seines Strebens will[190]. Friede ist sowohl äußerlich, als Einigung mit anderen, als auch innerlich, als ganzheitliche Ausrichtung, Wirkung der Liebe[191] und keine von ihr verschiedene Tugend[192].

---

183 Siehe Ebert, Theodor: Gewaltfreier Aufstand: Alternative zum Bürgerkrieg, Freiburg/Br. ²1969.

184 Schmidt, Hans-Joachim: Politische Theorie und politische Praxis: Albertus Magnus und die städtische Gemeinde, in: *Albertus Magnus: zum Gedenken nach 800 Jahren: neue Zugänge, Aspekte und Perspektiven*, Hrsg. Walter Senner [u. a.], Berlin 2001 (*Quellen und Forschungen zur Geschichte des Dominikanerordens*, N.F. 10), S. 343–357, hier S. 346 f.

185 Stehkämper, Hugo: Albertus Magnus und politisch ausweglose Situationen in Köln, in: *Albertus Magnus* (Anm. 184), S. 359–373; siehe auch Schmidt, H.-J., a.a.O, S. 353–357. Groten, Manfred: Albertus Magnus und der Große Schied (Köln 1258) – Aristotelische Politik im Praxistest, Münster Wf. 2011 (*Lectio Albertina* 12).

186 Aufgliederung IIaIIae q. 28, prol.; vgl. q. 29, a. 1. Diesen Grundansatz, Krieg im Rahmen der Frage nach Erlösung zu sehen, unterstreicht auch Russell (Anm. 122), S. 259.

187 IIaIIae q. 31–32.

188 „pax est idem quod concordia". IIaIIae q. 29, a. 1, arg. 1.

189 „… concordia importat unionem appetituum diuersorum appetentium; pax autem, supra hanc unionem, importat etiam appetituum unius appetetentis unionem". Loc cit., c. Übers. nach Heinrich Christmann in: *Deutsche-Thomas Ausgabe*, Bd. 17 A, Heidelberg [u. a.] 1959, S. 211.

190 A.a.O., q. 29, a. 2, co. Vgl. oben, S. 97.

191 A.a.O., q. 29, a. 3, co.

Krieg wird unter den der Liebe entgegengesetzten Lastern behandelt[193], als gegen den Frieden gerichtet, zusammen mit Zwietracht, Streit (in Worten) und näherhin <gewalttätigem> Zank und Aufruhr[194]. Auf der Grundlage von Isidor von Sevillas auf Cicero zurückgehender Definition: „gerecht ist ein Krieg, der auf Befehl der legitimen Macht geführt wird, um Verlorenes zurück zu gewinnen oder Feinde zurück zu schlagen"[195], werden die Aussagen Augustins zu den drei Kriterien für einen gerechten Krieg systematisiert: „Vollmacht des Fürsten, ... gerechter Grund ... rechte Absicht"[196]. Die klassisch gewordene Theorie des Thomas von Aquin wurde zur Grundlage späterer Lehren vom gerechten Krieg[197]. Sie ist bereits häufig Gegenstand von Untersuchungen und zusammenfassenden Darstellungen gewesen. Die bislang letzte von Gerhard Beestermöller[198] bietet eine Einordnung in die thomanische Systematik sittlichen Handelns als Heilsfürsorge und durch die Situierung in ihrem historischen Kontext eine überzeugende Lösung von Interpretationsschwierigkeiten. Thomas geht dennoch nicht von im neuzeitlichen Sinn souveränen Staaten aus, die keine Instanz über dem Fürstenwillen oder der eigenen Staatsraison anerkennen würden[199]. Für ihn ist die Kirche, letztlich der Papst, die moralische Autorität, die richterlich über die Konflikte zwischen den Fürsten entscheiden kann[200]. In der Konsequenz ist der gerechte Krieg zur Herstellung eines gerechten Friedens die bei Versagen friedlicher Mittel notwendige Erzwingung der Einhaltung gerechter Ordnung[201] – quasi eine Polizeiaktion, analog

---

[192] A.a.O., q. 29, a. 4, co.

[193] Aufgliederung *Summa theologiae* IIa IIae, q. 34, prol.

[194] Die Systematik wechselt von der Aufgliederung in *Summa theologiae* IIa IIae, q. 37, prol. (schisma, rixa, bellum) über die in q. 39, prol.: (schisma, rixa, seditio, bellum) bis zur Durchführung (schisma q. 39, bellum q. 40, rixa q. 41, seditio q. 42.). Den Gründen für diese, in der *Summa theologiae* ungewöhnliche Differenz kann hier leider nicht nachgegangen werden.

[195] „Iustum est bellum quod ex edicto geritur de rebus repetendis aut propulsandorum hostium causa" – rezipiert im *Decretum Gratiani*, Pars II, causa 23, q. 1, can. 2: *Corpus Iuris Canonici*, ed. Aemilius Friedberg, pars I, Lipsiae 1879, Sp. 891 f. *HWP* (Anm. 17) IV,1231, Anm. 8 zitiert nicht die Primärquelle sondern Reibstein, Erich: Völkerrecht, Bd. I *Von der Antike bis zur Aufklärung* (Freiburg/Br. 1957), S. 136, wo sich keine genaue Quellenangabe findet.

[196] *Summa theologiae* IIaIIae, q.40, a.1, c. Übers. nach Heinrich Christmann in: *Deutsche Thomas-Ausgabe*, Bd. 17B, Heidelberg [u. a.] 1966, S. 83–85.

[197] Russell (Anm. 122), bes. S. 289–291; Engelhardt (Anm. 119), S. 87–91.

[198] Gerhard Beestermöller, Thomas von Aquin und der gerechte Krieg, Köln 1990. Die Untersuchung ist auf die *Summa theologiae* begrenzt, was der Verf. S. 22–24, begründet.

[199] A.a.O., S. 25.

[200] A.a.O., S. 97–101 + 103–105.

[201] A.a.O., S. 88–92. Es geht Thomas an der von Beestermöller (Anm. 198, S. 89) angeführten Stelle (IaIIae, q.98, a. 1, co.) allerdings nicht um das öffentliche Ärgernis (scandalum) durch Störung des Friedens im Gemeinwesen (perturbare pacificum statum ciuitatis), sondern um

zur Verfolgung und Überwältigung von Gewaltverbrechern[202]. Der christliche Fürst wird dabei zum Exekutivorgan – dem Polizeichef vergleichbar[203], dessen Handeln von den Gesetzen, der Verhältnismäßigkeit der Mittel und den Anordnungen des Richters (des Papstes) geleitet wird. Diese Konzeption – so wenig sie als Beschreibung des tatsächlichen kriegerischen Verhaltens von Fürsten und einer etwa allseits anerkannten und befolgten Definitionsmacht des Papstes über Krieg und Frieden im 13. Jahrhundert gelten kann[204] – ist immerhin so realistisch, dass durchaus gesehen wird: nicht in jedem Fall sind die an sich gebotenen Maßnahmen auch mit begründeter Aussicht auf Erfolg durchsetzbar[205] und nicht unter allen Umständen gut: dann nämlich nicht, wenn durch sie größerer Schaden angerichtet als vermieden würde[206] oder wo Unschuldige in Mitleidenschaft gezogen würden[207].

Wenn wir auf die Bibelkommentare des Aquinaten schauen, finden wir ein lebendiges Interesse, eine Suche nach dem geistlichen Gehalt von Frieden – und das bei aller Betonung des Literalsinnes und Zurückhaltung vor überschäumender Allegorie, wie wir sie noch bei Albertus Magnus angetroffen haben[208]. Dies gilt bereits für den als Einführungsvorlesung entstandenen Hiob-Kommentar, aus dem hier lediglich die bereits aufgenommene Auslegungsspur wieder aufgenommen werden soll[209]. *Hiob* 22,21a las Thomas in der Pariser *Vulgata:* „Acquiesce ergo ei <scl.: Deo> et habeto pacem, et per hoc habebis fructus optimos“[210]. Er versteht es, wie seine Textvorlage nahelegt, ganz geistlich: <Eliphaz> „fügt … hinzu, als ob er sagen wolle, deswegen bist du aufgewühlt, weil du gegen Gott ankämpfen

---

die Gefährdung des zeitlichen Wohls (temporalis tranquilitas ciuitatis) und des ewigen Heils (felicitas aeterna). Zum komplexen heilsgeschichtlichen Hintergrund dieser Stelle vgl. Pesch, Otto H.: Das Gesetz, Heidelberg [u. a.] 1973 (*Deutsche Thomas-Ausgabe*, Bd. 13), S. 594 f.

202 A.a.O., S. 144–151.

203 A.a.O., S. 92–96 + 105–112. Carstens, R. W.: The medieval antecedents … (s. oben S. 51, Anm. 7) sieht eine Ambiguität in Thomas' Bestimmung des Verhältnisses zwischen weltlicher und geistlicher Gewalt. Was er nicht sieht ist, dass für Thomas im Unterschied zu den alten Griechen Friede der Norm(al)zustand ist und Krieg der Ausnahmezustand, in dem die kirchliche Autorität die verlorene Gerechtigkeit aufzeigen muss.

204 Diese Fragestellungen liegen außerhalb des Untersuchungsrahmens, auf den sich Beestermöller (Anm. 198) beschränkt.

205 A.a.O., S. 132 f.

206 A.a.O., S. 134 f.

207 A.a.O., S. 141–144. Waffen, die unvermeidlich ‚Kollateralschäden' an Nichtkombattanten und zivilen Einrichtungen verursachen, waren Thomas von Aquin unbekannt (ebd., S. 228).

208 Reyero, Maximino Arias: Thomas von Aquin als Exeget, Einsiedeln 1971; Torrell, Jean-Pierre: Magister Thomas, Freiburg/Br. 1995, S. 50.

209 Vgl. oben S. 92 f.

210 *Expositio super Iob ad litteram*, ed. Antoine Dondaine (ed. Leonina, t. 26), Rom 1965, S. 131, 1 f.

wolltest; und dadurch, nämlich durch den Frieden, durch den du mit ihm versöhnt wirst, wirst du die besten Früchte haben, so wie: was immer das Beste sein kann, wirst du gewissermaßen als Frucht dieses Friedens erlangen"[211]. Ein weiter Weg vom – auch und gerade für den biblischen Autor – abzulehnenden Handel mit Gott zur Gelassenheit in seinem Frieden!

Der Kommentar zum Propheten Jesaja, Thomas' erstes größeres Werk zur Bibel[212], enthält weitere Elemente einer Theologie des Friedens. Zu *Jes.* 2,4 schreibt er: Den Bekehrten verheißt Gott Frieden. Bewirkt wird dieser Friede durch das Gericht des Königs, Gottes, sein Zeichen ist, dass die Instrumente des Krieges, die Waffen, mit denen die Menschen sich gegenseitig umbringen, umgeschmiedet werden in die Instrumente des Friedens, mit denen sie die Erde behüten und bebauen. Die Frucht des Friedens ist die Überwindung der Feindschaft[213]. Der Friede der Heiligen in der Vollendung wird schön sein, weil er nicht geheuchelt sein wird, ungebrochen und erfüllt. Dreierlei lässt uns diesen Frieden erstreben: [1] die Sicherheit der Macht Gottes, auf die wir statt der trügerischen Sicherheit der Waffen fest vertrauen können; [2] die Reinheit des Gewissens, die wir finden, wo wir aus diesem Gottvertrauen leben; [3] die Überwindung aller Bosheit der Feindschaft, die Gott in uns bewirkt, wenn wir uns seiner Liebe in die Hand geben[214]. Das ist nicht bloß jenseitig: Aufgabe des Sämanns ist es, den Samen auszustreuen, wenn auch unter Tränen, wo nach rein irdischen Kriterien keine Hoffnung besteht, dass die Saat aufgeht. Gottes Werk ist das Wachsen, sein Wort wirkt; und wie lebendiges Wasser macht es die Wüste zum Quellgrund[215]. Im Vertrauen auf ihn finden wir den sicheren Weg des Friedens durch die Wüste[216].

Augustins Umschreibung des Friedens als „Ruhe der Ordnung" (tranquillitas ordinis) ist für Thomas – ohne ausdrückliche Nennung seiner Quelle – Ausgangspunkt seiner theologischen Reflexion über den Frieden im Kommentar zum Johannesevangelium: „Frieden hat, wessen Ordnung

[211] „... subdit ‚acquiesce ergo ei et habeto pacem', quasi dicat: propter hoc perturbatus es quia contra eum contendere voluisti: ‚et per hoc', scilicet per pacem qua ei reconciliaberis, ‚habebis fructus optimos', quasi dicat: quicquid optimum esse potest, quasi fructum huius pacis consequeris". A.a.O., S. 131, 232–236. Albertus Magnus betont in seinem, nach dem des Thomas und wahrscheinlich in seiner Kenntnis entstandenen Hiob-Kommentar zur Stelle stärker die Bußgesinnung, die zur Angleichung an Gottes Willen und schließlich zur Freude über ihre Früchte führt: Alberti Magni *Commentarii in Iob*, ed. Melchior Weiss, Freiburg/Br. 1904, S. 207a.

[212] Torrell (Anm. 208), S. 40–52 ff.

[213] *Expositio super Isaiam ad litteram*, 2,4: ed. Hyacinth-François Dondaine [u. a.], Rom 1974 (ed. Leonina, Bd. 28), S. 21,97–102.

[214] A.a.O., 32,17: S. 144,128–145,140.

[215] A.a.O., 35,6b-7: S. 153,42–51.

[216] A.a.O., 35,10: S. 154,61–68.

ungestört bleibt“[217]. Menschen sind in eine dreifache Ordnung eingebunden: <1> zu sich selbst, <2> zu Gott und <3> zu dem Nächsten[218]. Drei Seelenkräfte sind auf sie hinzuordnen: Verstand (intellectus), Wille (voluntas) und das sinnliche Strebevermögen (appetitus sensitivus)[219]. Um sie in Beziehung zu setzen, nimmt Thomas, jetzt ausdrücklich, Augustins Beschreibung des Friedens der Heiligen auf: „Friede ist die heitere Gelassenheit (serenitias) des Geistes, die Ruhe der Seele, die Einfalt des Herzens, das Band der Liebe (amoris), die Gemeinschaft der Liebe (caritatis)“[220]. Die Gelassenheit des Geistes bezieht sich auf den Verstand, die Ruhe der Seele auf das sinnliche Strebevermögen, die Einfalt des Herzens auf den Willen – dies alles im Menschen selbst, das Band der Liebe auf den Nächsten und die Gemeinschaft der Liebe auf Gott. Diesen umfassenden Frieden haben die Heiligen hier auf dieser Erde in unvollkommener Weise: „weil *wir* weder mit uns selbst, noch mit Gott, noch mit dem Nächsten Frieden ohne irgendeine Störung haben können. In Zukunft – gemeint ist: im Reich Gottes – werden *wir* ihn vollkommen haben, wenn wir ohne Feind herrschen werden und niemals in Uneinigkeit geraten können“[221]. Der plötzliche Wechsel von der dritten in die erste Person verrät: unter den ‚Heiligen‘ (sancti) versteht Thomas offenbar, paulinischem Sprachgebrauch folgend, die von Gott Erwählten allgemein. Die Friedensverheißung Gottes gilt sowohl für diese Zeit als auch für die Ewigkeit. Für diese Zeit enthält sie den Auftrag zur Gottes- und Nächstenliebe, für die Ewigkeit ist der Strom des Friedens, den Gott auf das himmlische Jerusalem leitet (*Jes.* 66,12), sein Geschenk[222]. Beide Weisen des Friedens kommen uns durch Christus zu, beide sind von ihm bewirkt. Der zukünftige ist auch sein Besitz, den er von Ewigkeit hat. Der gegen-

[217] „... aliqua dicuntur pacem habere quando eorum ordo inturbatus manet.“ *Super Evangelium S. Ioannis lectura, In Io.* 14,27: ed. Raphael Cai, Torino 1952, S. 368a, Nr. 1962.Vgl. Augustinus: *De civ.* XIX, 13: (Anm. 89) S. 678,1–679,12 ; siehe auch oben, S. 197.

[218] *Super Evangelium S. Ioannis* ... (Anm. 217), S. 368a.

[219] A.a.O.: S. 368a f.

[220] „Pax est serentias mentis, tranquillitas animae, simplicitas cordis, amoris vinculum, consortium caritatis“. A.a.O.: S. 368b, Nr. 1962 ; von CAI angegebene, so nicht verifizierbare Quelle : Augustins, Aurelius: *De Verbis Domini*, könnte sein : De sermone Domini I,2,9 : ed. Almut Mutzenbecher, Turnhout 1967 (CCL 35), : S. 6,112–125. Siehe auch oben, S. 97.

[221] „Hanc autem pacem hic sancti *habent* et *habebunt* in futuro; sed hic quidem imperfecte, quia nec ad noc nec ad Deum nec ad proximum pacem sine perturbatione aliqua *possumus habere*; sed in futuro *habebimus* eam perfecte, quando sine hoste *regnabimus:* ubi numquam *poterimus* dissentire (Hervorhebungen von mir W.S.). Ebd.

[222] Ebd.

wärtige ist Anfechtungen unterworfen, kann also nicht (ungetrübter) Besitz sein[223].

Der Friede der Heiligen (der Erwählten) unterscheidet sich vom Frieden, „wie die Welt ihn gibt“ (*Joh.* 14,27b), in drei wichtigen Bestimmungen: <1> „der Friede der Welt ist auf den ruhigen und friedlichen Genuss des Zeitlichen hingeordnet … der Friede der Heiligen auf die ewigen Güter[224]. Das Streben nach dem Frieden dieser Welt, dem ruhigen Besitz von Äußerlichem, kann die Form gemeinsam intendierter Sünde annehmen, und so „ist <2> der Friede der Welt vorgetäuscht, weil nur äußerlich .. der Friede Christi aber ist ein wahrer Friede, weil innerlich und äußerlich“[225]. Deswegen „ist <3> der Friede der Welt unvollkommen, weil er nur die äußerliche Ruhe des Menschen betrifft und nicht die innere“[226]. Auch wenn hier deutlich der Focus ein spiritueller ist, so ist der dabei entfaltete Friedensbegriff keineswegs ein bloß innerlicher, jenseitiger. Auch wenn der vollkommene, der ewige Friede hier und jetzt nicht möglich ist, steht der zeitliche nicht unverbunden neben ihm. In einem zu kurz greifenden Verständnis, in dem (zeitlicher) Friede nur als ungestörter Besitz und Genuss verstanden wird, als der trügerische Friede dieser Welt, und nicht als Aufgabe, als zeitlicher Friede der Heiligen (Erwählten), kann der wahre Friede nicht in den Blick kommen. Dieser besteht letztlich in der ewigen Gemeinschaft Gottes, hier und jetzt nicht in der Abwesenheit von Konflikten, die als Folge der Sünde das irdische Leben kennzeichnen, sondern daraus, aus der Verheißung des ewigen Friedens Frieden suchend und schaffend zu leben. Das geht über eine innerweltliche Perspektive hinaus; es ist aber keine Weltflucht, sondern Weltverantwortung – Antwort des Menschen auf Gottes Frieden.

Im Kommentar zum Epheserbrief (2,14) wird an den soeben dargelegten Vers aus dem Johannesevangelium (14,27) angeknüpft und der christozentrische Charakter des theologischen Friedensbegriffs unterstrichen: „was an Frieden in uns ist, ist von Christus verursacht, und in der Folge was an Annäherung, denn, wenn der Mensch mit dem Anderen befriedet ist, kann er sicher wandeln oder sich ihm nähern“[227]. Auch hier bedeutet der geistliche

[223] „Utraque pax … est Christi; … futura autem est eius ut auctoris et possessoris: nam ipsa semper habuit … Pax autem praesens …est cum contradictione aliqua: et ideo licet eam faciat, non tamen eam possidet. A.a.O.: S. 368b, Nr. 1963.

[224] „… pax mundi ordinatur ad quietam et pacificam fruitionem temporalium … pax sanctorum ordinatur ad bona aeterna“. A.a.O. 14,27b: S. 369a, Nr. 1964.

[225] “ … pax mundi est simulata, quia tantum exterius … pax vero Christi est vera, quiae est interius et exterius“. Loc. cit.: S. 369b, Nr. 1964.

[226] „… pax mundi est imperfecta, cum sit tantum quantum ad quietem exterioris hominis et non interioris“. Ebd.

[227] „… quidquid pacis est in nobis causatur a Christo, et per consequens quidquid appropinquationis, quia homo quando pacificatus est cum alio, secure potest ambulare seu appro-

Blickwinkel keineswegs, dass der konkrete Friede unter Menschen in dieser Welt aus dem Auge verloren würde: „et in terra pax"[228].

Einen Gedankengang, ähnlich dem von Herbert Grundmann aus Qumran-Texten erhobenen, finden wir in *Summa theologiae* $I^{a}II^{ae}$, q. 113, a. 2, co., wo Friede gnadentheologisch reflektiert wird: Gott schließt mit uns Frieden. „Dieser Friede besteht in der Liebe, mit der Gott uns liebt. Die Liebe Gottes aber ist hinsichtlich des göttlichen Handelns ewig und unwandelbar; hinsichtlich der Wirkung jedoch, die sich uns einprägt, wird sie bisweilen unterbrochen, insofern wir von ihr abfallen und sie wieder erwerben. Nun ist die Wirkung der göttlichen Liebe in uns … die Gnade, durch die der Mensch des Ewigen Lebens … würdig wird. Und darum könnte die Nachlassung der Schuld nicht verstanden werden, wenn nicht die Eingießung der Gnade dabei wäre"[229]. Wir müssen uns hier vor dem Missverständnis hüten, als bedeute ‚wieder erwerben' (recuperamus) etwas, wozu der Mensch aus sich, ohne Gottes Gnade imstande wäre. Dies sichergestellt (non possit intelligi … nisi adesset infusio gratiae), können wir sehen, dass das Bewegende bei Thomas nicht etwa ein Nachlassen von Gottes Zorn ist, sondern seine konstante Liebe, sein auch den Sündigen nicht aufgebender Heilswille für uns Menschen, dem sich bisweilen unser sündiges, aus blinder Begierde für etwas Partielles erwachsendes nicht-heil-sein-Wollen entgegenstellt. Wirklich Gott schaden kann der sündigende Mensch nicht – nur sich selbst. ‚Beleidigung Gottes' ist also als eine anthropomorphe Metapher zu verstehen[230] – in der Konsequenz der menschlichen Freiheit, die auch zur Todsünde missbraucht werden kann, nicht im Zorn eines nachtragenden Gottes, liegt die Gefahr ewiger Verdammnis und Friedlosigkeit.

Die antike Sklaverei, durch die Personen als veräußerbares Eigentum ohne eigene Rechtsfähigkeit anderer oder einer Institution galten, bestand nicht nur im Orient sondern auch im Okzident über das Mittelalter hinaus fort – wenn auch seit in etwa dem 10. Jahrhundert im West- und Mittel-

---

pinquare ad ipsum" *Super Epistolas S. Pauli Lectura, Ad Eph.* 2,14: ed. Raphael CAI, vol. II, Torino [8]1953, S. 28b – 29a, Nr. 111.

[228] Ebd.; auch *Lk.* 2,14.

[229] „… secundum hoc peccatum nobis remitti dicitur, quod Deus nobis pacatur. Quae quidem pax consistit in dilectione qua Deus nos diligit. Dilectio autem Die, quantum est ex parte actus divini, est aeterna et immutabile: sed quantum ad effectum quem nobis imprimit, quandoque interrumpitur, prout scilicet ab ipso quandoque deficimus, et quandoque iterum recuperamus. Effectus autem divinae dilectionis in nobis … est gratia, qua homo fit dignus vita aeterna, a qua peccatum mortale excludit. Et ideo non posset intelligi remissio culpae, nisi adesset infusio gratiae". Die deutsche Übersetzung ist, bis auf die Auslassung von Wiederholungen, die der *Deutschen Thomas-Ausgabe*, Bd. XIV, Heidelberg 1955, S. 173.

[230] Pesch, Otto H.: Die Theologie der Rechtfertigung bei Martin Luther und Thomas von Aquin, Mainz 1967, S. 590.

europa selten geworden[231]. Stattdessen hatten sich neue, regional unterschiedliche Formen beschränkter Freiheit entwickelt, die in der Geschichtswissenschaft meist mit den Sammelbegriff ‚(Grund-) Hörigkeit'[232] und ‚Leibeigenschaft'[233] benannt werden. Im Mittellatein wurde dafür, besonders in theologischen Texten, häufig pauschal der Begriff ‚servitus' verwendet[234]. Auch wenn es nicht voll befriedigend ist, ist es m. E. zutreffender mit etwas breiterer Wortbedeutung von ‚Knechtschaft' zu sprechen, statt von ‚Sklaverei'. Die terminologische Unschärfe ist zu beachten, wenn wir die Verwendung durch Thomas von Aquin in den Blick nehmen. Das Wort ‚servitus' kommt dort noch nicht einmal vor, wo in der *Summa theologiae* grundsätzliche Rechtsfragen besprochen werden (II^{a}II^{ae} q. 57), darunter die Rechtsverhältnisse von Personen untereinander (a. 4). Dabei wird die Frage gestellt, ob ein ‚Vaterrecht' (ius paternum) und ein ‚Beherrschungsrecht' (ius dominativum) von dem allgemeinen Verhältnis unter Personen als gleichen unterschieden wurden muss. Während unter Berufung auf ‚den Apostel' (*Eph.* 5,28) „die Ehefrau, auch wenn sie etwas vom <Ehe->Mann ist, weil er mit ihr verglichen wird, wie mit seinem eigenen Leib"[235], stellt in höherem Maß ein eigenes Rechtssubjekt dar als ein Kind oder ein Knecht. Dieses ist

[231] Ehrhardt, Harald [u. a.]: Sklaverei, in: *Lexikon des Mittelalters* VII, München 1995, Sp. 1977–1987. Brett, Stephen F.: Slavery and the Catholic tradition: rights in the balance, New York [e. a.] 1994 (*American university studies* V,157), über Thomas von Aquin: S. 3–91. Köhler, Theodor W.: Gleiche Menschennatur – naturgegebene soziale Unterschiede: die Rezeption der aristotelischen Lehre vom physei doulos, in: *Politischer Aristotelismus und Religion in Mittelalter und Früher Neuzeit*, hrsg. Alexander Fidora [u. a.], Berlin 2007 (*Wissenskultur und Gesellschaftlicher Wandel* 23), S. 47–64, in dieser materialreichen Studie wird leider das hermeneutische Problem der Interpretation von Aristoteleskommentaren nicht berücksichtigt, dazu siehe auch: Thomas und die Politik …, oben, S. 56 f.

[232] Rösener, Werner: Hörige, Hörigkeit, in: *Lexikon des Mittelalters* V, München 1991, Sp. 125 f.

[233] Goetz, Hans-Werner: Leibeigenschaft, in: *Lexikon des Mittelalters* V, Sp. 1845–1848.

[234] Ducange, Carolus du Fresne: *Glossarium mediae et infimae Latinitatis*, Bd. VI, Nachdr. d. Ausg. durch Léopold Favre, Paris 1887, Graz 1954, S. 454b-c, mit Beispielen dass ‚servitus' auch eine zu erfüllende Aufgabe bedeuten kann. Blaise, Albert: Lexicon Latinitatis medii aevi, Turnhout 1975, S. 843a, und Niermeyer, Jan F. & Vandekieft, Co V [u. a.]: *Mediae Latinitatis lexicon minus*, Bd. II, Leiden ^{2}2002, S. 1261b f., machen darauf aufmerksam dass auch Lehnsabhängigkeit eines Vasallen ‚servitus' genannt werden konnte.

[235] „Uxor autem, quamvis sit aliquid viri, quia comparatur ad eam sicut ad proprium corpus, ut patet per Apostolum, ad Ephesios 5, tamen magis distinguitur a viro quam filius a patre vel servus a domino: assumitur enim in quandam socialem vitam matrimonii". *S. th.* IIaIIae q. 57, a. 4, co: Ed. Leonina IX, Rom 1897, S. 7a. Die obige Übersetzung erscheint mir dem Bibelzitat und dem Thomas-Text mehr zu entspechen als Heinrich Christmann: „Die Gattin aber, obgleich sie etwas ist, das dem Mann gehört, weil sie sich zu ihm verhält als zu ihrem eignen Leibe". *Deutsche Thomas-Ausgabe*, Bd. 18: *Recht und Gerechtigkeit*, Heidelberg [u. a.] 1953, S. 15. In seiner Anmerkung zur Stelle verweist Arthur F. Utz auf den Vertragscharakter der Ehe: a. a. O. S. 408, Anm. 7.

ganz dem Vater untergeben, jener dem Herrn[236]. In der Antwort auf das erste Argument, Recht stehe jedem gleicherweise zu, stellt Thomas fest: „so gibt es im eigentlichen Sinne keine Gerechtigkeit des Vaters dem Sohne oder des Herrn dem Knechte gegenüber“[237]. Bereits in der Antwort zum nächsten Argument wird das teilweise zurückgenommen: „Insofern der Sohn Sohn ist, ist er etwas vom Vater; ebenso ist der Knecht, insofern er Knecht ist, etwas vom Herrn. Insofern jedoch ein jeder als Mensch betrachtet wird, ist er etwas für sich Bestehendes und von anderen unterschieden. Und deshalb gibt es ihnen gegenüber, insoweit ein jeder der beiden Mensch ist, irgendwie auch Gerechtigkeit“[238].

Bei der Behandlung des Gehorsams als Tugend ($II^{a}II^{ae}$ q. 104) stellt Thomas zunächst allgemein fest, dass es eine Gehorsamspflicht von Untergebenen gegenüber Vorgesetzten gibt (a. 1, co.), die allerdings nicht das eigene Gewissensurteil ersetzt (ad 1). Allein Gott ist in allem zu gehorchen (a. 5, ad 2). Aus der grundsätzlichen Überlegung, dass „wer gehorcht, wird auf die Anweisung eines Befehlenden kraft einer der Gerechtigkeit inneren Notwendigkeit bewegt“[239], werden zwei Einschränkungen der Gehorsamspflicht formuliert:

---

[236] „… ut Philosophus dicit, inter virum et uxorem plus est de ratione iusti quam inter pater et filium, vel dominum et servum“ Ebd. Während Thomas lediglich auf den ‚Philosophus‘ verweist gehen die Quellenangaben der verschiedenen Ausgaben weit auseinander: Ed. Leonina, a. a. O. hat „*Ethic.* Lib. V, c. 6“; es handelt sich offenbar um1131a14–18, wo Aristoteles vom Gleichen schreibt, auf das Gerechtigkeit anzuwenden ist. Nur in seinem Kommentar zur Stelle (nach seiner Zählung V,4: Ed. Leonina, Bd. XLVII,2, Rom 1969, S. 277,125–159, wendet Thomas das auf Personen an, nicht aber explizit auf das Verhältnis zwischen Eheleuten. In der Ottawa-Ausgabe findet sic VI,4: 1134a26 (= V,11), eine Stelle zur Lebensgemeinschaft unter Gleichen. Die Deutsche Thomas-Ausgabe gibt V,10: 1134b15 (= V,11) an, wo es um die nach dem Gesetz Gleichen geht. Brett (Anm. 231), S. 195, schließlich lässt Thomas sich auf „Aristotle’s *Politics* (I,2: 1253b28<-33>, 1254a14<-19>)“ berufen, wo im Text des Stagiriten und im Kommentar des Aquinaten (Ed. Leonina, Bd. XLVIII, Rom 1971, S. A84,201–232) es um den Sklaven als ‚beseeltem Werkzeug‘ geht. Keiner der Quellenverweise liegt völlig daneben, aber auch keiner trifft genau zu. Die Eigenart des aristotelischen ‚beseelten Werkzeugs‘ erläutert Köhler (Anm. 231), S. 49–53.

[237] „… non est proprie iustitia patris ad filium, vel domini ad servum“. (Anm. 235) Ed. Leonina Bd. IX, S. 7b; *Deutsche Thomas-Ausgabe* S. 16.

[238] „… filius inquantum filius est aliquid patris; et similiter servus inquantum servus est aliquid domini. Uterque tamen prout consideraturut quidam homo, est aliquid secundum se subsistens ab aliis distinctum. Et ideo inquantum uterque est homo, aliquo modo ad eos est iustitia“. Ebd.

[239] „… obediens movetur ad imperium praecipientis quadam necessitate iustitiae“. *S. th.* IIaIIae q. 104, a. 5, co.: Ed. Leonina Bd. IX (Anm. 235), S. 390a; *Deutsche Thomas-Ausgabe* Bd. 26, Heidelberg 1943, S. 58.

1. „Wenn das Gebot einer höheren Macht vorliegt … wenn der Kaiser etwas gebietet und Gott etwas anderes, ist unter Missachtung des ersteren Gott zu gehorchen"[240].

2. „Andererseits ist der Untergebene seinem Vorgesetzten nicht zum Gehorsam verpflichtet, wenn dieser ihm etwas befiehlt, worin er ihm gar nicht untersteht"[241].

Was äußerliche, körperliche Handlungen angeht, gibt es Vorgesetzten gegenüber eine Gehorsamspflicht, nicht aber für das innerliche Denken. Doch auch in dem, „was die Natur des Körpers betrifft", gibt es Grenzen, „denn alle Menschen sind von Natur aus gleich. … Wo es daher um das Eingehen der Ehe oder die Bewahrung der Jungfräulichkeit geht, sind weder Knechte ihren Herren noch Kinder ihren Eltern zum Gehorsam verpflichtet[242]. Es gibt also den Bereich der Gewissensentscheidungen, den kein Unterstellungsverhältnis und auch Unfreiheit nicht antasten darf. Mutig hat das Josef Endres in seinem Kommentar im Rahmen der *Deutschen Thomas-Ausgabe* benannt: „Die im Bereich der Zweitursachen liegenden Beweger sind in ihrer Tätigkeit begrenzt und fehlbar. Von einer uneingeschränkten Befehlsgewalt <des Staates> einerseits und einer uneingeschränkten Gehorsamspflicht andererseits kann darum keine Rede sein"[243] – und das 1943!, als ein maßloser Gewaltherrscher durch Terror blinden Gehorsam im totalen Krieg einforderte.

Das Problem, das Aristoteles mit Sklaverei als Folge von Gefangennahme, auch von Nicht-Kämpfern im Krieg hatte[244], spiegelt sich im Politik-Kommentar des Aquinaten – der jedoch nicht vorschnell als seine eigene Lehre betrachtet werden darf[245]. Auch wenn die prinzipielle Gleichheit aller Menschen mehrfach in seinen Erörterungen durchscheint bleibt der Aquinate ein Kind seiner Zeit und rennt nicht frontal gegen die Unfreiheit einschließenden Gesellschaftsstrukturen an.

Fünfhundert Jahre später war Immanuel Kant der erste, der als Ergebnis seiner Reflexion Frieden als unbedingtes Postulat der moralisch-praktischen

---

240 „Uno modo propter praeceptum maioris potestatis … Ergo si aliud imperator, aliud Deus iubeat, contempto illo, obtemperandum est Deo". Ebd.

241 „Alio modo non tenetur inferior suo superiori obedire, si ei aliquid praecipiat in quo ei non subdatur". Ebd.

242 „In quibus tamen etiam secundum ea quae ad naturam corporis pertinet, homo homini obedire non tenetur, sed solum Deo, quia homines natura sunt pares … Unde non tenentur nec servi dominis, nec filii parentibus obedire de matrimonio contrahendo vel virginitate servanda, aut aliquo alio huiusmodi". A.a.O.: Ed. Leonina S. 390b; *Deutsche Thomas-Ausgabe* S. 59 f.

243 *Deutsche Thomas-Ausgabe* (Anm. 239), Kommentar zu IIaIIae, q. 104, a.5: S. 383.

244 Besonders *Pol.* I,6 (4): 1255a28–30, siehe oben, S. 82 u. S. 84.

245 Wie es Russell (Anm. 122), S. 279 f, unterläuft. Vgl. *Sent. Pol.* I,4 (Anm. 165): S. A92,150–161.

Vernunft begriff[246]. Er war sich darüber im Klaren, dass „der ewige Friede (das letzte Ziel des gesamten Völkerrechts) freilich eine unausführbare Idee <ist>. Die politischen Grundsätze aber, die darauf abzwecken … zur kontinuierlichen Annäherung zu demselben <zu> dienen, sind es nicht"[247]. Er leitete daraus konkrete politische Forderungen ab, die im Rahmen des ‚ançien régime' nicht umsetzbar waren: republikanische Verfassung aller Staaten, ein auf gleichberechtigtem Zusammenwirken aller Staaten aufgebautes Völkerrecht, Interventionsverbot, Abschaffung der stehenden Heere[248]. Allerdings findet sich auch bei Kant die seinerzeit und auch noch hundertneunundvierzig Jahre später gängige Vorstellung von einer sittlich läuternden Kraft des Krieges[249].

Für Carl von Clausewitz ist Krieg ein Akt der Gewalt, um den Gegner zur Erfüllung des eigenen Willens zu zwingen[250]. Er ist damit ein Instrument der Politik, deren Zielen die Kriegsführung unterzuordnen ist[251]. Das Ziel ist, den Gegner dazu zu bringen, dass er den Krieg nicht fortsetzen kann[252]. Nur eine Minderheit des deutschen Offizierskorps, aber immerhin sie, hat sich mit dieser Schulung im Hintergrund den maßlosen Prätentionen Hitlers widersetzt.

Karl Marx hat bereits in seinen Frühschriften das Paradigma von Gewalt und Krieg als „treibende[n] Kraft der Geschichte"[253] und die implizite Rückführung des Staates auf den ‚Kriegs- oder Notzustand' in Hegels Rechtsphilosophie kritisiert[254]. „Die Geschichte aller bisherigen Gesellschaft" ist in seiner, zusammen mit Friedrich Engels aus diesem kritischen

[246] „Nun spricht die moralisch-praktische Vernunft in uns ihr unwiderstehliches Veto aus: ‚es soll kein Krieg sein'". Metaphysik der Sitten, *Rechtslehre* §62: *Werke, Studienausg.*, hrsg. Wilhelm Weischedel, Bd. IV, Wiesbaden 1956, S. 478.

[247] A. a. O., § 61: S. 474.

[248] Zum ewigen Frieden (1795): *Werke* (Anm. 246), Bd. VI, S. 195–251.

[249] „Selbst der Krieg, wenn er mit Ordnung und Heiligachtung der bürgerlichen Rechte geführt wird, hat etwas Erhabenes an sich, und macht zugleich die Denkungsart des Volkes … nur umso erhabener, je mehreren Gefahren es ausgesetzt war, und sich mutig darunter hat behaupten können". Kritik der Urteilskraft § 28: *Werke* (Anm. 246), Bd. V, S. 351.

[250] Vom Kriege, Berlin [18]1973, S. 198–200.

[251] A.a.O., S. 210.

[252] A.a.O., S. 229.

[253] Die deutsche Ideologie: *Marx-Engels Gesamtausgabe* (in der Folge: *MEGA*), Bd. 1, Berlin 1932, S. 15.

[254] Zur Kritik der Hegelschen Rechtsphilosophie, Zu § 278: *MEGA* 1, S. 41. Auf Hegels Behandlung von Frieden und Krieg, besonders auf seine Dialektik von Herr und Knecht, die für Marx' Konzeption der historischen Mission der Arbeiterklasse bei der Überwindung antagonistischer Konflikte grundlegend geworden ist, kann hier leider nicht eingegangen werden.

Impuls entwickelten Theorie zwar „die Geschichte von Klassenkämpfen“[255], aus denen dann letztlich auch die Kriege zu erklären sind, aber das bedeutete nicht, dass dies für alle Ewigkeit so bleibe. Bereits in den *Ökonomisch-philosophischen Manuskripten* von 1844 schreibt er in analoger Weise vom ‚industrielle<n> Krieg‘[256], vom „feindlichen Gegensatz der <wirtschaftlichen> Interessen“, in der bourgeoisen Nationalökonomie „die Grundlage der gesellschaftlichen Organisation“[257]. In *Die deutsche Ideologie* von 1845/46 sprechen Karl Marx und Friedrich Engels dann von dem „beständige<n> Krieg, der … von den Arbeitern gegen die Bourgeois mit Gewalt und List geführt wird“[258]. Im „Manifest der kommunistischen Partei“ wird daraus abgeleitet, die Bourgeoise sei „unfähig zu herrschen, weil sie unfähig ist, ihrem Sklaven <dem Proletarier> die Existenz selbst innerhalb seiner Sklaverei zu sichern“[259]. Dieser Widerspruch untergräbt nicht nur die kapitalistischen Eigentumsverhältnisse, er führt zur proletarischen Revolution, die nicht – wie bisherige Revolutionen – die Ersetzung einer herrschenden Klasse durch eine andere bedeutet, sondern das Ende der Herrschaft von Menschen über Menschen überhaupt: „Wenn das Proletariat im Kampfe gegen die Bourgeoisie sich notwendig zur Klasse vereint, durch eine Revolution sich zur herrschenden Klasse macht und als herrschende Klasse gewaltsam die alten Produktionsverhältnisse aufhebt, so hebt es … die Klassen überhaupt, und damit seine eigene Herrschaft als Klasse auf“[260]. Das gilt zunächst jeweils auf der nationalen Ebene, hat aber internationale Folgen: „Mit dem Gegensatz der Klassen im Inneren der Nation fällt die feindliche Stellung der Nationen gegeneinander“[261]. Dies ist dann unausgesprochen der endzeitliche Friede; er kann aber nur durch Gewalt erreicht werden[262].

Sowohl Karl Marx als auch – und besonders – Friedrich Engels haben sich häufig publizistisch zu Kriegen geäußert. Die umfangreichste Serie ist dabei Engels' *Notes on the war* <in France>, vierzig fortlaufend nummerierte Artikel und achtzehn mit Einzeltiteln versehene Betrachtungen[263], die zwi-

---

[255] Manifest der kommunistischen Partei, zit. nach d. Ausg. durch Friedrich Engels, London 1890, S. 3.

[256] *MEGA* 1, S. 31.

[257] *MEGA* 1, S. 66. Ders.: Die heilige Familie oder Kritik der kritischen Kritik, Frankfurt/M. 1845, S. 237.

[258] *MEGA* 1, S. 343.

[259] Manifest (Anm. 255), S. 23.

[260] A.a.O., S. 40.

[261] A.a.O., S. 35.

[262] „Die Kommunisten verschmähen es, ihre Ansichten und Absichten zu verheimlichen. Sie erklären es offen, dass ihre Zwecke nur erreicht werden können durch den gewaltsamen Umsturz aller bisherigen Gesellschaftsordnung“. A.a.O., S. 62.

[263] Besonders deutlich wird das in dem Artikel „Des Kaisers Verteidigung“ *MEW* 17 (Berlin ^{8}1983), S. 161–166.

schen dem 19. Juli 1870 und dem 18. Februar 1871 in der Londoner *Pall Mall Gazette* erschienen[264]. Engels zeigt hier seine umfangreichen militärischen Kenntnisse – derentwegen er im Freundeskreis auch ‚der General' genannt wurde – und prognostiziert die strategische Entwicklung im Wesentlichen zutreffend. Während er für Kaiser Napoleon III. keinerlei Sympathie empfand, lässt sich deutlich spüren, wie er der auf dessen Gefangennahme in Sedan folgenden französischen Republik den Sieg wünscht – möglichst durch einen Volks- (wir würden heute sagen: Partisanen-) krieg[265]. Noch nicht einmal die – von ihm contre coeur vorausgesagte[266] – katastrophale Niederlage der französischen Ostarmee hielt ihn davon ab, mit deutlich empfehlendem Charakter über die Möglichkeiten zur Fortsetzung des Krieges zu reflektieren[267]. Eine entwickelte oder auch nur skizzierte Theorie von Krieg und Frieden ist in diesen Zeitungsartikeln allerdings nicht zu finden – und kann auch angesichts des literarischen Genres nicht erwartet werden.

In dieser Hinsicht ergiebiger ist die von Marx konzipierte *Erste Adresse des Generalrats* <der Internationalen Arbeiterassociation> *über den Deutsch-Französischen Krieg*[268]. Nach einer Schilderung der kriegstreiberischen Politik Napoleons III. und der Opposition der französischen Sektion der Internationale gegen sie wird der Friedenswille der deutschen Arbeiterklasse unterstrichen und die Gefahr einer russischen Intervention angerissen. Das historisch beispiellose Phänomen der Arbeitersolidarität über die Fronten hinweg eröffnet die Aussicht: „dass, möge der bevorstehende scheußliche Krieg endigen, wie er will, die Allianz der Arbeiter aller Länder schließlich den Krieg ausrotten wird … eine neue Gesellschaft entsteht, deren internationales Prinzip der Friede sein wird, weil bei jeder Nation dasselbe Prinzip herrscht – die *Arbeit*"[269].

Im *Kapital* findet sich Krieg nur am Rande im Hinblick auf seine ökonomischen Auswirkungen behandelt: unproduktive Kosten[270] und Hemmung der Warenzirkulation[271], vor allem aber – die durch Kriege beschleunigte Verarmung der Plebejer und Bauern, deren Reproduktion – der

[264] Dt. Über den Krieg, in: *MEW* 17, S. 9–264.

[265] Zur Legitimierung der ‚Franktireurs' (Partisanen) greift er auf den Organisator des preußischen Befreiungskrieges gegen die Herrschaft Napoleons, Neithart von Gneisenau, zurück. *MEW* 17, S. 205 f.

[266] *MEW* 17, S. 249.

[267] Die militärische Lage in Frankreich, a. a. O., S. 257–260.

[268] A.a.O., S. 3–8.

[269] A.a.O., S. 7.

[270] Bd. III, Kap. 26: *MEW* 25 (Berlin 1949), S. 439; Kap. 35: S. 597–599.

[271] Bd. III, Kap. 6: *MEW* 25, S. 137.

Verkauf ihrer Arbeitskraft bzw. Arbeitsfrüchte – durch den erzwungenen Kriegsdienst verhindert wird[272].

Die Theorie des ‚imperialistischen Krieges' ist von Wladimir I. Lenin entwickelt worden – auch wenn der Begriff bereits von Rosa Luxemburg in der unter dem Pseudonym ‚Junius' verfassten Broschüre *Die Krise der Sozialdemokratie* als Kennzeichnung des Ersten Weltkriegs verwendet worden ist[273]. Seine grundsätzliche Haltung legte er 1917 so dar: „Erstens waren die Sozialisten niemals und können niemals Gegner revolutionärer Kriege sein. … Zweitens Bürgerkriege sind auch Kriege … Drittens schließt der in einem Lande siegreiche Sozialismus keineswegs mit einem Male alle Kriege überhaupt aus. Im Gegenteil, er setzt solche voraus. … [Der Sozialismus] wird zuerst in einem oder einigen Ländern siegen … Das muß … direktes Streben der Bourgeoisie anderer Länder erzeugen, das siegreiche Proletariat des sozialistischen Staates zu zerschmettern. In solchen Fällen wäre ein Krieg unsererseits legitim und gerecht"[274]. In der Situation, nach der Oktoberrevolution Deutschlands harte Friedensbedingungen akzeptieren zu müssen, damit der Sowjetstaat etabliert und aufgebaut werden konnte, argumentierte Lenin: „Die Geschichte lehrt uns, dass der Frieden eine Atempause für den Krieg ist, der Krieg aber ein Mittel, einen halbwegs besseren oder schlechteren Frieden zu bekommen"[275]. In der von ihm vorbereiteten Resolution heißt es dann: „Die historische Unvermeidbarkeit solcher Angriffe <der imperialistischen Staaten> kann … zu neuen imperialistischen Angriffskriegen gegen die sozialistische Bewegung überhaupt, gegen die Russische Sozialistische Sowjetrepublik im besonderen führen. … Der Parteitag sieht die sicherste Garantie für die Festigung der sozialistischen Revolution, die in Rußland gesiegt hat, nur in ihrer Umwandlung in eine internationale Arbeiterrevolution"[276]. Das führte Lenin zu der im Marxismus-Leninismus klassisch gewordenen Beurteilung: „Wenn die Klasse der Ausbeuter einen Krieg führt, um ihre Herrschaft als Klasse zu stärken, so ist das ein verbrecherischer Krieg … Wenn das Proletariat, das bei sich die Bourgeoisie besiegt hat, einen Krieg führt zur Stärkung und Entwicklung des Sozialismus, dann ist dieser Krieg berechtigt und ‚heilig'"[277].

Auch Ernst Thälmann – um nur den wichtigsten deutschen Politiker aus der Kommunistischen Partei der Zwischenkriegszeit zu nennen, war von

[272] Bd. I, Kap. 24: *MEW* 23 (Berlin 1947), S. 559; Bd. III, Kap. 36: *MEW* 25, S. 612.

[273] Zürich 1916.

[274] Das Militärprogramm der Proletarischen Revolution: *Werke*, Bd. 23, Berlin 1957, S. 72–74.

[275] Referat über Krieg und Frieden auf dem 7. Parteitag der KPR: *Werke*, Bd. 27, Berlin 1960, S. 93.

[276] A.a.O., S. 105 f.

[277] Lenin, Wladimir I.: Über ‚linke' Kinderei und Kleinbürgerlichkeit: *Werke*, Bd. 27, S. 324.

einer militaristischen Rhetorik nicht frei: „Wenn wir die Schanzen und Festungen der Bourgeoisie zerschmettern und wenn eine zweite Rote Armee in der Welt sich organisiert, so wird das Weltproletariat in der Revolution den Sieg über den Weltkapitalismus erringen“[278]. Dahinter steckte jedoch nicht nur eine emphatische Redeweise, sondern die Überzeugung, dass die Weltrevolution als eine Art von mit Waffengewalt ausgetragener Weltbürgerkrieg unvermeidlich sei. Auf diesem Hintergrund ist es zu verstehen, wenn Thälmann von „einem Nebel pazifistischer Phrasen“ spricht, „der die Massen des deutschen Proletariats einzuschläfern versuchte“[279]. Die ultimative Verheißung war aber nicht die Weltrevolution, sondern die durch sie heraufzuführende klassenlose Gesellschaft, in der Krieg endgültig überwunden ist. Ausgehend von Lenin wollten die Chefideologen der sozialistischen Länder diese Vision einer kommunistischen Gesellschaft und eines dauernden Friedens in ihr ausdrücklich nicht als Utopie verstanden wissen[280]. Friede ist keine Verheißung von Zukünftigem, sondern schon im und durch den ‚real existierenden Sozialismus‘ durchgesetzt: „Frieden <ist> dem Kommunismus, und seiner ersten Phase dem Sozialismus, immanent ... die notwendige Folge des gesellschaftlichen Eigentums an den Produktionsmitteln“[281]. „Ist der Krieg eine gesetzmäßige Erscheinung der Klassengesellschaft und folglich ein Ziel der Bestrebungen der Ausbeuterklassen zur Sicherung und Erweiterung ihrer Macht, so ist der Frieden eine gesetzmäßige Erscheinung des Kommunismus und Ziel des Kampfes der Arbeiterklasse“[282]. Der wahre, progressive Friede ist nur im sozialistischen Lager zu finden; Kapitalismus bedeutet Krieg – und wenn scheinbar nicht, dann gilt: Friede dient in der Klassengesellschaft der Kriegsvorbereitung und kann deshalb reaktionär sein„[283]. Doch dieser ‚repressive Friede‘, der ‚kalte Krieg‘ führt zu Gegendruck: „Im Imperialismus wird notwendig, gesetzmäßig neben der Tendenz zum Krieg die Tendenz zum Kampf gegen den Krieg, für den Frieden erzeugt“[284].

---

[278] Rede anlässlich der Ernennung zum Ehrensoldaten der Roten Armee, 27. November 1926, in: Thälmann, Ernst: Über proletarischen Internationalismus: Reden und Artikel, Leipzig 1977, S. 40 f., hier: 41.

[279] Die ‚Rote Fahne‘ gegen den imperialistischen Krieg! In: *Die Rote Fahne*, Nr. 273, 18.11.1928, abgedr., in: *Internationalismus* (Anm. 278), S. 96–98, hier: S. 97.

[280] Saage, Richard: Politische Utopien der Neuzeit, Darmstadt 1991, S. 333, spricht von einer Art Bilderverbot und zeigt auf (bes. S. 234–239), wie es auch hier mit zeitgenössischen Utopien gemeinsame Strukturelemente gibt.

[281] *Phil. Wb.* I (Anm. 91), S. 429a.

[282] A.a.O., S. 429a f.

[283] A.a.O, S. 430a.

[284] Ebd.

Auf dieser Grundlage war eine Bejahung der ab Ende der 1870er Jahre international stark gewordenen Friedensbewegung nur als Versuch von deren Vereinnahmung und Einordnung möglich: „Das qualitativ Neue der modernen Weltfriedensbewegung besteht darin, dass sich in dieser unter Führung der Arbeiterklasse alle Friedenskräfte, unabhängig von ihrer Hautfarbe oder weltanschaulichen und politischen Haltung vereinigt und organisiert haben, mit dem Ziel, durch den Kampf aller Friedenskräfte in der Welt das Verbot der Kernwaffenversuche und die vollständige und allgemeine Abrüstung der Staaten zu erwirken, den Krieg aus dem Leben der Völker auszuschalten, die friedliche Koexistenz durchzusetzen und die Völker einem dauernden Frieden entgegenzuführen“[285]. „Der Marxismus-Leninismus als wissenschaftliche Weltanschauung der revolutionären Arbeiterklasse ist dabei das entscheidende theoretische Fundament einer erfolgreichen Strategie und Taktik des internationalen Kampfes für den Frieden“[286]. „Die Politik der friedlichen Koexistenz hat die ununterbrochene Veränderung des Kräfteverhältnisses zugunsten der Kräfte des Friedens, der Demokratie und des Sozialismus sowohl zur Voraussetzung als auch zum Ergebnis“[287].

In diesem Gedröhn war die leise Stimme christlicher Ethiker(innen), soweit ihnen öffentliche Aussagen und Publikationen überhaupt möglich waren, leicht zu überhören. Der ‚Kirche im Sozialismus‘ bejahende evangelische Theologe Emil Fuchs schrieb beispielsweise zur Frage des Kriegsdienstes: „Nicht dann fällt die Entscheidung, wenn wir vor die Frage gestellt werden, ob wir mitkämpfen wollen, oder uns von denen isolieren, die das Gewonnene verteidigen. Sie fällt heute in der Frage, ob wir alle unsere Kräfte, unseren Mut, unsere Arbeit und Mühe einsetzten, dass der Glaube an die Gewalt überwunden und der Weg zur Verständigung und damit der Friede gefunden wird“[288].

Der eherne Koloss auf tönernen Füßen (*Dan.* 2,33–35) ist zusammengestürzt, weil sein Fundament nicht die Wahrheit war, die immer auch Bereitschaft voraussetzt, Kritik anzunehmen, sondern Ideologie einer Gruppe von führenden Parteifunktionär(inn)en, die sich selbst zur ‚Avantgarde der Arbeiterklasse‘ ernannt hatte und vorgeblich in deren Namen eine nicht mehr kontrollierbare und geradezu paranoide ‚Diktatur des Proletariats‘ ausübte. Die Ideale des Sozialismus waren dabei unglaubwürdig geworden. Ob sie nicht doch eine unerreichbare Utopie waren, ob

[285] Ebd.
[286] Löwe, Bernd P.: Friedensforschung, in: *Phil. Wb.* I (Anm. 91), S. 432b-435a, hier: 433a.
[287] Heyden, Günter: Friedliche Kooexistenz, in: *Phil. Wb.* I (Anm. 91), S. 435a-436b, hier 436b. Vgl. *Grundkurs des wissenschaftlichen Kommunismus*, Moskau 1973, S. 374–377.
[288] Christliche und marxistische Ethik, Bd. 2, Leipzig 1959, S. 76.

die Dialektik hegelscher Prägung eine ‚historische Gesetzmäßigkeit', eine Erfolgsgarantie vorgaukelte, die der Wirklichkeit nicht innewohnt, ob ihr blinder Fleck die Unterscheidung von Definition und Wahrnehmung dessen, was ist, verhinderte, das alles sind Fragen, die einer tiefergehenden Analyse vorbehalten bleiben müssen. Wir sollten uns um der Wahrheit willen nicht der Täuschung hingeben, damit sei nun das ‚Ende der Geschichte' (von Kriegen) gekommen und mit der ‚pax americana' ein ewiger Friede angebrochen. Die postkommunistische Entwicklung hat uns etwas anderes gelehrt.

Gehört Krieg als Ergebnis von Konkurrenz und Hegemonialstreben der Staaten, ohne die es menschliche Gesellschaft nicht gibt, als ein konstantes Phänomen nicht nur zur bisherigen Geschichte, sondern zur ‚conditio humana' überhaupt?[289] Ist damit nicht nur Selbstzerfleischung unser Schicksal, sondern Selbstzerstörung? Wie viele andere verließ Norbert Elias, kulturhistorisch eher ein Pessimist[290], die Rolle des distanziert unengagierten Analytikers und forderte noch zu Zeiten des Ost-West-Konflikts angesichts einer solchen Gefahr eine ‚unparteiische Körperschaft' als Schiedsrichter zur Vermeidung bewaffneter Konflikte[291].

Friedrich Nietzsche hat den sich in einem schmerzhaften Prozess biblischer Erfahrung vollziehenden radikalen Perspektivenwechsel zum Opfer hin als ‚Sklavenaufstand in der Moral' kritisiert und – ganz der Liebhaber des klassischen griechischen Altertums – die Umkehrung der Gleichung „gut = vornehm = mächtig = schön = glücklich = gottgeliebt" beklagt[292]. „Die Armen, Ohnmächtigen, Niedrigen sind allein die Guten, die Leidenden … allein gottselig; dagegen ihr, ihr Vornehmen und Gewaltigen, ihr seid in alle Ewigkeit die Bösen"[293]. Nietzsche gibt einem dunklen Drang, etwas Dämonischem[294] Ausdruck, das *auch* in Menschen ist. Doch das ist gerade nicht, was sie zu Menschen macht. Wer freilich seinem Lobpreis der germanischen blutrünstigen ‚blonden Bestie' heute – nach Auschwitz – noch ästhetische Qualität abgewinnt, muss sich fragen lassen, was die Wertmaßstäbe dieser ‚Wahrnehmung' – und das heißt ‚Ästhetik' im Wortsinn[295] – sind; und auch eine postmoderne Gesellschaft kann, wenn sie die Bedingung

289 Elias, Norbert: Humana conditio, Frankfurt/M. 1985, bes. S. 13 f.

290 A.a.O., S. 15 f.

291 A.a.O., S. 92 f. – womit er sich in neothomistischer Gesellschaft befindet: siehe Engelhardt (Anm. 119), S. 85 f.

292 Jenseits von Gut und Böse, *Kritische Gesamtausgabe*, Bd. VI,2, Berlin 1968, S. 653.

293 Die Genealogie der Moral, a. a. O., S. 779.

294 Picht, Werner: Vom Wesen des Krieges und vom Kriegswesen der Deutschen, Stuttgart 1952, S. 82.

295 Zu den Anforderungen einer politisch-theologischen Ästhetik aus einer solchen Perspektive: Engel, Ulrich: Umgrenzte Leere, Münster 1998, zusammenfassend S. 406–413.

ihrer Möglichkeit nicht zerstören lassen will, damit nicht permissiv umgehen.

In einem schmerzlichen und langsamen (für Viele zu langsamen) Prozess ist die Kirche zu der Einsicht vorgedrungen, dass Krieg mit den Vernichtungspotentialen der Waffen des Zwanzigsten Jahrhunderts – und die des jetzigen mögen ‚intelligenter' (welche Verkürzung von ‚Einsicht'!) sein, weniger zerstörerisch sind sie nicht – und seinen menschenverachtenden Ideologien nicht mehr als Fortsetzung der Politik angesehen werden kann – zwar nicht wünschbar, aber notfalls akzeptabel. Zwar nicht in den Handbüchern der Moraltheologie, aber umso mehr in den Köpfen zahlreicher patriotischer Katholiken wurde Krieg, namentlich 1914 der Erste Weltkrieg als Gelegenheit „zu einer ernstlichen Selbstbesinnung … zur inneren Klärung und Läuterung"[296] gesehen. Hatte 1917 der Dominikaner Franziskus Stratmann „den deutschen Akademikern im Felde" noch eine begeisterte Broschüre gewidmet, die ihnen helfen sollte, das Erlebnis des Krieges zur sittlichen Reinigung zu nutzen[297], so musste er zehn Jahre später – bekehrt durch die Reaktionen derer unter den Angesprochenen, die aus dem ‚Stahlgewitter' lebend heimgekehrt waren – einräumen: „Der Anschauungsunterricht über das wahre Wesen des Krieges und seiner Folgen hat dem Verfasser bald die Augen geöffnet und ihm jeden Glauben an den vaterländischen, menschheitlichen und religiösen Wert des Krieges – sei er für ein Volk siegreich oder nicht – für immer genommen"[298]. Aus dieser Einsicht wurde er 1919 zum Mitbegründer des ‚Friedensbundes deutscher Katholiken'[299]. Doch nur Wenige kamen zu dieser Einsicht: so blieb P. Franziskus ein als der Wirklichkeit entrückter Idealist belächelter Außenseiter – und wurde es wieder nach seiner Rückkehr aus dem Exil 1945.

Doch nicht nur Randständige in der Kirche begannen ein neues Denken über Krieg und Frieden: der nicht gerade als ‚Progressist' bekannte nach-

[296] Momme-Nissen, [Benedikt]: Der Krieg und die deutsche Kunst: den kunstliebenden Deutschen beider Kaiserreiche gewidmet, Freiburg/Br. 1914, S. 3.

[297] „Veritas", Mönchengladbach 1917. Vgl. Aristoteles: *Eth. Nic.* III, 12 u. ö., vgl. oben S. 86 f. u. 115.

[298] Stratmann, Friedrich: Regina Pacis: eine Lehre vom Frieden, Berlin 1927, S. 7. Seine Aufarbeitung der Kirchengeschichte unter dem Gesichtspunkt des Friedens (Die Heiligen und der Staat, 5 Bde., Frankfurt/M. 1949–1957) ist zwar keine auf Primärquellen gestützte und die Forschungsliteratur berücksichtigende historisch-kritische Darstellung, enthält aber viele wertvolle Einsichten als Frucht dieser Lebenserfahrung.

[299] Breitenhorn, Konrad: Der Friedensbund deutscher Katholiken 1918/19–1951, Berlin 1981, hier S. 30 f. Zum Wirken Stratmanns im Friedensbund S. 32 f.; 47 f.; 82–85; 87–89; 127 f.; 142 f. ; 148; 150; 159. Auch wenn Breitenhorn unter den Bedingungen der „Führung aller Friedenskräfte durch die Arbeiterklasse" arbeiten musste, was bei seinen Wertungen deutlich durchschlägt, ist das Werk nicht nur dafür instruktiv, da in ihm der Nachlass des Friedensbundes im damaligen Zentralen Staatsarchiv Potsdam ausgewertet wird.

malige Kardinal und Präfekt des ‚Heiligen Offizium', der Vorgängerinstitution der römischen Glaubenskongregation, Alfredo Ottaviani, forderte ab der 1947 erschienenen 3. Auflage in seinen *Institutiones iuris publici ecclesiastici* die Ächtung von Krieg überhaupt[300].

Nachdem bereits Papst Benedikt XV. im Ersten Weltkrieg und Papst Pius XII. – zunächst im Ersten als Nuntius, dann im Zweiten Weltkrieg als Papst – immer wieder zum Frieden gemahnt und, erfolglos zu vermitteln versucht haben[301], erreichte der Einsatz für den Frieden mit der Enzyklika *Pacem in terris* Johannes' XXIII. mitten in der Zeit des ‚Kalten Krieges' eine neue Qualität: in den sie abschließenden ‚pastoralen Weisungen' wurden die Gläubigen insgesamt ermahnt, sich gemeinsam mit ‚allen Menschen guten Willens' aktiv für das Gemeinwohl – nicht nur des eigenen Volkes – und für Frieden und Gerechtigkeit unter den Völkern einzusetzen[302]. Die pägnanteste Skizze eines kirchlichen Kriegsächtungsprogramms findet sich in der Pastoralkonstitution über die Kirche in der Welt *Gaudium et spes* des Zweiten Vatikanischen Konzils[303]. Es klingt aus heutiger Sicht sehr optimistisch, wenn dort von der bis zur Etablierung einer Weltautorität (worunter nicht eine Hegemonialmacht zu verstehen ist, die für ihre eigenen Streitkräfte Freistellung von internationaler Gerichtsbarkeit verlangt und durchsetzt) Verteidigung für erlaubt erklärt wird[304]. Doch auch sie hat Grenzen: „Jede Kriegshandlung, die zur unterschiedslosen Vernichtung ganzer Städte oder weiter Landstriche mitsamt ihren Bewohnern führt, ist ein Verbrechen gegen Gott und den Menschen, das deutlich und ohne Zögern verdammt werden muß"[305].

Nach dem Ende einer bipolaren Konfrontation mit der Gefahr einer „gesicherten gegenseitigen Vernichtung" ist keineswegs ‚das Ende der Geschichte', ein weltweiter Friede gekommen. Auch wenn West- und Mitteleuropa eine bislang vorbildlose Epoche zumindest äußeren Friedens erle-

---

[300] In der 1. Aufl., Bd. I, Rom 1925, S. 164 f. und noch in ^{2}1935, Bd. I, S. 167 f., hieß Nr. 86 noch „De bello" und enthielt die inneren und äußeren Bedingungen eines ‚gerechten Krieges', ab der 3. Aufl., Bd. I, Rom 1947, S. 134–139 war es dann „Bellum omino vitandum" (Krieg ist gänzlich zu vermeiden), unverändert auch Bd. I, ^{4}1958, S. 134–139.

[301] Papst Pius XII.: Krieg und Frieden: Friedensarbeit Eugenio Pacellis als Nuntius und Papst von 1917 bis 1947, Nürnberg 1947. eine Dokumentation dieser Bemühungen, noch ganz unter dem Eindruck des Zweiten Weltkriegs.

[302] Die Friedensenzyklika ‚Pacem in terris' Papst Johannes XXIII., mit einer Einf. u. Komm. von Arthur-Fridolin Utz, Freiburg/Br. 1963 (Herderbücherei 157), S. 131–138.

[303] Nr. 79–84: Sacrosanctum Oecumenicum Concilium Vaticanum II: *Constitutiones, Decreta, Declarationes*, Città del Vaticano 1966, S. 813–823.

[304] Nr. 79: a. a. O., S. 813–815.

[305] „Omnis actio bellica quae in urbium integrarum vel amplarum regionum cum earum incolis destructionem indiscriminatim tendit, est crimen contra Deum et ipsum hominem, quod firmiter et incunctanter damnandum est". Nr. 80: a. a. O., S. 816.

ben, so gilt das nicht für viele Gebiete der sogenannten ‚Dritten Welt', auf deren Kosten unsere Sicherheit und Prosperität nicht gehen dürfte[306] – und wir können hinzufügen der kleineren Länder und Völker überhaupt.

„Bis heute besteht das Dilemma … in der Diskrepanz zwischen den realen politischen Vorgängen und dem, was sich der Friedensforschung als notwendig aufdrängt"[307]. Das ist nicht nur eine Frage, in der das Lehramt der Kirche, wie auch der ökumenische Weltrat der Kirchen und die große Mehrheit der Vertreter(innen) christlicher Gemeinschaften eindeutig Stellung bezogen haben. Es ist auch eine Frage nach der tatsächlichen Friedensfähigkeit der Gläubigen und ihrer weltlichen wie kirchlichen Organisationsstrukturen[308]. Sie hat angesichts der Realität und der fortbestehenden Gefahr, dass christliche nationale Tradition als Vorwand für extrem chauvinistische Interessen und zur Verschleierung unmenschlicher Brutalität von ‚ethnischer Säuberung' bis hin zum Völkermord missbraucht wird, beklemmende Aktualität. Diese Frage wird sich in absehbarer Zukunft – neben manch' anderer – mindestens noch in einer Europa stark angehenden weiteren Hinsicht stellen, wenn wir den in diesem Jahrhundert wohl unausweichlichen Konflikt des westlichen Kulturkreises mit dem Islam reflektieren[309]. Ob dieser zu einer fruchtbaren, wenn auch nicht problemlosen, Begegnung und Verständigung führt[310], oder zu verheerender militärisch-

---

[306] Beestermöller, Gerhard: Krieg, in: *Lexikon für Theologie und Kirche*³, Bd. VI, Freiburg/Br. 1997, Sp. 475–479, hier Sp. 478 f.

[307] Huber, Wolfgang: Friedensforschung, in: *HWP* II (Anm. 17), Sp. 1119–1122, hier 1120.

[308] Mettner, Matthias: Frieden, in: *Neues Handbuch theologischer Grundbegriffe*, Bd. II, München 1991, S. 96–123, hier 96 f. Auch wenn der Autor noch ganz von der, schon zur Zeit der Publikation nicht mehr bestehenden Ost-West Konfrontation ausgeht und lediglich antikommunistische Ideologisierung kritisiert – und das zu recht, nicht aber die Benutzung auch von Theologinn(en) als staatlich gelenkte, einseitig orientierte ‚Friedenskräfte unter Führung der (selbsternannten Avantgarde der) Arbeiterklasse'–, dürfen die offensichtlichen blinden Flecke nicht zum Abtun der Frage führen.

[309] Vgl. Huntington, Samuel P.: The clash of civilisations, New York 1996; dt. Der Kampf der Kulturen, München 1996 u. ö. Es ist darauf hinzuweisen, dass Huntington bei diesem kulturellen ‚Zusammenstoß', so ‚clash' wörtlich übersetzt, durchaus nicht von der Unvermeidlichkeit eines globalen militärischen Konflikts ausgeht. Vielleicht ist seine Empfehlung, westliche kulturelle (Un-)Werte anderen Kulturen nicht mit raffinierten unterbewusst wirkenden Methoden unterzujubeln, zu wenig beachtet worden: niemand wird mit der Pistole an der Schläfe gezwungen Coca-Cola zu trinken, doch viele tun es – nicht zuletzt weil sie der Suggestion erliegen, dies sei ein Ausdruck des „guten Lebens".

[310] Die anhaltende und durch das Auftreten der Terrormiliz ISIS beklemmend aktuelle Fundamentalismus-Debatte lässt hier durchaus die Frage an liberale Theolog(inn)en berechtigt erscheinen, ob sie nicht, möglicherweise ohne sich dessen bewusst zu werden, einer pauschalen Abqualifizierung des Islam als antidemokratisch und nicht dialogfähig Vorschub leisten. Pfürtner, Stephan H.: Fundamentalismus, Freiburg/Br. 1991, scheint mir von dieser Gefahr nicht frei zu sein, obwohl der Autor durchaus auch „Engführungen im Glauben an die <westliche> Vernunft" und eine Ambiguität ‚der Moderne' sieht. Wir sollten uns daran

terroristischer Konfrontation, wird sich auch daran entscheiden, ob und wie Christinnen und Christen die frohe Botschaft: „verherrlicht ist Gott in der Höhe, und auf Erden ist Friede bei den Menschen seiner Gnade“ (*Lk.* 2,14) hören, leben und weitertragen. Lassen wir uns durch sie aus Angst, aus dem Schatten des Todes befreien? Dies ist nicht etwa eine Frage, in der Gefühl gegen Verstand, eine ‚theologia cordis‘ gegen rationale Philosophie stehen müsste. Um uns diese Frage angstfrei und konstruktiv zu stellen brauchen wir jene ‚scientia affectiva‘, in der Albertus Magnus die Integration von Theorie und Praxis sah[311], brauchen wir jene Offenheit, in der Thomas von Aquin erkannte: „Alles Wahre, von wem es auch gesagt wird, ist vom Heiligen Geist“[312]. P. Tomo Vereš, dem dieser Beitrag gewidmet ist, hat uns in schwierigen Zeiten nicht nur den Buchstaben der großen Ordenslehrer überliefert, sondern auch ihren Geist, den Geist, der vom dominikanischen Ideal der Wahrheit lebt, der Wahrheit, die ohne Logik nicht denkbar ist, die aber mehr ist als eine bloße logische Relation; der Wahrheit, die uns frei macht hin zu jenem Frieden, der mehr ist als ein Nicht-Schießen.

erinnern, dass eine infame Nazi-Propaganda den Vergleich zog: „Juden sind auch Menschen? – Ratten sind auch Tiere!“

311 Senner, Walter: Zur Wissenschaftstheorie der Theologie im Sentenzenkommentar Alberts des Großen, in: *Albertus Magnus – Doctor universalis 1280–1980*, hrsg. Gerbert Meyer & Albert Zimmermann, Mainz 1980 (*Walberberger Studien*, Phil. R. 6), S. 323–343.

312 „Omne verum a quocumque dicatur, a Spiritu Sancto est“ *Super Iohannem* 1,15: (Anm. 217), S. 22a, Nr. 103.

Würdigungen

Arbeit an den Grundlagen der neuen Politischen Theologie

Zu Tiemo Rainer Peters

Johannes B. Brantschen / Ulrich Engel / Ján Branislav Mičkovic

Tiemo Rainer Peters ist *zuerst* Schüler von Johann Baptist Metz, dem Begründer der neuen Politischen Theologie (im Unterschied zur alten Politischen Theologie des Staatsjuristen Carl Schmitt, die letztlich eine zum Totalitarismus tendierende Staatsideologie war). *Später* war Peters als Akademischer Rat an der Katholisch-Theologischen Fakultät der Universität Münster 25 Jahre an vorderster Front Mitstreiter der neuen Politischen Theologie, die er *schließlich* in nicht unwesentlichen Punkten verdeutlichte und korrigierte. Damit ist er Zeit seines wissenschaftlichen Wirkens einem theologischen Ansatz verpflichtet, dem zufolge von Gott nicht ohne den Blick auf den Menschen und seine Welt, auf Geschichte und Gesellschaft gesprochen werden kann und darf. Im Hintergrund dieser genuin christlichen Doppelstruktur seines Denkens (Gott – Mensch bzw. Gott – Welt oder Theologie – Politik bzw. Religion – Politik) steht vor allem seine und für jedwedes gelungene Theologisieren unverzichtbare Sensibilität für öffentliche Herausforderungen, die er als Europäer und Deutscher vor allem in der europäischen Aufklärung und der Katastrophe von Auschwitz erblickt. Nur so, in Anbetracht des Politischen, wird das Thema „Gott" zu dem, „was uns unbedingt angeht"[1], wie es Paul Tillich formulierte.

1. Von Gott sprechen – Grundzüge der neuen Politischen Theologie

Was Tillich, aber auch Dietrich Bonhoeffer und viele andere moderne Theologen auszeichnet, ist eine theologische Reflexion der spezifisch neuzeitlichen Tendenz zur Säkularisierung, die nicht gegen, sondern im Grunde durch das Christentum zu Stande kommt.[2] Im Gegensatz etwa zu der griechischen Vorstellung von Welt als einer, die göttliche Züge trägt, ist die neue Politische Theologie der Ansicht, dass das Christentum – also nicht ausschließlich die Neuzeit – der eigentliche Beweggrund der Säkularisierung ist, insofern geglaubt wird, dass Gott, so Karl Barth, „der ganz andere"[3] ist.[4]

[1] Paul Tillich, Wesen und Wandel des Glaubens, Frankfurt/M. – Bonn 1961, 9.
[2] Vgl. Johann Baptist Metz, Theologie der Welt, Mainz – München 1968, 17.
[3] Karl Barth, Der Römerbrief (Zweite Fassung, 1922), Zürich ^{17}2005, 18.

Entgegen jedoch einer allzu optimistischen theologischen Reflexion der Säkularisierung, wie sie von den liberalen Theologen Friedrich Schleiermacher oder Adolf von Harnack, aber auch von Carl Schmitt getrieben wurde, nehmen die Protagonisten der neuen Politischen Theologie die inneren Widersprüche jener sehr wohl wahr. Im Vollzug der von der Frankfurter Schule, vor allem von Walter Benjamin entwickelten Kritik der neuzeitlichen Prozesse, die ein unbändiges Vertrauen in das ihr eigene Fortschrittsideal setzte, bestehen sie auf der geradezu konstitutiven Unversöhntheit zwischen der Neuzeit und der aus den biblischen Traditionen hervorgehenden Religiosität.[5] Verursacht nämlich der neuzeitliche Mythos die weit verbreitete Vorstellung von Zeit als ein sich ständig wiederholender Ablauf, wie es heutzutage in dem wissenschaftlichen und dem damit zusammenhängenden technischen Fortschrittswahn zu beobachten ist, so stimmen die Vertreter der neuen Politischen Theologie Benjamin zu, dass u. a. die Religion ein Protest gegen solche Totalitäten ist. Es ist ein aus dem Erbe der biblischen Apokalyptik gespeister Protest, der für die Geschichte – im Blick auf ihr bevorstehendes Ende – ein rettendes Ende reklamiert, von dessen Standpunkt her die Geschichte als Leidensgeschichte „enthüllt" oder „offenbart" (ἀποκάλυψις) wird.[6] Da die apokalyptisch angeschärfte Naherwartung über die Grenzen des Lebens wie auch des Todes hinausgeht, verpflichtet sie zu einer praktisch werdenden Hoffnung, die sich als solidarische Erinnerung an alle, sowohl gegenwärtige als auch vergangene Leiden versteht.[7]

1.1. Wie erfolgt christliche Gottesrede? – Zur Methodologie

Als Fundamentaltheologie, deren apologetische Aufgabe es ist, den christlichen Glauben vor dem Forum der Vernunft zu rechtfertigen, weiß die neue Politische Theologie, dass eine kritische, mit Vernunft vereinbarte Rede von Gott nicht ohne die Dimension des Öffentlichen gelingen kann.[8] Um die bleibende Bedeutung des Menschen zu schärfen, betonen Metz und die Vertreter der neuen Politischen Theologie also keinen rein individuellen,

---

[4] Vgl. Tiemo Rainer Peters, Johann Baptist Metz. Theologie des vermißten Gottes (Theologische Profile), Mainz 1998, 34 ff.

[5] Vgl. ders., Mehr als das Ganze. Nachdenken über Gott an den Grenzen der Moderne, Ostfildern 2008, 46.

[6] Vgl. ebd., 48–51.

[7] Vgl. dazu Ján Branislav Mičkovic, Den Widerspruch denken. Das Leidensverständnis in den Theologien von Dorothee Sölle und Johann Baptist Metz (Freiburger Theologische Studien Bd. 179), Freiburg/Br. 2014.

[8] Vgl. Tiemo Rainer Peters, Johann Baptist Metz, a. a. O., 29.

sondern einen öffentlichen Gebrauch von Vernunft, der dialektisch zu gewinnen ist. Gemeint ist das erst nach Hegel und Marx zur Geltung gekommene dialektische Verfahren, das sich der Kategorienpaare „Theorie – Praxis" und „Subjekt – Objekt" bedient, in deren Hintergrund das ideologiekritische, auf Wahrheitsfähigkeit ausgerichtete Verhältnis von Erkenntnis und Interesse steht.[9] Durch das theologische Werk von Peters zieht sich das Ergebnis dieser (für die neue Politische Theologie unverzichtbaren) Vorgehensweise wie ein roter Faden: Als wahrheitsfähig erweist sich erst jener Vernunftgebrauch (Theorie), dessen Erkenntnis an einer praktisch werdenden subjekthaften Freiheit (Praxis, Subjekt) interessiert ist, und zwar – im Unterschied zu Kant – an jener Freiheit, die alle (Objekt) betrifft, Lebende wie auch Tote.

1.2. Was ist der Inhalt christlicher Gottesrede? – Zur Nachfolgeexistenz

Die Wahrheit der Christen, sich für das Subjektwerden bzw. -bleiben aller einzusetzen, besteht für Metz und Peters in einer spezifisch christlichen Verhaltensweise, in der Praxis der Nachfolge, die sie im Blick auf ihren doppelten, mystischen und politischen Charakter analysieren.[10] Gemeint ist nicht eine an kognitiver Kraft arme Praxis, die nicht mehr wäre als eine bloße Ableitung von Theorie. Vielmehr geht es um eine Praxis, deren solidarischer Einsatz für die Bedürftigen, wie Christus es getan und von uns verlangt hat, selbst als mystischer Akt zu verstehen ist.

Ein solches Wissen um Gott, dessen Wahrheit derart dialektisch überprüft wird, beinhaltet immer – so Peters im Anschluss an Metz – ein „Vermissen"[11], eine schmerzhafte Erkenntnis der Gottverlassenheit, die sich angesichts der unzähligen Schrecken der Menschheit geradezu aufdrängt. Als solche ruft diese negative Gotteserkenntnis umso dringender nach einer

[9] Vgl. ders., Praktische Orthodoxie. Zur Wahrheit des Glaubens, in: ders., Mystik, Mythos, Metaphysik. Die Spur des vermissten Gottes, Mainz – München 1992, 40–53, bes. 47 f.; vgl. dazu Johann Baptist Metz, Zum Begriff der neuen Politischen Theologie. 1967–1997, Mainz 1997, 107 ff.

[10] Vgl. Tiemo Rainer Peters, Evangelische Räte – therapeutische Räte, in: Johann Baptist Metz / Tiemo Rainer Peters, Gottespassion. Zur Ordensexistenz heute, Freiburg/Br. 1991, 63–103, hier bes. 88.; vgl. dazu auch Johann Baptist Metz, Zeit der Orden? Zur Mystik und Politik der Nachfolge, Freiburg/Br. 1977, 45 f.

[11] Tiemo Rainer Peters, Mystik, Mythos, Metaphysik, a. a. O., 14 u. ö.

„Gott“ vermittelnden Vision von Freiheit, die inmitten des politischen Geschehens als Liebe und Gerechtigkeit für alle verwirklicht werden will.[12]

2. Wissenschaftlicher Werdegang

Tiemo Rainer Peters hat sich mit einer Lektoratsarbeit zur Ethik in der Theologie Dietrich Bonhoeffers (Lect. Theol.: Albertus Magnus-Akademie Walberberg 1969) und einer Dissertation zur Präsenz des Politischen in der Theologie des protestantischen Widerstandskämpfers (Dr. theol.: Universität Münster 1975) qualifiziert. Darin weist er mit Bonhoeffer nach, dass Theologie kein Selbstzweck ist und auch nicht in einer „reinen“ Sonderwelt ihr Geschäft betreiben, sondern nur im politisch-gesellschaftlichen Kontext ihre Verantwortung wahrnehmen kann. Im Vorwort seiner Dissertation schreibt Peters: „Jenseits von Politisierung und zeitloser Abstraktion verfolgte Bonhoeffer seine kämpferische Alternative und gab so – das ist die These – ‚politischer Theologie‘ eine ganz neue, heute noch aktuelle Wendung.“[13] Von da an wurde der protestantische Theologe und Märtyrer Dietrich Bonhoeffer zum ständigen Begleiter des Theologen Peters. Ihm widmete letzterer in der Folgezeit ein knappes Dutzend Artikel und auch in seinen Büchern diskutiert Peters ständig mit Bonhoeffer.[14]

Seit Ende der 1960er Jahre arbeitet Tiemo Rainer Peters eng mit dem Begründer der neuen Politischen Theologie, Johann Baptist Metz, zusammen. Von 1975 bis 1976 war er als Wissenschaftlicher Mitarbeiter am bikonfessionellen Theologischen Institut Bielefeld (ThTB) innerhalb des damals im Aufbau begriffenen Zentrums für interdisziplinäre Forschung (ZiF) der Universität Bielefeld tätig, von 1976 bis 1979 lehrte er als Wissenschaftlicher Assistent am Seminar für Fundamentaltheologie der Katholisch-Theologischen Fakultät der Universität Münster, und von 1979 bis zu seiner Pensionierung 2004 dortselbst als Akademischer Rat Systematische Theologie. Seine Bibliographie umfasst neben zwölf Monographien und fünf Herausgeberschaften mehr als 65 Titel (Beiträge in wissenschaftlichen

[12] Zu diesem Zusammenhang vgl. auch Johannes B. Brantschen, Welche Relevanz hat das trinitarische Paradigma für ein gerechteres Zusammenleben in Kirche und Gesellschaft? Eine theologische Meditation aus christlicher Sicht, in: Urs Eigenmann / Odilo Noti / Simon Spengler / Bernhard Walpen, „Suchet zuerst das Reich Gottes und seine Gerechtigkeit“. Kuno Füssel zu Ehren, Luzern 2001, 280–290.

[13] Tiemo Rainer Peters, Die Präsenz des Politischen in der Theologie Dietrich Bonhoeffers. Eine historische Untersuchung in systematischer Absicht (Gesellschaft und Theologie. Systematische Beiträge Bd. 18), München – Mainz 1976, 8.

[14] Vgl. zuletzt ders., Posthum geboren. Dietrich Bonhoeffer wird 100, in: *Herder Korrespondenz* 59 (2005), 586–589.

Sammelbänden, Lexikonartikel, kleinere Aufsätze, Rezensionen und Skizzen). Darüber hinaus gehört Peters zu den Begründern und Herausgebern des renommierten „Jahrbuch Politische Theologie"[15] wie auch zum Herausgeberkreis der Reihe „Forum Politische Theologie" im (katholischen) Matthias-Grünewald-Verlag, Mainz, und im (evangelischen) Chr. Kaiser Verlag, München.

Zu seinem 60. Geburtstag 1998 erschien eine erste Festgabe, in der Schülerinnen und Schüler, Freunde und Sympathisantinnen und Sympathisanten zehn Thesen Peters' zur Christologie zustimmend, weiterführend oder kritisch rückfragend kommentieren. Das Buch mit dem Titel „Christologie nach Auschwitz. Stellungnahmen im Anschluß an Tiemo Rainer Peters" versammelt Texte u. a. von Paulus Engelhardt OP (†), Friedrich-Wilhelm Marquardt (†), Maureen Junker-Kenny (Dublin), Jürgen Moltmann (Tübingen) sowie Thomas Pröpper (†) und erschien 2001 in zweiter Auflage.[16] Anlässlich seines Abschieds aus der Universität widmeten ihm Schülerinnen und Schüler bzw. Kolleginnen und Kollegen eine weitere Festschrift, die „Anstiftungen aus der praktischen Fundamentaltheologie von Tiemo Rainer Peters" u. a. von Otto Hermann Pesch (†), Johann Baptist Metz (Münster), Paulo Suess (São Paulo), Reyes Mate (Madrid), Nikolaus Klein SJ (Zürich) und Georg M. Kleemann (San Salvador) versammelte und 2005 in zweiter Auflage erschien.[17]

Im Rahmen der Grundausbildung wie auch der permanenten Weiterbildung ist Peters im Noviziat der Dominikaner und in der theologisch-spirituellen Fortbildung der Dominikanerinnen des Klosters Rieste-Lage engagiert.

---

[15] Münster 1996 ff.

[16] Vgl. Jürgen Manemann / Johann Baptist Metz (Hrsg.), Christologie nach Auschwitz. Stellungnahmen im Anschluß an Tiemo Rainer Peters (Religion – Geschichte – Gesellschaft Bd. 12), Münster 1998, ²2001.

[17] Die beiden Auflagen tragen unterschiedliche Titel: Bertil Langenohl / Christian Große Rüschkamp (Hrsg.), „Wenn ich Gott sage …". Theologie und Biographie. Tiemo Rainer Peters zu Ehren, Bonn [Selbstverlag] o. J. [2004]; dies. (Hrsg.), Wozu Theologie? Anstiftungen aus der praktischen Fundamentaltheologie von Tiemo Rainer Peters (Religion – Geschichte – Gesellschaft Bd. 32), Münster 2005.

3. Theologische Markierungen

3.1. Der Glutkern der neuen Politischen Theologie

„Auch die Politische Theologie hält am ‚Glutkern' des Glaubens fest, der nicht mehr analysierbar und diskutierbar ist."[18] Schon in den 1990er Jahren stellt Peters fest: „Die ‚progressiven' Theologien nach dem Konzil hatten offenbar etwas vergessen, zumindest vernachlässigt: daß Gott nicht nur denkbar, sondern auch erfahrbar und lebbar sein muß; daß er nicht immer nur kommt, sondern eine verschlüsselte Präsenz besitzt; dass der Glaube nicht nur der kritischen Reflexion, sondern auch der gelebten Religion bedarf; daß die reflektierte Religion, mit der wir es in der Theologie zu tun haben, nicht nur eine gesellschaftliche oder kulturelle, sondern darin eine genuin christliche Identität, Wahrheit, ja ‚Orthodoxie' verlangt."[19] Dieses Defizit der neuen Politischen Theologie will Peters mit seinem Buch „Mystik, Mythos, Metaphysik. Die Spur des vermißten Gottes" beseitigen, indem er zu zeigen versucht, dass „gerade auch die gesellschaftlich ambitionierten Theologien mit ihrer Freiheitsthematik, kritischen Reflexivität und ihrem Erschrecken über die Leiden in der Welt auf ‚Ganzheiten', ‚Unmittelbarkeiten' ‚Transzendenzen' verweisen, die der Metaphysik, Mystik und dem (erzählenden) Mythos nahestehen"[20], andernfalls müssten sie sich in ihrem Erinnerungs-, Befreiungs- und Solidaritätsdenken rasch verbrauchen.

Als praktische Fundamentaltheologie reflektiert die neue Politische Theologie den christlichen Glauben in Geschichte und Gesellschaft. Dabei versteht sie sich zum einen als „Korrektiv gegenüber gewissen Privatisierungstendenzen in Theologie und Politik (...) und will so den wesentlich öffentlichen und gesellschaftskritischen Charakter der zentralen Glaubensinhalte betonen. (...) Zum anderen soll die Botschaft des Christentums unter konstitutiver Berücksichtigung der Geschichte und unter den Bedingungen gegenwärtiger Gesellschaft formuliert werden"[21]. In einem Beitrag für die Zeitschrift „Wort und Antwort" hat Peters dies hinsichtlich des politischen Charakters der christlichen Spiritualität wie folgt ausgeführt: „Spiritualität ist ‚politisch', weil sie sich jenseits der politisch-gesellschaft-

---

[18] Tiemo Rainer Peters, zit. nach: Hartmut Meesmann, Im Glutkern des Glaubens. Fragen an den politischen Theologen Tiemo Rainer Peters, in: *Publik Forum* vom 25. Oktober 2003 = http://www.michael-strodt.homepage.t-online.de/info/glutkern.html [Aufruf: 20.10.2014].

[19] Ders., Mystik, Mythos, Metaphysik, a.a.O., 7.

[20] Ebd., 7 f.

[21] Johann Baptist Metz / Werner Kroh, Art. Politische Theologie, in: Evangelisches Kirchenlexikon Bd. 3, Göttingen 1992, Sp. 1261–1265, hier 1261 f.

lich-ökonomischen Sphäre, also verhältnislos, nicht realisieren läßt (und nie realisiert hat), sondern früher oder später deren Interessen und Einflüssen anheimfallen müßte. (…) Sie ist, ob sie es will oder nicht, ‚politische Spiritualität' und muß sich dessen nicht nur stets neu bewußt werden, sondern hat das auch inmitten jener immer globaler werdenden Verhältnisse zu vertreten, von deren Gestaltung die Möglichkeit einer menschenwürdigen Politik und am Ende sie selbst abhängt."[22]

Ihre inner- und außertheologischen Gesprächspartner hat die neue Politische Theologie – und damit auch das theologische Denken Peters' – an unterschiedlichen Orten gefunden (die in vielen Fällen mit Namen von bekannten Dominikanern verbunden sind): Judentum bzw. jüdisch-christlicher Dialog (Paulus Engelhardt OP †; Willehad Paul Eckert OP †), Marxismus (Karl Derksen OP †), Befreiungstheologie (Gustavo Gutiérrez OP), das Umfeld der internationalen theologischen Zeitschrift „Concilium" (Edward Schillebeeckx OP †). Für letztere hat Peters schon 1978 geschrieben.[23]

3.2. Christologie nach Auschwitz

In der neuen Politischen Theologie trat die Gottesfrage (bzw. Theodizee) immer dezidierter ins Zentrum. In ihrem Versuch, von Gott nach Auschwitz zu sprechen[24], wurde ihr bald der Vorwurf gemacht, sie sei zu theozentrisch und vernachlässige die Christologie. Peters hat schon früh an diesem Defizit gearbeitet. Konzentriert zusammengefasst hat er seine diesbezüglichen

[22] Tiemo Rainer Peters, Politische Spiritualität. Zehn streitbare Thesen, in: *Wort und Antwort* 30 (1989), 100–102, hier 100. In ähnliche Richtung zielen auch: ders., Weisheit in der Politischen Theologie. Drei Beispiele, in: *Wort und Antwort* 36 (1995), 180–184; ders., Unterbrechung des Denkens. Oder: Warum Politische Theologie?, in: Jürgen Manemann (Hrsg.), Demokratiefähigkeit (Jahrbuch Politische Theologie Bd. 1), Münster 1995, 24–38.

[23] Vgl. ders., Theologie am Ort politischer Gefangenschaft, in: *Concilium* 14 (1978), 324–327. – Vgl. zum Kontext auch Ulrich Engel, „Concilium" und die Dominikaner. Diskurs – Vermächtnis – Engagement – Herausforderung, in: *Kontakt. Freundesgabe der Dominikanerprovinz Teutonia* 39 (2011), 56–58.

[24] Zur Bedeutung von Auschwitz für die neue Politische Theologie s. bspw. Tiemo Rainer Peters, Nach Auschwitz von Gott sprechen (Akademiebibliothek Bd. 13), Hamburg 1995; ders., Die katholische Kirche und der Holocaust. Erkanntes und Verdrängtes, in: Walter Senner unter Mitarbeit von Paulus Engelhardt u. a. (Hrsg.), Omnia disce. Kunst und Geschichte als Erinnerung und Herausforderung (FS Willehad Paul Eckert OP), Köln 1996, 94–103. – Zur Diskussion um eine Theologie nach Auschwitz insgesamt s. auch Ulrich Engel, Spricht Gott noch zu seinem Volk? Auschwitz in der modernen Theologie, in: Mariano Delgado / Volker Leppin (Hrsg.), Gott in der Geschichte. Zum Ringen um das Verständnis von Heil und Unheil in der Geschichte des Christentums (Studien zur christlichen Religions- und Kulturgeschichte Bd. 18), Fribourg – Stuttgart 2013, 437–458.

Überlegungen in einem Thesenpapier zur „Christologie nach Auschwitz", das er 1993 bei einem Podiumsgespräch in der Karl Rahner Akademie in Köln vorgetragen hat. In ihnen zeigen sich die brisanten Fragen zu einer Christologie, die vor der katastrophalen Vergangenheit und Gegenwart noch verantwortet sein will, in aller Schärfe.[25]

In seinem bisher letzten systematischen Werk „Mehr als das Ganze. Nachdenken über Gott an den Grenzen der Moderne" präzisiert Peters nochmals seine Desiderata an eine u. a. durch Auschwitz herausgeforderte Christologie, deren jüdische Dimension er mit Nachdruck zur Geltung zu bringen versucht.[26] Im dogmatischen Traktat „Mehr als das Ganze", der sich im Unterschied zu vielen Dogmatiken spannend liest, weil Peters auf einmalige Weise Kritik und Frömmigkeit vereint, finden aufmerksame Leserinnen und Leser weitere Nuancen, in denen sich Peters von Metz unterscheidet. Das Werk hätte, wie Peters im Vorwort verrät, auch den Untertitel „Aneignung und Kritik der neuen Politischen Theologie"[27] tragen können.

3.3. Nachfolgepraxis der Orden

Über nicht wenige ihrer Vertreter ist die neue Politische Theologie mit den Orden (v. a. Dominikaner und Jesuiten) verbunden. Über diesen biographischen Aspekt hinaus gilt aber auch ihr systematisch-theologisches Interesse der Nachfolgepraxis der Orden als Subjekte einer kritisch-emanzipatorischen Gottesrede. Entsprechend liegen wichtige Veröffentlichungen Peters' zur theologischen Deutung des Ordenslebens vor.[28] Ausweislich einer kurzen Bemerkung im Vorwort war er auch maßgeblich beteiligt an dem viel beachteten und in eine ganze Reihe von Fremdsprachen übersetzten Büchlein zur Theologie des Ordenslebens seines Lehrers und Kollegen Metz.[29]

Ausgehend von der mystischen und zugleich politischen Aufgabe der christlichen Nachfolgeexistenz versteht Peters das von den Ordensleuten praktizierende Ideal der evangelischen Räte nicht als eine in bequemer

[25] Die zehn Thesen sind wieder abgedruckt in der Festschrift, mit der Tiemo Rainer Peters zu seinem 60. Geburtstag geehrt wurde: Jürgen Manemann / Johann Baptist Metz (Hrsg.), Christologie nach Auschwitz, a. a. O., 1–5.

[26] Vgl. Tiemo Rainer Peters, Mehr als das Ganze, a. a. O., 84–120.

[27] Ebd., 9.

[28] Vgl. v. a. ders., Evangelische Räte – therapeutische Räte, a. a. O.; ders., Asketische und anamnetische Existenz, in: ders. / Thomas Pröpper / Hermann Steinkamp (Hrsg.), Erinnerung und Erkennen. Denkanstöße aus der Theologie von Johann Baptist Metz, Düsseldorf 1993, 150–158.

[29] Vgl. Johann Baptist Metz, Zeit der Orden?, a. a. O., 6.

Abgeschiedenheit gelebte asketische Übung, sondern als Ausdruck leidenschaftlicher Hingabe an die Bedürfnisse aller „negativ Privilegierten"[30], an die Leidenden unserer Geschichte und Gesellschaft. So gesehen erschöpft sich das Ordensleben nicht in irgendwelchem Selbstzweck, der das Leiden mystifiziert. Von seiner Konstitution her ruft es vielmehr nach einer wachen, politisch zu realisierenden Solidarität mit allen.

Ausdrücklich erwähnt sei in diesem Zusammenhang Peters' Text „Evangelische Räte – therapeutische Räte". In dieser fundamentaltheologischen Studie versucht er die Orden in ihrer Wahrheit zu erfassen – inmitten der sozialen, kulturellen und politischen Wirklichkeit von heute. Nicht zuletzt gibt Peters dem Tiefenpsychologen und Theologen Eugen Drewermann eine überzeugende Antwort. Drewermann meinte nämlich in seinem Buch „Kleriker. Psychogramm eines Ideals"[31], im – um es in Peters' Diktion zu formulieren – konkret gelebten „System Kirche und speziell an den Klerikern und Ordensleuten eine Art kollektive, strukturgewordene Zwangsneurose"[32] diagnostizieren zu müssen.

Zum Aufkommen der „Evangelischen Armutsbewegung" des 13. Jahrhunderts mit ihren Protagonisten Franziskus und Dominikus schreibt Peters: „Bereits innerkirchlich war diese Bewegung voller Dramatik und Innovation. Geschah doch nichts Geringeres als die (…) Kontrastierung des Monasteriums durch die religiöse Kommune: kleine, bewegliche Gruppen der Prediger und Minderbrüder, die der Logik der real existierenden Armut folgten – mißtrauisch gegen die natürlichen und ländlichen Verwurzelungen der ‚stabilitas loci'."[33] Die praktische Gestalt des Ordenslebens ist gerade nicht bloß als ekklesialer Anwendungsfall einer vorher schon gewussten theologisch-dogmatischen Theorie zu verstehen. Vielmehr ist die Theorie-Praxis-Relation hier dialektisch zu bestimmen: „Orthodoxie (…) muß (…) die biblische Forderung nach umfassender (Gerechtigkeit und Liebe umfassender) Wahrheit hören und ihr Gehör verschaffen! (…) Orthodoxie ist dieser ‚Gehorsam', bevor sie etwas anderes ist."[34] In dieser Verhältnisbestimmung zeigt sich zweierlei: zum einen die praktische Verfasstheit der neuen Politischen Theologie[35]; zum anderen – nicht minder relevant – der genuin dominikanische Charakter von Peters' Theologietreiben. Denn

[30] Tiemo Rainer Peters, Evangelische Räte – therapeutische Räte, a. a. O., 102.

[31] Eugen Drewermann, Kleriker. Psychogramm eines Ideals, Olten – Freiburg/Br. 1989.

[32] Tiemo Rainer Peters, Evangelische Räte – therapeutische Räte, a. a. O., 85.

[33] Ders., Spirituelle Dialektik. Thomas von Aquin grüßt Karl Marx, in: ders., Mystik, Mythos, Metaphysik, a. a. O., 26–39, hier 28.

[34] Ders., Praktische Orthodoxie. Zur Wahrheit des Glaubens, in: ders., Mystik, Mythos, Metaphysik, a. a. O., 40–53, hier 53.

[35] Vgl. dazu den Untertitel des Hauptwerks von Johann Baptist Metz, Glaube in Geschichte und Gesellschaft. Studien zu einer praktischen Fundamentaltheologie, Mainz 1977.

gemäß den Konstitutionen des Predigerordens fokussiert alles wissenschaftliche Bemühen um die Wahrheit in der Verkündigung der Barmherzigkeit Gottes und dient somit in praktischer Absicht dem Heil der Menschen.[36] Dass eine solche weltzugewandte theologische Reflexion auf das „Heil-von-Gott-her"[37] schon vorneuzeitlich nicht ohne das Moment der Erfahrung auskam, d.h. seit jeher notwendig subjektzentriert ist, hat Peters im Blick auf Meister Eckharts Rede von der „Gottesgeburt auf dem Grund der Seele" (Predigt 49: „Beatus venter, qui te portavit")[38] aufgezeigt: „Die Mystik der Eckhartschen Art ist eher Weisheit der Erfahrung als Weisheit der Lehre. (…) Daß das theologisch Überlieferte und Reflektierte gelebt werden könne, war sein Thema, sein einziges; Umkehr lebbar zu machen und nicht in der Abstraktion theologischer Bemühungen immer unwahrscheinlicher werden zu lassen, seine Ambition. (…) Wenn Eckhart ‚Gott' sagte, meinte er diesen aus der Geschichte Israels vertrauten Gott. Er meinte ihn so sehr, daß er prophetisch von der Notwendigkeit einer radikalen Entgottung des Menschen und seiner Welt sprach. Deshalb auch hat er, indem er von der ‚Gelassenheit' und der ‚Gottesgeburt' sprach, letztlich Gott und Mensch um der Gottheit Gottes, der Menschlichkeit des Menschen und der Weltlichkeit der Welt willen klar unterschieden."[39] Diese Differenzierung zwischen Gott und Welt resp. Mensch, so Peters' Lesart, macht erst das dominikanische Proprium einer praktische Theologie der Solidarität und Liebe aus, mehr noch: ermöglicht überhaupt erst eine politisch engagierte Gottes-Rede!

3.4. Thomas von Aquin und dominikanische Predigt

Die dominante Rezeption der Theologie des Thomas von Aquin erfolgte in der neuen Politischen Theologie nicht – wie es vielleicht hätte naheliegen können – über die Schule von Le Saulchoir[40] oder über Walberberg[41], son-

---

[36] Vgl. Älteste Konstitutionen prol.; LCO 1 § IV; 76; 77 § I.

[37] Edward Schillebeeckx, Menschen. Die Geschichte von Gott. Aus dem Niederländischen von Hugo Zulauf, Freiburg/Br. 1990, 36.

[38] Meister Eckhart, Predigt 49: „Beatus venter, qui te portavit", zit. nach: Meister Eckhart. Die deutschen und lateinischen Werke. Bd. 2: Meister Eckharts Predigten (25–59), hrsg. von Josef Quint. Bd. 2, Stuttgart 1971, 427–451, hier 438.

[39] Tiemo Rainer Peters, Spirituelle Dialektik, a.a.O., 31 f.

[40] Vgl. M.-Dominique Chenu, Le Saulchoir. Eine Schule der Theologie. Aus dem Französischen von Michael Lauble und mit einer Einführung von Christian Bauer, hrsg. vom Institut M.-Dominique Chenu durch Christian Bauer, Thomas Eggensperger und Ulrich Engel (Collection Chenu Bd. 2), Berlin 2003.

[41] Eine kritische Würdigung dessen, was – personell und zeitlich begrenzt – evtl. eine „Walberberger Schule" genannt werden könnte, steht noch aus. Eine erste, schmale Skizze findet sich bei Thomas Eggensperger / Ulrich Engel, Zwischen Innen und Außen. Dominikanische

dern über Karl Rahner SJ[42]. Wie Thomas die Theologie seiner Zeit zur weltlichen Welt und ihren Phänomenen – schließlich: zu den Menschen hin ‚konvertiert' hat, so hat Metz die transzendentalphilosophische Thomasinterpretation Rahners noch einmal in die geschichtlichen Wirklichkeiten hinein gewendet; ohne Thomas wäre die neue Politische Theologie – zumindest in ihrer Münsteraner Ausprägung – kaum zu verstehen.[43] Diese geschichtlich verortete und gesellschaftspolitisch angeschärfte Thomas-Relecture kann bei Peters paradigmatisch in seinem Aufsatz „Contemplata aliis tradere – Thomas von Aquin grüßt Karl Marx", erstveröffentlicht in einer Solidaritätsschrift für Kuno Füssel, besichtigt werden.[44] Der Beitrag verstand sich als eine kritisch-kollegiale Replik auf den marxistischen Ansatz Füssels. Peters interpretiert in seinem Text die Grundformel dominikanischer Spiritualität mit Thomas (STh II-II, 188,6c[45]) als eine *vita activa*, „welche aus der Fülle der Beschauung fließt" (quod ex plenitudine contemplationis derivatur). Dieses aus der Kontemplation hervorgehende tätige Leben ist „der einfachen Beschauung vorzuziehen" (Et hoc praefertur simplici contemplationi). „Denn, wie es besser ist, zu erleuchten, als nur zu leuchten, so ist es auch größer, *das in der Beschauung Empfangene an andere weiterzugeben*, als bloß in der Beschauung zu leben." (Sicut enim majus est illuminare, quam lucem solum videre, ita majus est *contemplata aliis tradere*, quam solum contemplari; Hervorhebung der Verf.) In dezidierter Weise bindet Thomas das „contemplata aliis tradere" an die Bergpredigt zurück (vgl. Mt 5,13–15): „Ihr seid das Salz der Erde. Wenn das Salz seinen Geschmack verliert, womit kann man es wieder salzig machen? Es taugt zu nichts mehr; es wird weggeworfen und von den Leuten zertreten. Ihr seid das Licht der Welt. Eine Stadt, die auf einem Berg liegt, kann nicht verborgen bleiben. Man zündet auch nicht ein Licht an und stülpt ein Gefäß darüber, sondern man stellt es auf den Leuchter; dann leuchtet es allen im Haus" (Mt 5,13–15).

Konzilsbeiträge zum Kirche-Welt-Verhältnis – und ein Vermissen, in: dies. (Hrsg.), „Mutig in die Zukunft!" Dominikanische Beiträge zum Vaticanum II (Dominikanische Quellen und Zeugnisse Bd. 10), Leipzig 2007, 7–36, bes. 20–27.

[42] Vgl. dazu auch Tiemo Rainer Peters, Karl Rahner und die neue politische Theologie, in: Heinrich Klauke (Hrsg.), 100 Jahre Karl Rahner. Nach Rahner – post et secundum, Köln 2004, 43–50; ders., Gott oder die „Kröte" des Glaubens. Christsein nach Karl Rahner. Eine theologisch-biographische Würdigung zum 30. Todestag, Münster 2014.

[43] Vgl. dazu die zweite Version von Karl Rahner, Hörer des Wortes. Zur Grundlegung einer Religionsphilosophie. Neu bearbeitet von Johann Baptist Metz, München [2]1963.

[44] Vgl. Tiemo Rainer Peters, Contemplata aliis tradere – Thomas von Aquin grüßt Karl Marx, in: Christen für den Sozialismus – Gruppe Münster (Hrsg.), Zur Rettung des Feuers. Solidaritätsschrift für Kuno Füssel, Münster 1981, 272–279.

[45] Die deutschen Übersetzungen werden nach Bd. 24 der Deutschen Thomas-Ausgabe (DThA) zitiert.

Im Zuge seiner sozialgeschichtlichen Lesart der thomasischen Formel erinnert Peters daran, dass Dominikus als Protagonist der „Evangelischen Bewegung" des 13. Jahrhunderts und mit ihm seine Brüdergemeinschaft eine neue Form des theologischen Denkens und Lehrens hervorgebracht hat. „Predigt", so Peters, „war nicht mehr nur die Verbreitung und Veröffentlichung der christlichen Botschaft"[46]. Der Theologie wuchs eine vollkommen neue Aufgabe zu: „Theologie wird zur (schlußfolgernden) Begründungswissenschaft; es gilt, den Grund der Welt und des Menschen (bzw. der menschlichen Erkenntnis) zu entdecken, die Religion nicht nur zu verbreiten, sondern – und das ist ein qualitativ neuer Schritt – zu erklären (...). Das ist religiöse ‚Alphabetisierung', Demokratisierung des Wissens, Emanzipation der Vernunft und des Geistes. Mitten in der Evangelischen Bewegung erblüht ein Humanismus, der zu einer unglaublichen Befreiung des Denkens und politischen Handelns führt, zumindest für einen kurzen historischen Augenblick. ‚Contemplata aliis tradere' war daher weder eine Demonstration von Glaubensmacht, nach dem Motto ‚friß Vogel oder stirb'. Nichts für Inquisitoren! Noch hieß es, das religiöse Wissen als Privileg aufzufassen, an dem nur einige wenige: die Herrschenden, die Besitzenden und natürlich die Gebildeten, partizipieren durften. Also kein ‚Wissenskapitalismus'! Sondern das Wissen selbst sollte demokratisiert [werden; Verf.] (entsprechend der Demokratisierung in den Satzungen der Mendikanten), die sich formierenden Stadtbürger – sie selbst! – sollten theoriefähig gemacht, sollten ausgestattet werden mit Gründen, aus denen sie ihre Charta der Freiheit zu entwickeln und durchzusetzen vermochten. Sie sollten selbst Subjekte der Kontemplation, der tiefen Welt- und Gotteserkenntnis werden. Das scheint die eigentliche Dimension des ‚contemplata aliis tradere' zu sein."[47]

So gesehen bedeutet Kontemplation für Peters mehr als Betrachtung im landläufigen Sinne und auch mehr als die griechische *theoria*. (Das macht beispielsweise ein bislang unveröffentlichter Vortrag zum Thema „Was ist Kontemplation? Eine Annäherung aus dominikanischer Perspektive" bei den Dominikanerinnen von Rieste-Lage deutlich.) „Nicht Gott als abstrakter Ort der Ideen und Ursachen ist ihr [der ‚contemplatio'; Verf.] Ziel, sondern Gott als Woraufhin der Erkenntnis, der Erfahrung und der humanen Aktion, als Richtung alles Wirklichen."[48] Das Verhältnis von Theorie

[46] Tiemo Rainer Peters, Predigt als öffentliche Rede, in: *Zeitschrift für Gottesdienst und Praxis* 3 (1985), 17–22, hier 17 f. Vgl. jetzt auch die überarbeitete Fassung des Aufsatzes: ders., Politische Predigt? Eine Skizze, in: Thomas Eggensperger / Ulrich Engel (Hrsg.) Dominikanische Predigt (Dominikanische Quellen und Zeugnisse Bd. 18), Leipzig 2014, 226–236.

[47] Ders., Spirituelle Dialektik, a. a. O., 29.

[48] Ebd., 26.

und Kontemplation ist keines der Ablösung oder Überbietung. Vielmehr tritt bei Thomas die evangelische Perspektive zur Vernunft hinzu: „nicht additiv, sondern radikalisierend“[49], voller Diesseitigkeit, zugleich aber auch voller Transzendenz. Theorie und Praxis klaffen jetzt nicht mehr intellektualistisch auseinander, sondern sind in einer spirituellen Dialektik miteinander verbunden. Zur Kontemplation, die der Praxis gelebter Nachfolge entspringt, gehört also bereits strukturell die Aktion.

Die thomasische Formel des „contemplata aliis tradere“ markiert nach Peters theologiegeschichtlich wie auch in dominikanisch-spiritueller Hinsicht einen revolutionären Schritt, insofern hier einerseits Vernunft/Philosophie und Glauben/Theologie sowie andererseits Theorie und Praxis auf ganz neue Art und Weise zusammengefunden haben.

3.5. Heilige Schrift

Tiemo Rainer Peters hat sich über Jahrzehnte hinweg immer wieder neu der Auslegung des Evangeliums gewidmet.[50] Drei Bücher sind in diesem Zusammenhang zu nennen: „Tod wird nicht mehr sein“[51] (vor allem im abschließenden Teil) zur Offenbarung des Johannes, sowie „Steh auf und geh“[52] und „Gott ist ein Zeitwort“[53] zu den Evangelien. Peters versteht es, die altvertrauten Texte der Bibel so zu lesen, als wären sie *jetzt* geschrieben worden. Leserinnen und Leser finden das bisweilen unbequem, gelegentlich provozierend, aber immer erfrischend. Man könnte auch sagen: Peters besitzt die Fähigkeit, die alten Texte in einer *zweiten Naivität* zu lesen – immer spannend, nie billigen Trost verströmend oder naive Illusionen verkaufend, wohl aber zum Nach- und Weiterdenken anstiftend.

Deutlich wird in den knapp gehaltenen Schriftlesungen die praktische (und damit immer auch politische) Hermeneutik seiner Lektüren. Peters geht es darum, „sich in den Schrifttext hineinzufragen, aber nicht nur beim Geschriebenen zu bleiben, sondern gleichzeitig zwischen den Zeilen zu lesen, dort nach weiteren Botschaften zu suchen; aber auch dem (vorgestell-

---

[49] Ebd.

[50] Vgl. dazu auch die Dokumentation einiger Predigten von Tiemo Rainer Peters auf der Website des Hamburger Dominikanerkonvents: http://dominikaner-hamburg.de/eBiblio/peters/index.htm [Aufruf: 20.10.2014].

[51] Tiemo Rainer Peters, Tod wird nicht mehr sein (Theologische Mediationen Bd. 48), Zürich – Einsiedeln – Köln 1978.

[52] Ders., Steh auf und geh. Anstiftungen aus dem Evangelium, Mainz 1984. – Die Texte dieser Sammlung gehen auf Aufsätze zurück, die ursprünglich in der Dominikanerzeitschrift *Wort und Antwort* veröffentlicht wurden.

[53] Ders., Gott ist ein Zeitwort. Weltliche Schriftlesungen, Ostfildern 2012.

ten) Hörer/Leser ‚aufzulauern', seine Anschauungen, gesellschaftlichen Prägungen, seine Meinungen und Urteile zu hinterfragen"[54]. Die Lektüren suchen die Perikopen als Texte zu verstehen, welche die Rezipienten „nur in den Begriffen unserer Erfahrung erreichen"[55]. Gleichwohl kommen Peters' Lektüren der biblischen Überlieferung nicht politisch unschuldig daher. Ausgehend von 1 Kor 2,9 begreift er „‚Liebe' oder zugespitzt: ‚Solidarität' [als] die einzige Hermeneutik (…), die dem biblischen Text gerecht zu werden vermag. (…) So schwer und letztlich unerreichbar diese ‚praktische' Bibelhermeneutik ist, so leicht ist es zu zeigen, daß der Aufstand, den Jesus in seiner Zeit und Gesellschaft entfesselt hat, und zwar notorisch, genau dort stattfand, wo ein Reich der Liebe inmitten einer von Gesetz oder Geld oder Macht oder Vorurteil beherrschten Welt ausgerufen wurde und realisiert werden sollte."[56] Hier bündeln sich noch einmal die politisch-theologischen Intentionen der Theologie Peters' und seine dominikanische Orientierung auf das „salus animarum"[57].

Gleichwohl hat eine solche Theologie und Verkündigung auf der Hut zu sein. Pausbäckiger Optimismus ist ihre Haltung nicht. Vielmehr bleibt festzuhalten – dies zeigt Peters in einer Betrachtung zu Joh 20,11–18 eindrücklich[58] –, dass auch der Auferstehungsglaube mit einer „religionskritischen Enttäuschung"[59] beginnt. In diesem Sinne sind wohl auch die eindrücklichen Schlusssätze von Peters' Metz-Profil zu lesen: „Alles muß zurücktreten, bis auf das eine, urchristlich-altvertraute, jeden Maßstab und jede Verantwortung zurechtrückende Maranatha, ‚Komm Herr'. Seine [Metz'] Theologie ist der trotzige und diskrete Ausdruck einer Verlassenheit; nicht eines Verlustes, nicht einer hoffnungslosen Verlorenheit: Theologie des vermißten Gottes."[60]

[54] Ders., Steh auf und geh, a. a. O., 8.
[55] Ders., Gott ist ein Zeitwort, a. a. O., 9.
[56] Ders., Steh auf und geh, a. a. O., 10.
[57] LCO 1 § II.
[58] Vgl. Tiemo Rainer Peters, Wo alles anfängt. Schlussbetrachtung, in: ders., Mehr als das Ganze, a. a. O., 176–178.
[59] Ebd., 177.
[60] Ders., Johann Baptist Metz, a. a. O., 156. – Zu dieser apophatischen Signatur der Theologie Peters' vgl. Ulrich Engel, „…man muß mit den Gebeten beginnen". Von Ferne grüßt Jacques Derrida die neue Politische Theologie, in: Bertil Langenohl / Christian Große Rüschkamp (Hrsg.), Wozu Theologie?, a. a. O., 39–58.

4. Schluss

Nachdem der Dominikanerorden vor einigen Jahren dem Begründer der lateinamerikanischen Theologie der Befreiung, Gustavo Gutiérrez OP, mit dem Titel „Magister in Sacra Theologia“ geehrt hat, legte es sich nahe, dass auch Tiemo Rainer Peters OP, der Mitstreiter der neuen Politischen Theologie, nun diesen Titel trägt – denn diese ist die Schwester der lateinamerikanischen Theologie der Befreiung. Beide Theologien setzen ja beim Verständnis des Leiden und der Leidensgeschichte der Welt an und sinnen auf Rettung und Befreiung, jetzt.

Forschen in und an der dominikanischen Philosophie- und Theologiegeschichte

Zu Walter Senner

Ulrich Horst / Klaus-Bernward Springer

1. Vita

Walter Senner,[1] der am 30. Juli 1948 in Auggen im Breisgau geboren wurde, wuchs in Wiesbaden auf, wo er 1968 sein Abitur am Oraniengymnasium machte. Im gleichen Jahr 1968 trat er in den Dominikanerorden ein und begann das Noviziat in Warburg; dort übernahm er auch das Amt des Bibliothekars für das Noviziat. Das Interesse an Büchern und Bibliotheken bezeugt kurz vor dem Ordenseintritt ein mehrmonatige Tätigkeit als „Booksellers' assistant" in „Foyle's Bookshop" in London. Es gibt also eine besondere Affinität des jungen Mannes zu Bibliotheken und Büchern. Es könnte sein, dass dies die Lebensentscheidung für den dominikanischen „Studierorden" mit beeinflusst hat. Am 28. September 1969 legte der Novize einfache Profess ab und am 9. Dezember 1972 die feierliche Profess mit ewigen Gelübden, wobei er seinen bürgerlichen Vornamen als Ordensnamen beibehielt. Dann studierte Walter Senner 1969–1971 Philosophie und Theologie in Walberberg, Bonn und Köln sowie beide Fächer und orientalische Kultur 1971–1976 in Löwen (1975–1976 mit einem Stipendium des „Deutschen Akademischen Austauschdienstes"), danach Philosophie, Theologie und Kommunikationswissenschaften in Bonn und Köln (und fungierte als Bibliothekar des Studentats in Walberberg), wozu pastorale Tätigkeiten als Mitglied des Kölner Konvents Heilig Kreuz traten sowie die Tätigkeit als Konventsbibliothekar. Geprägt haben ihn in wissenschaftlicher Hinsicht besonders Willehad Paul Eckert OP, dessen Festschrift Walter Senner 1996 herausgab[2] sowie sein Doktorvater Fernand Van Steenberghen,

[1] Zu Person und Œuvre vgl. die Detailinformationen in diversen Internetseiten wie etwa der Homepage der Pontificia Universitas Studiorum a Sancto Thoma Aquinate in Urbe, Facultas Philosophorum, Professori / Professors, Walter Senner OP (http://www.pustphilo.com/prof/senner/index.php; Zugriff vom 10.02.2014) sowie weitere Seiten zu Publikationen, Curriculum vitae, dem von ihm geleiteten Istituto San Tommaso. Einige Informationen bieten auch http://de.wikipedia.org/wiki/Walter-Senner (Zugriff vom 10.02.2014) und http://www.arpato.org/chi_siamo_senner.htm (Zugriff vom 10.02.2014).

[2] Vgl. Walter Senner (Hg.), Omnia disce. Kunst und Geschichte als Erinnerung und Herausforderung. Willehad Paul Eckert OP zum 70. Geburtstag und Goldenen Professjubiläum, Köln

der auch als Emeritus seinen Doktoranden ermutigte und mit Rat unterstützte.[3] Am 29. Juni 1974 wurde Walter Senner zum Priester geweiht. Von 1982 bis zum Fall der Mauer 1989 wirkte er als Studentenpfarrer von St. Thomas Morus in West-Berlin. Dazu kam ab 1986 die Seelsorge für die ihre Abschiebung erwartenden Ausländer hinzu.

Grundlage der Tätigkeit eines jeden Wissenschaftlers und auch von Walter Senner ist die Doktorarbeit. Seine Arbeit an der philosophischen Dissertation war von weiteren Studien und pastoralen Aufgaben in Köln und in Berlin begleitet. Das Werk umfasste schließlich zwei gedruckte umfangreiche Bände einschließlich des Editionsbandes. Das dafür notwendige Wissen erlangte der Promovend durch entsprechende Kurse, aus den Einleitungen zu den Bänden der Editio Leonina und entsprechenden Gesprächen mit den Editoren, besonders P. Louis J. Bataillon OP,[4] dem Walter Senner eng verbunden blieb. Die zweibändige Doktorarbeit beinhaltete sozusagen bereits das für eine Professur übliche „zweite Buch". Darüber hinaus wurden in späterer Zeit weitere kleinere monographische Schriften vorgelegt, auch wenn Walter Senner mehr den auf eine These hin zugespitzten Aufsatz als die monographische Darstellung schätzt. Die Promotion in Philosophie erfolgte am Institut Supérieur de Philosophie der Université Catholique de Louvain 1989 über den Sentenzenkommentar des Johannes von Sterngassen, also eine der vielen Auslegungen des theologischen Grundtextes von Petrus Lombardus aus dem beginnenden 14. Jahrhundert. Der graduierte Doktor der Philosophie beschäftigte sich in späterer Zeit kaum noch mit seinem Promotionsthema,[5] doch flossen die Kenntnisse in die Bearbeitung neuer Thematiken ein. Dies gilt etwa für die Verortung des Johannes von Sterngassen innerhalb der „deutschen Dominikanerschulen" des endigenden 13. und beginnenden 14. Jahrhunderts.

Nach der Promotion wurde Walter Senner 1990 bis 2000 Studienregens der norddeutschen Dominikanerprovinz und von 1990 bis 1996 Moderator für die Studien in der Teutonia. Sein Verdienst war es, Promotionen in der Provinz engagiert gefördert zu haben durch das Modell einer halben Freistellung für Promotionsstudien, so dass Ordensstudenten einerseits Freiraum für wissenschaftliche Tätigkeit ermöglicht, andererseits den Kon-

1996. Zu persönlichen Bezügen vgl. das Vorwort; ebd. 13–16 sowie die Würdigung als akademischer Lehrer (vgl. ebd. 414–417).

[3] Vgl. das Vorwort in Walter Senner, Johannes von Sterngassen OP und sein Sentenzenkommentar. Tl. 1–2 (Quellen und Forschungen zur Geschichte des Dominikanerordens. NF 4–5), Berlin 1995, hier I, 11 f.

[4] Vgl. Ders., Sterngassen I, 11.

[5] Vgl. Ders., Jean de Sterngassen et son commentaire des Sentences, in: *Revue thomiste* 97 (1997) 83–98.

venten und ihrer Seelsorge nicht der engagierte Nachwuchs gänzlich entzogen wurde.

Als Nachfolger von Herrn Czerny[6] und Ulrich Horst OP wurde Walter Senner 1990 (bis 1993) zusätzlich Bibliothekar der bedeutenden, mit ca. 140.000 Bänden und einem Altbestand von teilweise seltenen Inkunabeln und 200 Handschriften sich besonders auf Scholastik, Thomismus und Ordensgeschichte spezialisierenden, von Paulus von Loë OP (1866–1919) als Thomas-Bibliothek begründeten dominikanischen Provinz- und früheren Hochschulbibliothek St. Albert in Walberberg.[7] Der Walberberger Bibliothekar führte die von seinem Vorgänger intensivierte Sammlung ausländischer wissenschaftlicher Reihen und Zeitschriften fort. Die von ihm betriebene Reorganisation der dominikanischen Studienbibliothek[8] beinhaltete vor allem die Katalogisierung auf der Basis des für Bibliotheken üblichen Computerprogrammes Allegro, wofür vermutlich spätere Bibliothekare und vielleicht auch die Mitarbeiter und Mitarbeiterinnen am heutigen Standort der Provinzbibliothek in der Kölner Diözesanbibliothek dankbar waren.[9] Senner nahm dann nach Ende der Bibliothekarstätigkeit von 1994 bis 1998 wieder pastorale Tätigkeiten im Kölner Konvent Hl. Kreuz wahr.

Hingewiesen sei auf Senners Engagement für die Ausstellung „Blühende Gelehrsamkeit“ zur Gründung des Kölner Studium generale der Dominikaner vor 750 Jahren. Er verfasste den Katalog für die Ausstellung im Kölnischen Stadtmuseum vom 14. September bis 15. November 1998.[10] Dabei sorgte der ehemalige Walberberger Bibliothekar dafür, dass auch etliche Inkunabeln und Frühdrucke aus dem bemerkenswert reichen Bestand der Provinzbibliothek der Ausstellung zur Verfügung gestellt wurden, so ein Exemplar des „Malleus maleficarum“ des Heinrich Institoris von ca. 1490/91 wie die „Hexenschrift“ „Contra petentes Remedia a maleficis“ des Jakob von Hoogstraten, gedruckt in Köln 1510.[11]

---

[6] Lobende Erwähnung in Senner, Sterngassen I, 12.

[7] Vgl. Heinz Finger, Bericht über die Übernahme der Dominikanerbibliothek von Walberberg, in: *Analecta Coloniensia* 9 (2009) 27–32, hier 27. Zu Loë und seinen Verdiensten vgl. Michael Dillmann / Klaus-Bernward Springer, Loë, Paulus von, in: Biographisch-Bibliographisches Kirchenlexikon 30 [= Erg.-Bd. 17] (2009) 907–910.

[8] Vgl. Senner, Sterngassen I, 10.

[9] „Im Sommer 2008 wurden die elektronisch verfügbaren Daten zum Bestand der Dominikanerbibliothek Walberberg in den Online-Katalog der Diözesan- und Dombibliothek eingespielt und den Benutzerinnen und Benutzern der Bibliothek zugänglich gemacht.“ Finger, Bericht 31.

[10] Vgl. Walter Senner, Blühende Gelehrsamkeit. Eine Ausstellung zur Gründung des Studium generale der Dominikaner in Köln vor 750 Jahren, Köln 1998.

[11] Vgl. Senner, Gelehrsamkeit 48 Nr. 5.03, 51 Nr. 5.05.

Von 1998 bis 2005 war Walter Senner Mitglied der päpstlichen Commissio Leonina zur kritischen Edition der Werke des Thomas von Aquin in Grottaferrata und St. Jacques in Paris. Die Mitarbeit bei dem 1879 von Leo XIII. initiierten und 1892 dem Orden anvertrauten wissenschaftlichen Großprojekt, bei welchem so bedeutende Persönlichkeiten wie Heinrich Suso Denifle OP mitwirkten, war dem promovierten Philosophiehistoriker ein inneres Anliegen; akribisch beschäftigte er sich mit der Kritik der Texte.

Ab 2005 wirkte P. Walter als Provinz-Promotor für die Weiterbildung, consiliarius Provinciae, Vicarius Prioris in Köln Hl. Kreuz, Seelsorger an der Klosterkirche und Bibliothekar. Im Jahr 2006 wurde er dann zum Professor am Angelicum (Pontificia Universitas S. Thomae Aquinatis in urbe) in Rom ernannt. Seitdem ist er Professor für mittelalterliche Philosophiegeschichte. Auf der neuen Stelle konnte sich Walter Senner in neuer Weise der Forschung widmen. Hier hat er seinen eigentlichen Wirkungsbereich gefunden: der international bekannte Fachmann für scholastische und besonders thomistische Theologie, zugleich Mitglied des Römischen Instituts der Görres-Gesellschaft, forscht und lehrt am Angelicum, gab uneigennützig verschiedenste Anstöße und Impulse für Wissenschaftlerinnen und Wissenschaftler wie Studierende und wird dies wohl auch weiter tun. Seit 2008 ist Senner zusätzlich Leiter des „Istituto San Tommaso".

2. Opus

Walter Senner ist auch verantwortlicher Schriftleiter der Deutschen Thomas-Ausgabe (Walberberger Ausgabe) sowie federführender Herausgeber der Neuen Folge der Quellen und Forschungen zur Geschichte des Dominikanerordens. Ferner ist er Mitglied der Beiräte von „Archa verbi", der „Görres-Gesellschaft" und präsent in weiteren wissenschaftlichen Gesellschaften wie der Meister-Eckhart-Gesellschaft.

Bewundernswert ist sowohl die Akribie, mit der sich der Forscher in Details verbeißen kann, in dem Wissen, dass vor allem die systematische Zusammenschau neuer Detail-Informationen aus den Quellen dann zu Neu-Akzentuierungen in der Forschung führen kann, wie auch seine Großzügigkeit. Beim Sammelband zu Albertus Magnus hat er neben der Forschungsequipe des Bonner Albertus-Magnus-Instituts etwa auch die Sekretärin Maria Nauert als Mitherausgeberin in der bei Professoren mitunter seltenen Auffassung gewonnen, dass ihr Beitrag für das Werden des Werks genauso wichtig war wie das der Wissenschaftler. Der Professor fördert auch den wissenschaftlichen Nachwuchs. Seine Doktorandin Barbara Bartocci erhielt bereits in Erfurt und in Löwen Stipendien für ihre Forschungen zur Philosophiegeschichte der Renaissance.

Der deutsche Dominikaner hat seine Forschungsschwerpunkte in der dominikanischen Philosophie- und Theologiegeschichte, bes. mit Forschungen zu Albertus Magnus, Thomas von Aquin, Johannes von Sterngassen und Meister Eckhart, den „deutschen Dominikanerschulen" und dem „Studium Coloniense" der deutschen Dominikaner.[12] Der Schwerpunkt gilt also den bedeutendsten Dominikanern des Mittelalters weltweit wie in der Dominikanerprovinz Teutonia und bildet so eine wichtige Bereicherung für die Universitäts- und Wissenschaftsgeschichte. Außerhalb des Mittelalters hat er seinen Mitbruder Francisco de Vitoria aus dem 16. Jahrhundert thematisiert.[13]

In der Ordensprovinz Teutonia ist Albertus Magnus der bedeutendste Heilige der Provinz und sein Andenken und seine Erforschung daher Erbe und Auftrag. Schon seit 1980 beschäftigte sich Walter Senner mit dem Sentenzenkommentar des „doctor universalis".[14] Ausgewiesen durch weitere Beiträge[15] initiierte Walter Senner im Auftrag der Teutonia den von ihm 2001 federführend herausgegebenen großen Albertus Magnus-Sammelband „Albertus Magnus. Zum Gedenken nach 800 Jahren",[16] der einen gewichtigen Meilenstein der Forschung zu dem bedeutendsten Magister in sacra theologia der Teutonia darstellt. Unterteilt in sieben Sektionen (1. Alberts Quellen; 2. Prima philosophia, Erkenntnis; 3. Wille; 4. Ethik und

[12] Vgl. Ders., Das Studium Coloniense der Dominikaner im Mittelalter, in: Sebastian Cüppers (Hg.), Kölner Theologen von Rupert von Deutz bis Edith Stein, Köln 2004, 136–161; Ders., Die rheinischen Studia der Dominikaner im Mittelalter: Alternative und Vorläufer der ‚Universitates studiorum', in: Laurent Cesalli / Nadja Germann / Maarten J. F. Hoenen (Ed.), University, Council, City: Intellectual Culture on the Rhine (1300–1550) (Rencontres de philosophie médiévale 13), Turnhout 2007, 3–45.

[13] Vgl. Santiago Rodríguez López / Walter Senner, Francisco de Vitora und das amerikanische Problem, in: Michael Sievernich / Arnulf Camps / Andreas Müller / Walter Senner (Hg.), Conquista und Evangelisation: 500 Jahre Orden in Lateinamerika, Mainz 1992, 119–146.

[14] Vgl. Walter Senner, Zur Wissenschaftstheorie der Theologie im Sentenzenkommentar Alberts des Großen, in: Gerbert Meyer / Albert Zimmermann (Hg.), Albertus Magnus. Doctor universalis 1280–1980 (Walberberger Studien. Phil. Reihe 6), Mainz 1980, 323–343.

[15] Vgl. Walter Senner, Zur Definition der Wahrheit bei Albertus Magnus, in: Thomas Eggensperger / Ulrich Engel (Hg.), Wahrheit. Recherchen zwischen Hochscholastik und Postmoderne (Walberberger Studien. Phil. Reihe 9), Mainz 1995, 11–48; Ders., Albertus Magnus als Gründungsregens des Kölner Studium generale der Dominikaner, in: Jan A. Aertsen / Andreas Speer (Ed.), Geistesleben im 13. Jahrhundert (Miscellanea mediaevalia 27), Berlin 2000, 129–189.

[16] Vgl. Walter Senner unter Mitarbeit von Henryk Anzulewicz, Maria Burger, Ruth Mayer, Maria Nauert, Pablo C. Sicouly, Joachim Söder und Klaus-Bernward Springer (Hg.), Albertus Magnus. Zum Gedenken nach 800 Jahren: Neue Zugänge, Aspekte und Perspektiven (Quellen und Forschungen zur Geschichte des Dominikanerordens. NF 10), Berlin 2001.

Politik; 5. Philosophia naturalis; 6. Biblische und systematische Theologie, 7. Mystik und Spiritualität)[17] mit 42 Beiträgern traf der Band von knapp 700 Seiten auf große Resonanz und war schnell vergriffen. Der Sammelband steht in einer Tradition der Forschungen deutscher Dominikaner[18] und etlicher von der Teutonia geförderter Sammelbände zum „Doctor universalis".[19] Sein weiteres Forschen[20] bündelte Walter Senner in der renommierten „Lectio Albertina" des Bonner Albertus-Magnus-Instituts zum Thema „Alberts des Großen Verständnis von Theologie und Philosophie".

Dem Dominikaner lag und liegt das thomistische Erbe, das im Gefolge des Vatikanums II. durch den Wandel von einer philosophia und theologia perennis hin zu Bibelwissenschaft und der Bedeutung der Geschichtlichkeit an Bedeutung verlor, sehr am Herzen. Aufgrund der vielfältigen Beschäftigung mit dem Aquinaten[21] wurde Senner von seiner Heimatprovinz

---

[17] Vgl. die Gliederung in Senner, Albertus Magnus V-VIII, sowie dessen Vorwort, ebd. IX-XV, hier XIf. zur inhaltlichen Gliederung des Bandes.

[18] Zu den Veröffentlichungen Loës vgl. den o.g. Lexikonbeitrag von Dillmann/Springer. In geistlicher Hinsicht sind etliche Publikationen von Hieronymus Wilms zu nennen; vgl. Elias H. Füllenbach / Klaus-Bernward Springer, Wilms, Hieronymus Maria, in: BBKL 31 (2010) [= Erg.-Bd. 18] 1486–1491. Vgl. auch die Publikation des Dominikanertertiaren Martin Grabmann, Drei ungedruckte Teile der Summa de creaturis Alberts des Großen. Aus den Handschriften nachgewiesen und gewürdigt (Quellen und Forschungen zur Geschichte des Dominikanerordens in Deutschland 13), Leipzig 1919, sowie die des der Teutonia eng verbundenen Heribert Christian Scheeben, Albert der Große: Zur Chronologie seines Lebens (Quellen und Forschungen zur Geschichte des Dominikanerordens in Deutschland 27), Vechta-Leipzig 1931. Zu dem von Laurentius Siemer in Walberberg angesiedelten Editorenkolleg und der Beteiligung von Ephraim Filthaut OP an der kritischen Gesamtausgabe seiner Werke vgl. Klaus-Bernward Springer, Das historische Institut der Dominikaner-Provinz Teutonia: Eine Spurensuche, in: *Zeitschrift für Kirchengeschichte 117* (2006) 231–265, hier 241–244, 245 f., 258, 259 f.

[19] Für 1980 s.o. den in der Philosophischen Reihe der Walberberger Studien publizierten Sammelband, hg. von Meyer / Zimmermann, Albertus Magnus, der einen Beitrag von Walter Senner enthält; Manfred Entrich (Hg.), Albertus Magnus. Sein Leben und seine Bedeutung, Graz-Wien-Köln 1982.

[20] Vgl. Walter Senner, Zur Definition der Wahrheit bei Albertus Magnus [wie Anm. 15]; Ders., Wahrheit bei Albertus Magnus und Thomas von Aquin, in: Markus Enders / Jan Szaif (Hg.), Die Geschichte des philosophischen Begriffs der Wahrheit, Berlin – New York 2006, 103–148; Ders., Theologia scientia affectiva oder scientia secundum pietatem bei Albertus Magnus – eine Alternative zur Dichotomie scientia theoretica aut practica?, in: Matthias Lutz-Bachmann / Alexander Fidora (Hg.), Handlung und Wissenschaft. Die Epistemologie der praktischen Wissenschaften im 13. und 14. Jahrhundert – Action and Science. The Epistemology of the Practical Sciences in the 13th and 14th Centuries (Wissenskultur und gesellschaftlicher Wandel 29), Berlin 2008, 61–72; Ders., Alberto Magno, educador, in: *Anamnesis 18/2* (2008) 77–88; Ders., Albert the Great as Educator, in: Gabrielle Kelly / Kevin Saunders (Ed.), Towards the Intelligent Use of Liberty. Dominican Approaches in Education, Adelaide 2007, 19–30. S.u. zu den Beiträgen von Albert bis Eckhart bzw. Seuse.

[21] Vgl. Walter Senner, Mir na nebu i rat na zemlji? Razmišljanja prema tekstovima od Heraklita i Aristotela preko Tome Akvinskog do Karla Marxa [Friede im Himmel und Krieg auf Erden.

Teutonia die Fortführung und Beendigung der seit längerer Zeit darniederliegenden Deutschen Thomas-Ausgabe (Walberberger Ausgabe) übertragen. Dies trug mittlerweile Früchte in dem monumentalen, von Otto Hermann Pesch kommentierten Band über die „Sünde" von über 1200 Seiten. Aus der Zeit der Editio Leonina ist Walter Senner ein guter, kritischer Text ein Anliegen. Darum bemühte er sich in dem von Otto Hermann Pesch herausgegebenen Band der Walberberger Ausgabe zur „Sünde"[22] wie auch in der von Klaus Obenauer übersetzten und kommentierten Quaestio disputata des Thomas von Aquin „De unione verbi incarnati".[23]

Verdienste kommen Walter Senner bes. in der Eckhart-Forschung zu. Hier entdeckte er das bislang unbekannte Todes-Datum des Meisters am 28. Januar 1328.[24] Einen weiteren Impuls setzte Walter Senner zusammen mit Markus Vinzent (London) durch die Entdeckung von Pariser Quaestionen des Meisters in der Bibliotheca Vaticana. Nach der Edition von Loris Sturlese arbeiten Senner und Vinzent zusammen mit Barbara Bartocci auch an Übersetzungen in verschiedene Sprachen. Kritisch sichtete Walter Senner die Straßburger Periode des Meisters.[25] Mit seinem Prozess befasste sich Walter Senner gleichfalls, beabsichtigt er doch eine kritische Auseinander-

Reflexionen zu Texten von Heraklit und Aristoteles über Thomas von Aquin bis zu Karl Marx.], in: Anto Gavrić (Ed.), Ljubav prema istini. Zbornik u čast Tome Vereša O.P. prigodom 70. rođendana i 50. godina redovničkih zavjeta [Love of truth. Festschrift for Tomo Vereš OP on the occasion of his 70th birthday and the 50th anni-versary of his religious profession], Zagreb 2000, 221–251 [mit kroat. u. dt. Zusammenfassung]. Ders., Feuer und Wasser bei Thomas von Aquin und anderen, in: Benoît-Michel Tock (Ed.), „In principio erat verbum". Mélanges offerts en hommage à Paul Tombeur par des anciens étudiants à l'occasion de son éméritat (Fédération Internationale des Instituts d'Ètudes Médiévales. Textes et Études du Moyen Âge 25), Turnhout 2005, 379–407; Ders., Gli „studia generalia" nell'Ordine dei Predicatori nel Duecento, in: *Archivum Franciscanum historicum 98* (2005) 151–175; Ders., Wahrheit bei Albertus Magnus und Thomas von Aquin [wie Anm. 20]; Thomas von Aquin und die Kirchenväter – eine quantitative Übersicht, in: Thomas Prügl / Marianne Schlosser (Hg.), Kirchenbild und Spiritualität. Dominikanische Beiträge zur Ekklesiologie und zum kirchlichen Leben im Mittelalter. Festschrift für Ulrich Horst OP zum 75. Geburtstag, Paderborn 2007, 25–42.

22 Vgl. Thomas von Aquin, Die Sünde. Deutsch-lateinische Ausgabe. Übersetzt und kommentiert von Otto Hermann Pesch (Die deutsche Thomas-Ausgabe 12), Wien 2004.

23 Vgl. Thomas von Aquin, Quaestio disputata „De unione verbi incarnati" („Über die Union des fleischgewordenen Wortes"). Übers., ausführlicher wiss. Kommentar und theol.-theologiegeschichtliche Reflexion von Klaus Obenauer, Lat. Text erstellt von Walter Senner und Barbara Bartocci, Stuttgart – Bad Cannstatt 2011.

24 Vgl. Walter Senner, Meister Eckhart in Köln, in: Klaus Jacobi (Hg.), Meister Eckhart: Lebensstationen – Redesituationen (Quellen und Forschungen zur Geschichte des Dominikanerordens in Deutschland NF 7), Berlin 1997, 207–237, hier 232–234.

25 Vgl. Walter Senner, Meister Eckharts Straßburger Ordensauftrag, in: *Meister-Eckhart-Jahrbuch 2* (2008) 17–35.

setzung mit Trusens Klassiker zu diesem Thema.[26] Ein vorläufiges Fazit der langjährigen Beschäftigung[27] ist der große und grundlegende Beitrag über Leben, Wirken und Prozess von Meister Eckhart in dem bedeutenden Standardwerk „A companion to Meister Eckhart".[28] Zuletzt befasste sich der Dominikaner mit „Meister Eckhart als Ordensmann".[29] Besonders ist Walter Senner auch Heinrich Seuse verbunden, den er als geistlichen Autor schätzt.[30]

Aufgrund seines Forschungsschwerpunktes ist Walter Senner in besonderem Maß geeignet zu Vergleichen zwischen diesen Geistesgrößen und der Darlegung von Kontinuitätslinien und Neuentwicklungen bei Albert dem Großen und Thomas von Aquin[31] bzw. bis zu Meister Eckhart und Heinrich Seuse.[32] Auf dieser Basis kann der Philosophiehistoriker wie erwähnt besonders die Leistungen der deutschen Dominikanerschulen des 13. und 14. Jahrhunderts und des Kölner Generalstudiums würdigen.[33] Daraus ist als weiterer Schwerpunkt die Erforschung des dominikanischen Studi-

---

[26] Vgl. Walter Senner, Meister Eckharts Prozesse, in: Dietmar Mieth / Britta Müller-Schauenburg (Hg.), Mystik, Recht und Freiheit: Religiöse Erfahrung und kirchliche Institutionen im Spätmittelalter, Stuttgart 2012, 69–95.

[27] Vgl. auch Walter Senner, Rhineland Dominicans, Meister Eckhart and the Sect of the Free Spirit, in: Joan Greatrex (Ed.), The Vocation of Service to God and Neighbour. Essays on the Interests, Involvements and Problems of Religious Communities and their Members in Medieval Society. Selected Proceedings of the International Medieval Congress, University of Leeds, 14–17 July 1997, Turnhout 1998, 121–133; Ders., Die „Rede der underscheidunge" als Dokument dominikanischer Spiritualität, in: Andreas Speer / Lydia Wegener (Hg.), Meister Eckhart in Erfurt (Miscellanea mediaevalia 32), Berlin 2005, 109–121.

[28] Vgl. Walter Senner, Meister Eckhart's Life, Training, Career and Trial, in: Jeremiah M. Hackett (Ed.), A companion to Meister Eckhart (Brill's companions to the Christian tradition 36), Leuven 2012, 7–84.

[29] Vgl. Walter Senner, Meister Eckhart als Ordensmann, in: *Meister-Eckhart-Jahrbuch* 7 (2013) [= Freimut Löser / Dietmar Mieth (Hg.), Meister Eckhart im Original (*Meister-Eckhart-Jahrbuch* 7), Stuttgart 2014] 1–29.

[30] Vgl. Walter Senner, Heinrich Seuse und der Dominikanerorden, in: Rüdiger Blumrich / Philipp Kaiser (Hg.), Heinrich Seuses „Philosophia spiritualis". Quellen, Konzept, Formen und Rezeption. Tagung Eichstätt 2.–4. Oktober 1991 (Wissensliteratur im Mittelalter 17), Wiesbaden 1994, 3–31; Ders., Von Albertus Magnus zu Heinrich Seuse: Entwurf und Scheitern der Konzeption einer ganzheitlichen Wissenschaft, in: *Heinrich-Seuse-Jahrbuch.* Zeitschrift für eine interdisziplinäre Erforschung der Spiritualität Heinrich Seuses und der Deutschen Mystik 1 (2008) 15–35.

[31] Vgl. Walter Senner, Wahrheit bei Albertus Magnus und Thomas von Aquin [wie Anm. 20]; Ders.: La verdad, en Alberto Magno y en Tomás de Aquino, in: *Anamnesis* 19/1 (2009) 75–127.

[32] Vgl. Walter Senner, From Albert the Great to Meister Eckhart: The Wholeness of Science and Wisdom, in: *Listening.* Journal of Religion and Culture 43/3 (Fall 2008) 148–165; Ders., Von Albertus Magnus zu Heinrich Seuse [wie Anm. 30].

[33] S. o.

ums erwachsen.[34] Derzeit wird der Forschungsschwerpunkt ausgebaut durch das mit Markus Vinzent (King's College London) vorangetriebene Drittmittel-Projekt zu Pariser Magistri um 1300.

Hervorzuheben ist bei klarem Forschungsschwerpunkt und Forschungsprofil die Vielfalt in den Arbeiten des Dominikaners. Besonderes Anliegen des „bekennenden Observanten" ist die Spiritualität.[35] Themen wie der dominikanischen Inquisition geht er nicht aus dem Weg.[36] Gemäß dem Ordensmotto „Wahrheit" war die philosophiegeschichtliche Behandlung dieses Themas dem Dominikaner ein Anliegen.[37]

Die Reihe „Quellen und Forschungen zur Geschichte des Dominikanerordens. Neue Folge" wurde durch die Zusammenarbeit des ersten federführenden Herausgebers Isnard W. Frank, der als solcher für die ersten sieben Bände der Reihe von 1992 bis 1997 verantwortlich zeichnete, Ulrich Horst OP als erstem Autor der Reihe und Walter Senner, der 1997 die federführende Herausgeberschaft übernahm, zusammen mit dem bedeutenden Ordenshistoriker Kaspar Elm begründet; der erste Band von Ulrich Horst erschien 1992. Pater Walter brachte seine eigene Dissertation als zwei Bände, nämlich Bd. 4 und 5 der Reihe, ein. Bereits Bd. 6 hatte er laut Vorwort bei der „Herstellung in selbstloser Weise betreut".[38] Bd. 7 hatte er angeregt und die Drucklegung in der Reihe ermöglicht,[39] es wurde der erste Sam-

---

[34] Vgl. Walter Senner, Die Studienorganisation des Dominikanerordens im Mittelalter mit Berücksichtigung Estlands, in: Riho Altnurme (Hg.), Estnische Kirchengeschichte im vorigen Jahrtausend / Estonian Church History in the Past Millenium, Kiel 2001, 26–43; Ders.: Gli „studia generalia" nell'Ordine dei Predicatori nel Duecento, in: *Archivum Franciscanum historicum* 98 (2005) 151–175; Ders., Dominican Education, in: Jeremiah M. Hackett (Ed.), A Companion to Meister Eckhart [wie Anm. 28], 711 ff.

[35] Vgl. Walter Senner, Zur Spiritualität des Dominikanerordens im Mittelalter, in: Barbara Helbling u. a. (Hg.), Bettelorden, Bruderschaften und Beginen in Zürich: Stadtkultur und Seelenheil im Mittelalter, Zürich 2002, 121–131, 314–316 (Anm.); Ders., Die ‚Rede der underscheidunge' als Dokument dominikanischer Spiritualität, in: Andreas Speer / Lydia Wegener (Hg.), Meister Eckhart in Erfurt (Miscellanea mediaevalia 32), Berlin 2005, 109–121.

[36] Vgl. Walter Senner, How Henricus Institoris became inquisitor for Germany: The Origin of Summis Desiderantis Affectibus, in: Praedicatores, Inquisitores. Tom. 1: The Dominicans and the Medieval Inquisition. Acts of the 1st International Seminar on the Dominicans and the Inquisition, Rome 23–25 February 2002. Ed. Istituto storico Domenicano (Dissertationes historicae 29), Rom 2004, 395–406.

[37] Vgl. Walter Senner, Zur Definition der Wahrheit bei Albertus Magnus [wie Anm. 15]; Ders., Wahrheit bei Albertus Magnus und Thomas von Aquin [wie Anm. 20]; Ders., Robert Grosseteste zur Wahrheitsfrage, in: op. cit., 167–180.

[38] Vgl. Franz Josef Schweitzer, Meister Eckhart und der Laie. Ein antihierarchischer Dialog des 14. Jahrhunderts aus den Niederlanden (Quellen und Forschungen zur Geschichte des Dominikanerordens NF 6), Berlin 1997, VII.

[39] Vgl. Klaus Jacobi, Vorrede, in: Ders. (Hg.), Meister Eckhart: Lebensstationen – Redesituationen (Quellen und Forschungen zur Geschichte des Dominikanerordens in Deutschland NF 7), Berlin 1997, 7–11, hier 11.

melband der „Quellen und Forschungen“. 1999 erschien als erstes unter der federführenden Herausgeberschaft von Walter Senner publiziertes Werk die Dissertation von Klaus-Bernward Springer über die deutschen Dominikaner zur Reformationszeit. Hatte die frühere Reihe „Quellen und Forschungen zur Geschichte des Dominikanerordens in Deutschland“ zwischen 1907 und 1952 40 „Hefte“ hervorgebracht, und sich vor allem auf die Geschichte der dominikanischen Provinzen Teutonia und Saxonia und ihrer Konvente konzentriert, so fand unter dem Philosophiehistoriker Walter Senner wie dem engagierten Theologiehistoriker Ulrich Horst vielleicht nicht überraschend ein Wandel hin zur Erforschung bedeutender Theologen und Philosophen statt (Bd. 10: Albertus Magnus; Bd. 1, 12, 20: Thomas von Aquin; Bd. 6, 7, 15: Meister Eckhart; Bd. 4–5: Johannes von Sterngassen; Bd. 18: Gerhard von Sterngassen; Bd. 9: Johannes Mulberg; Bd. 19: Juan de Torquemada, Thomas de Vio Cajetan). In den 15/16 Jahren der federführenden Herausgeberschaft zwischen 1998/99 und 2014 erschienen bislang elf Bände (mittlerweile ist ein Band auch auf Englisch publiziert). Die Entwicklung der Reihe ist seit 15 Jahren mit Walter Senner verknüpft; sein Wirken hat sich äußerst positiv auf die Reihe ausgewirkt.

Besondere Bedeutung hat er als Forschungsorganisator. Aus einem Arbeitskreis zur mittelalterlichen Philosophie und Theologie entwickelte sich allmählich die IGTM, die Internationale Gesellschaft für Theologische Mediävistik. P. Walter war es immer ein Anliegen, dass Austausch zwischen den Wissenschaftlern verschiedener Disziplinen möglich war; von Hierarchien zwischen Nachwuchswissenschaftlern und amtierenden Professoren hielt er wenig. Der Professor für mittelalterliche Philosophiegeschichte war von Anfang an im Herausgebergremium von „Archa verbi. Yearbook for the Study of Medieval Theology“, deren erster Band 2004 veröffentlicht wurde. Diese Tätigkeit in einem theologischen Jahrbuch erfolgt nicht nur aufgrund der engen Verbindung von Philosophie und Theologie, sondern wie sich im Œuvre Senners zeigt, sind ihm genuin theologische Themen ein wichtiges Anliegen. Damit entspricht er in besonderem Maß den Anforderungen, die der Orden an die Verleihung der Würde des Magisters in sacra theologia stellt. Die Brüder sollen herausragend in der Förderung der Wissenschaften, besonders der Theologie sein. Die gewünschte Exzellenz wird erlangt durch stimulierende Reflexion auf die Lehre sowie durch innovative Forschung und publizierte Arbeiten von herausragendem Wert.[40] Diese Erfordernisse an die Theologie erfüllt Walter Senner.

[40] Vgl. Liber Constitutionum et Ordinationum Fratrum Ordinis Praedicatorum iussu Fr. Carlos A. Azpiroz Costa magistri Ordinis editus, Roma 2010, 73 Nr. 96: „Magisterium in sacra theologia fratribus confertus qui in scientiis, praesertim sacris, promovendis eminentes

3. Fazit

Walter Senner ist international renommiert und publiziert in unterschiedlichen Sprachen. Der klare Forschungsschwerpunkt im Zeitraum zwischen 1250 und 1350 beeindruckt in der Vielfalt der qualitätsvollen Forschungen und der beneidenswerten Fülle der Impulse dafür.

Der akribische Forscher hat wohl nie eine Karriere verfolgt, sondern sich in die verschiedensten ihm übertragenen Aufgaben „hineingekniet“. Auf der einen Seite ist er der Typ des vielleicht nicht immer ganz zeitgemäßen und in manchem auch gegen den Zeitgeist wirkenden Einzelforschers, der penibel und unbeirrbar trotz aller Mühen Quellen sichtet und seine Themen verfolgt. Andererseits und zugleich ist Walter Senner gut vernetzt, treibt Publikations- und Forschungsprojekte voran und teilt die Ergebnisse seiner Funde und Forschungen gern und selbstlos. Dies zeigt sich etwa an den von ihn verantworteten Sammelbänden, die er mit einer Reihe von Personen herausgab. Evtl. darin wie auch in der Konzentration auf die drei großen Dominikaner Albert, Thomas und Eckhart dem Vorbild seines akademischen Lehrers Willehad Paul Eckert folgend, gilt für Senner „die hermeneutisch-asketische Leistung des Philosophiehistorikers“.[41] Er besucht gern und viel Tagungen und pflegt dort den Dialog, bürstet in seinen Wortbeiträgen auch mal gegen den Strich und lässt einen unabhängigen Geist erkennen. Er ist ein bedeutender und angesehener Wissenschaftler, der wichtige und die Forschung befruchtende Impulse gesetzt hat.

agnoscuntur. Huiusmodi excellentia comprobatur capacitate reflexionem et inquisitionem doctrinalem suscitandi ac ducendi, necnon operibus eximii valoris editis atque auctoritate in campo scientifico etiam extra Ordinem iam assecuta.“

[41] Bezogen auf P. Willehad vgl. Walter Senner, P. Willehad Paul Eckert, 414; vgl. auch ebd., 415, 416 f.

Zur Verleihung des Titels „Magister in Sacra Theologia" an Tiemo Rainer Peters

Reinhard Feiter

Fast drei Jahrzehnte ist Tiemo Rainer Peters an der Katholisch-Theologischen Fakultät der Westfälischen Wilhelms-Universität in Münster als theologischer Lehrer tätig gewesen. Nach seinen Studien in Walberberg und Münster, die er einerseits mit einer Lektoratsarbeit über ethische Aspekte im Werk Dietrich Bonhoeffers und andererseits mit seiner von Johann B. Metz betreuten Dissertation über die „Präsenz des Politischen in der Theologie Dietrich Bonhoeffers" abschloss[1], und nach einem letztlich kurzen Ausflug an die noch junge Universität Bielefeld, wo ein bikonfessionelles Theologisches Institut entstehen sollte, war er von 1976 bis 2004 an der Münsteraner Katholisch-Theologischen Fakultät tätig – zunächst als Wissenschaftlicher Assistent und ab 1979 als Akademischer Rat. Deshalb freue ich mich sehr, als Dekan dieses Fachbereiches, an dem er so lange und so nachhaltig gewirkt hat, im Namen von Fakultät und Kollegium von Herzen gratulieren zu dürfen.

Nach Thomas von Aquin wird jemand Magister geheißen aufgrund seiner Gemeinschaft mit dem wahren Magister: Christus, und weil er gleichsam dessen Bote ist[2]; und dass Tiemo Rainer Peters dies in der Tat in ganz besonderer Weise ist, das könnten hier und heute unzählige ehemalige Münsteraner Studienanfängerinnen und -anfänger bezeugen. Bei Tiemo Rainer Peters den Theologischen Grundkurs besucht zu haben, das gilt vielen, die in Münster studiert haben, als das Überschreiten einer Schwelle, als die Einführung in eine theologische Existenz. Insofern ist er vielen längst schon zum Lese- und Lebemeister geworden, und zwar aus einem Grund, den wenigstens anzudeuten ich versuchen möchte.

[1] Tiemo Rainer Peters, Gebot und Verheißung. Die Ethik in der theologischen Entwicklung Dietrich Bonhoeffers. Masch. Lektoratsarbeit, Walberberg 1969; ders., Die Präsenz des Politischen in der Theologie Dietrich Bonhoeffers. Eine historische Untersuchung in systematischer Absicht (Gesellschaft und Theologie : Systematische Beiträge, 18), München 1976/zugl.: Universität Münster i. W., Dissertation von 1975.

[2] Vgl. Willehad Paul Eckert, Das Selbstverständnis des Thomas von Aquino als Mendikant und als Magister S. Theologiae, in: Paul Wilpert (Hg.), Beiträge zum Berufsbewusstsein des mittelalterlichen Menschen, Berlin 1964, 105–134, hier: 112, Fn. 22: Thomas von Aquin, Contra impugnantes Dei cultum et religionem, V: „Magister ex consortio magistri veri tamquam eius nuntius et pro reverentia eius, a quo mittitur, honoretur."

„Anstiftungen aus dem Evangelium" lautet der Untertitel eines seiner Bücher.[3] 1984 hat er unter dieser Überschrift biblische Besinnungen vorgelegt. Mir scheint aber, dass seine theologischen Arbeiten und Wortmeldungen allesamt die Kennzeichnung als Anstiftungen aus dem Evangelium verdienen, weil sie es auch im eigentlichen und strengen Sinne sind.[4] Warum? Weil in ihnen nicht nur in einer mehr oder weniger üblichen hermeneutischen Manier die Wieder-Aneignung einer Botschaft aus der Vergangenheit geschieht – sodass „das Vergangene sein Licht auf das Gegenwärtige oder das Gegenwärtige sein Licht auf das Vergangene wirft", wie Walter Benjamin einmal notiert hat.[5] Und weil hier die Geschichte des Predigers aus Nazareth gerade nicht als abgeschlossene Vergangenheit erscheint, die als solche immer wieder von neuem aktualisiert werden müsste. Anstiftung aus dem Evangelium ist Peters' Theologie, weil sie uns erfahren lässt, dass Evangelium heißt: Jesu Leben und Sterben treten ein in das Jetzt dieser Zeit und Gesellschaft als das Jetzt – wiederum mit Benjamin gesprochen – ihrer „Erkennbarkeit". Das Jetzt der heute ausgestoßenen Schmerzensschreie und das Jetzt des gefrorenen Meeres in uns (Franz Kafka) sind es, in denen uns die Worte der Schrift „blitzhaft" zur „Lesbarkeit" kommen.

Vielleicht darf ich es so sagen: Tiemo Rainer Peters aus dem Orden der Predigerbrüder ist Magister, ist Lehrer einer messianischen Hermeneutik der Predigt des Christus Jesus.

---

[3] Tiemo Rainer Peters, Steh auf und geh. Anstiftungen aus dem Evangelium, Mainz 1984.

[4] Vgl. die Bibliographie in diesem Buch.

[5] Walter Benjamin, Das Passagen-Werk, hg. v. Rolf Tiedemann = Gesammelte Schriften, Bd. V,1–2, Frankfurt a. M. 1982, 577 f., hier: 578 – auch im Folgenden beziehen sich Gedanke und Formulierungen auf Fragment N 3, 1, ebd. 577 f.

Zur Verleihung des Titels „Magister in Sacra Theologia" an Walter Senner

Konštanc Miroslav Adam

Für unsere dominikanische Universität in Rom, der Päpstlichen Universität des Heiligen Thomas von Aquin (kurz: dem Angelicum), dessen Rektor ich bin, freue ich mich, dass neben zwei Mitbrüdern nun ein Dritter, Walter Senner, den Titel „Magister in Sacra Theologia" trägt.

Einige mögen sich fragen: Wie kann es sein, dass es den Titel „Magister in Sacra Theologia" immer noch gibt, zumal er nur innerhalb des Dominikanerordens vergeben wird. Im Falle von Walter Senner mag dies noch mehr erstaunen, da er doch von Hause aus Professor für Philosophie ist, der Titel aber die „Theologie" impliziert.

Die Antwort ist einfach für den, der mit den Anfängen des Ordens der Predigerbrüder vertraut ist und der Pater Walter persönlich kennt. Den Abschluss der Promotion zu diesem Magistergrad bildet die „lectio magistralis", die öffentlich zu halten ist. Nicht ganz zufällig hat Walter Senner seine Vorlesung ausgerechnet am Hochfest des Hl. Thomas von Aquin (28. Januar) gehalten. Indirekt erinnert man sich an die Antrittsvorlesung des Aquinaten, die dieser 1256 an der Theologischen Fakultät der Universität von Paris gehalten hat. Wir kennen auch den Inhalt seiner offiziellen Ansprache, die im Stil seiner Zeit allegorisch um einen Vers aus (Psalm 103 [104]) konstruiert ist: „Du tränkst die Berge aus deinen Kammern, aus deinen Wolken wird die Erde satt." (Psalm 103 [104], 13).

Es ist bezeichnend, dass Tiemo Rainer Peters wie auch Walter Senner als Thema für ihre Vorlesungen die Politik im theologischen Denken des Heiligen Thomas von Aquin gewählt haben. Die Verleihung des Titels möge daran erinnern, dass in gewisser Weise auch heute noch einige unserer Mitbrüder durch ihr Leben und ihr Werk an das Wirken des Heiligen Thomas erinnern. Alle, die Walter Senner kennen, stimmen darin überein, dass er – trotz seiner Lehrtätigkeit im Fach Philosophie – durch seine Forschungen, sein persönliches Studium, seine Teilnahme an internationalen Kongressen und durch seine wissenschaftlichen Publikationen über die Grenzen der Philosophie hinausgreift. Ihm sind auch die subtilen Fragen der Theologie, der Spiritualität und der mittelalterlichen Mystik vertraut. Natürlich ist er über die Jahre nicht nur zu einem Fachmann für das Leben und das Werk des Thomas von Aquin herangereift, sondern auch für andere bedeutende Lehrautoritäten des Mittelalters aus dem Dominikanerorden und darüber hinaus. Ich wage zu behaupten: Walter Senner ist einer der letzten klassischen „Meister“ der Lehre in unserer gegenwärtigen Zeit, die so schnell ihre Lebensweise und ihren Lehr- und Forschungsstil wandelt. Dank der neuen Technologien wird die Welt in zehn oder fünfzehn Jahren immer virtueller und unpersönlicher werden und nicht mehr wiederzuerkennen sein. Walter Senner ist am Angelicum dafür bekannt, mit ganzem Herzen für die Forschung und die Suche nach Wahrheit zu leben und dies als „Meister“ der Lehre auch den Studierenden vermitteln zu wollen. Dafür wird er von ihnen aufrichtig geschätzt.

Bibliografien

Tiemo Rainer Peters

Monografien

1. Gebot und Verheißung. Die Ethik in der theologischen Entwicklung Dietrich Bonhoeffers. Masch. Lektoratsarbeit, Walberberg 1969.
2. Die Präsenz des Politischen in der Theologie Dietrich Bonhoeffers. Eine historische Untersuchung in systematischer Absicht, München / Mainz 1976.
3. Tod wird nicht mehr sein, Zürich / Einsiedeln / Köln 1978.
4. Steh auf und geh. Anstiftungen aus dem Evangelium, Mainz 1984.
5. Gottespassion. Zur Ordensexistenz heute, zus. mit J.B. Metz, Freiburg/ Brsg. 1991.
6. Mystik, Mythos, Metaphysik. Die Spur des vermißten Gottes, München / Mainz 1992.
7. Theologie nach Auschwitz, zus. mit F.-W. Marquardt, Karl-Rahner-Akademie Köln 1993.
8. Nach Auschwitz von Gott sprechen, Hamburg 1995.
9. Johann Baptist Metz. Theologie des vermißten Gottes, Mainz 1998.
10. Mehr als das Ganze. Nachdenken über Gott an den Grenzen der Moderne, Ostfildern 2008; ^{2}2010.
11. Gott ist ein Zeitwort. Weltliche Schriftlesungen, Ostfildern 2012.
12. Gott oder die „Kröte" des Glaubens. Christsein nach Karl Rahner, Münster 2014.

(Mit-)Herausgeberschaften

1. Forum Politische Theologie (Matthias-Grünewald-Verlag, Mainz / Kaiser-Verlag, München 1980 – 1990), zus. mit J.B. Metz u. J. Moltmann.
2. Theologisch-politische Protokolle, München / Mainz 1981.
3. Erinnern und Erkennen. Denkanstöße aus der Theologie von Johann Baptist Metz, zus. mit Th. Pröpper u. H. Steinkamp, Düsseldorf 1993.
4. Ende der Zeit? Die Provokation der Rede von Gott, zus. mit C. Urban, Mainz 1999.
5. Über den Trost. Für Johann Baptist Metz, zus. mit C. Urban, Ostfildern 2008.

Beiträge in Sammelbänden

1. Jenseits von Radikalismus und Kompromiß. Die politische Verantwortung der Christen nach D. Bonhoeffer, in: E. Feil (Hg.), Verspieltes Erbe? Dietrich Bonhoeffer und der deutsche Nachkriegsprotestantismus, München 1979, 94 – 115.
2. Dreifacher Mut. Eberhard Bethges Weg als Herausgeber und Biograph Dietrich Bonhoeffers, in: Wie eine Flaschenpost (FS Eberhard Bethge), München 1979, 161 – 166.

3. Contemplata aliis tradere – Thomas von Aquin grüßt Karl Marx, in: Zur Rettung des Feuers (FS Kuno Füssel), Münster 1981, 272 – 279.
4. Auferstehung der Toten, in: W. Nonhoff (Hg.), Amen. So sei es. Zeugnisse zum Credo, München 1982, 104 – 112.
5. Der Andere ist unendlich wichtig. Impulse aus Bonhoeffers Ekklesiologie für die Gegenwart, in: Ch. Gremmels / I. Tödt (Hg.), Die Präsenz des verdrängten Gottes. Glaube, Religionslosigkeit und Weltverantwortung nach Dietrich Bonhoeffer, München 1987, 166 – 184.
6. „Eine Religion beweist sich stets selbst" – Zur Aktualität Overbecks und seiner theologiekritischen Anfragen, in: Mystik und Politik. Theologie im Ringen um Geschichte und Gesellschaft (FS Johann Baptist Metz), Mainz 1988, 218 – 234.
7. Über Nähe und Ferne Gottes. Mit D. Bonhoeffer und J.B. Metz im Gespräch, in: Versöhnung. Versuche zu ihrer Geschichte und Zukunft (FS Paulus Engelhardt), Mainz 1991, 136 – 149.
8. Ars moriendi. Die Christen und der Tod, in: H.-G. Schwandt (Hg.), Leben im Angesicht des Todes, Hamburg 1992, 63 – 84.
9. Asketische und anamnetische Existenz, in: T.R. Peters. / Th. Pröpper / H. Steinkamp (Hg.), Erinnern und Erkennen. Denkanstöße aus der Theologie von Johann Baptist Metz, Düsseldorf 1993, 150 – 158.
10. Unterbrechung des Denkens, in: M. Delgado / A. Lob-Hüdepohl (Hg.), Markierungen. Theologie in den Zeichen der Zeit, Berlin 1995, 69 – 87.
11. Warum Politische Theologie, in: J. Manemann (Hg.), Jahrbuch Politische Theologie. Bd. 1, Münster 1995, 24 – 38.
12. Die katholische Kirche und der Holocaust. Erkanntes und Verdrängtes, in: Omnia disce. Kunst und Geschichte als Erinnerung und Herausforderung (FS Willehad Paul Eckert), Köln 1996, 94 – 103.
13. Was ist Theologie, in: A. Leinhäupl-Wilke / M. Striet (Hg.), Katholische Theologie studieren: Themenfelder und Disziplinen, Münster 2000, 105 – 119.
14. Biblische Apokalyptik und Politische Theologie, in: W. Vögele / R. Schenk (Hg.), Loccumer Protokolle 20/99, Loccum 2000, 14 – 25.
15. Unbegreifliche Nähe Gottes. Ein Dank, eine Erwiderung, in: J. Manemann / J.B. Metz (Hg.), Christologie nach Auschwitz, Münster ^{2}2001, 39 – 47.
16. Karl Rahner und die neue politische Theologie, in: H. Klauke (Hg.), 100 Jahre Karl Rahner. Nach Rahner. Post et secundum, Köln 2004, 43 – 50.
17. Endlichkeit und Vollendung. Grenzen des theologischen Denkens, in: Freiheit Gottes und der Menschen (FS Thomas Pröpper), Regensburg 2006, 175 – 192.
18. Der Ort der Theologie, in: Misere und Rettung. Beiträge zu Theologie, Politik und Kultur (FS Nikolaus Klein SJ), Luzern 2007, 76 – 84.
19. Theologie und Politik in den Widersprüchen der Säkularisierung, in: Jahrbuch Politische Theologie, Bd. 5, Münster 2007.

20. Gotteskrise. Zu einer Negativen Theologie der Untröstlichkeit bei Johann Baptist Metz, in: W. Schüßler (Hg.), Wie lässt sich über Gott sprechen. Von der negativen Theologie Plotins bis zum religiösen Sprachspiel Wittgensteins, Darmstadt 2008, 203 – 216.
21. Mit geöffneten Augen, in: H. Meesmann (Hg.), Mystik – der wahre Weg zu Gott? Die Kontroverse um den Benediktinerpater und Zen-Lehrer Willigis Jäger, Oberursel 2010, 28 – 35.
22. Zwischen Gehen und Bleiben. Reflexionen, in: M. Heimbach-Steins / G. Kruip / S. Wendel (Hg.), „Kirche 2011: Ein notwendiger Aufbruch“. Argumente zum Memorandum, Freiburg/Brsg. 2011, 135 – 143.

Lexikonartikel

1. Art.: ‚Tod / Ewiges Leben‘, in: Neues Handbuch theologischer Grundbegriffe, hg. v. P. Eicher, München 1984 [2]1991, Bd 4, 321 – 328.
2. Art.: ‚Eschatologischer Vorbehalt', in: Lexikon für Theologie und Kirche, Freiburg/Brsg. [3]1995, Sp. 880 f.
3. Art.: ‚Meinungsfreiheit, praktisch-theologisch', in: Lexikon für Theologie und Kirche, Freiburg/Brsg. [3]1998, Sp. 71 f.
4. Art.: ‚Mystik, praktisch-theologisch', in: Lexikon für Theologie und Kirche, Freiburg/Brsg. [3]1998, Sp. 594 f.
5. Art.: ‚Öffentlichkeit, praktisch-theologisch', in: Lexikon für Theologie und Kirche, Freiburg/Brsg. [3]1998, Sp. 1005.
6. Art.: ‚Christologie nach Auschwitz', in: Neues Handbuch theologischer Grundbegriffe, hg. v. P. Eicher, München [2]1991, Bd 2, 251 – 254.

Aufsätze, Rezensionen, Skizzen

1. Theologie am Ort politischer Gefangenschaft, in: Concilium 14 (1978), 324 – 327.
2. Dietrich Bonhoeffer, der Pazifist, in: Wort und Antwort 24 (1983), 45 – 49.
3. Dietrich Bonhoeffer, der Widerstandskämpfer, in: Wort und Antwort 24 (1983), 72 – 78.
4. Predigt als öffentliche Rede, in: Zeitschrift für Gottesdienst und Predigt 3 (2/1985), 17 – 22.
5. Teilnahme am Leiden Gottes in der Welt. Zum 80. Geburtstag Dietrich Bonhoeffers, in: imprimatur 19 (3/1986), 108 – 111.
6. Wendezeit? Fritjof Capra und die postkonziliare Kirche, in: Wort und Antwort 27 (4/1986), 108 – 113.
7. Orthodoxie in der Dialektik von Doxa und Praxis, in: Concilium 23 (1987), 312 – 318.
8. Mystik, Mythos, Metaphysik. Chancen und Gefahren ihrer theologischen Wiederentdeckung, in: Stimmen der Zeit 207 (1989), 531 – 540.

9. Universales Heil und partikuläre Hoffnungen. Die neue Evangelisierung vor der alten Herausforderung, in: Ordensnachrichten 30 (5/1991), 5 – 16.
10. Gottes Allianz mit dem Opfer, in: Ordensnachrichten 30 (5/1991), 16 – 27.
11. Postmoderne Kirche? Statement auf dem Karlsruher Katholikentag, in: Orientierung 56 (13/14/1992), 153 – 155.
12. Vom Ende, vom Gebet und vom Widerstand, in: Wort und Antwort 33 (2/1992), 92 f.
13. Franz Overbeck, in: R. Englert (Hg.), Woran sie glaubten – wofür sie lebten. 365 Wegbegleiter für die Tage des Jahres, München 1993, 154.
14. Was „immer" wahr ist, ist gerade „heute" nicht wahr: Vor fünfzig Jahren wurde Dietrich Bonhoeffer ermordet, in: Orientierung 59 (8/1995), 89 – 92; 106 – 108.
15. Das Konzil und die Kirchenkrise heute. Eine Annäherung in sieben Thesen, in: Wort und Antwort 36 (3/1995), 116 – 118.
16. Weisheit in der Politischen Theologie. Drei Beispiele, in: Wort und Antwort 36 (4/1995), 180 – 184.
17. Michael – wer ist wie Gott, in: Quatember 60 (3/1996), 154 – 168.
18. Rückkehr zum Gott der Bibel. Was glauben wir wirklich?, in: imprimatur 29 (2/1996), 63 – 69.
19. Theologie am Ende?, in: Wort und Antwort 39 (1/1998), 4 f.
20. „Gotteskrise". Erläuterung eines theologischen Verdachts, in: Der Prediger und Katechet 138 (4/1999), 607 – 613.
21. Rez. D. Bonhoeffer: Widerstand und Ergebung (Dietrich Bonhoeffer Werke 8), Gütersloh 1998, in: Theologische Revue 95 (5/1999), 402 – 404.
22. Gotteskrise – Kirchenkrise, in: SOG-Papiere 32 (4/1999), 13 – 15.
23. Rez. J. Boomgaarden: Das Verständnis der Wirklichkeit, Gütersloh 199, in: Theologische Revue 96 (6/2000), 494 – 496.
24. Der fremde Gott, in: Wort und Antwort 42 (2/2001), 57 – 60.
25. Gott und das Ende der Zeit. Vom Nutzen und Nachteil der Apokalyptik für die Theologie, in: Wort und Antwort 43 (2002), 112 – 116.
26. Rez. P.B. Kleden: Christologie in Fragmenten, in: Theologische Revue 100 (3/2004), 216 f.
27. Posthum geboren. Dietrich Bonhoeffer wird 100, in: Herder Korrespondenz 59 (2005), 586 – 589.
28. Das Skandalon Gottes. Der ‚Römerbrief' von Karl Barth, in: Wort und Antwort 49 (2008), 136 – 138.
29. Reich Gottes – Wo es ist und wem es gehört: http://dominikaner-hamburg.de/eBiblio/peters/index.htm.
30. Politische Predigt? Eine Skizze, in: Der Prediger und Katechet, 3/2010, 442 – 449.
31. Die Weltlichkeit der Mystik. Plädoyer für eine objektive Spiritualität, in: Gesellschaft der Freunde christlicher Mystik e.V., Rundbrief 2/2011, 28 – 41.

32. Lässt sich Vergangenes vergegenwärtigen? Über die Vergesslichkeit der Erinnerung beim Gedenken, in: Meditation. Zeitschrift für christliche Spiritualität und Lebensgestaltung 37 (4/2011), 33–38.
33. Athen und Jerusalem – Benedikt XVI. und die Politische Theologie: http://dominikaner-hamburg.de/eBiblio/peters/index.htm.
34. Kristallnacht – Reflexionen zum 9./10. November: http://dominikaner-hamburg.de/eBiblio/peters/index.htm.
35. Entweltlichung der Kirche ist Anpassung an die Welt. Zur Rede Papst Benedikts im Freiburger Konzerthaus am 25.9.2011: http://dominikaner-hamburg.de/eBiblio/peters/index.htm.
36. Sind wir nicht frei? Das Kreuz mit der Erlösung: http://dominiker-hamburg.de/eBiblio/peters/index.htm.
37. Leer gewordene Begriffe. Das göttliche Wort braucht seinen Adressaten, in: Bibel und Liturgie 86 (4/2013), 256–261.
38. Dem Leiden standhalten. Betrachtungen über die Endlichkeit, die Würde und den Trost, in: Miteinander 86 (3/2014), 5 f.
39. Praxis des Erinnerns. Eine theologisch-biographische Rückbesinnung, in: K. Strobel (Hg.), Bruchstück-weise – erinnern, ent-täuschen, weiterspinnen. Anknüpfungen an die feministische Befreiungstheologie von Christine Schaumberger, Münster 2014, 208–218.

Walter Senner

Monografien

1a. Johannes von Sterngassen OP und sein Sentenzenkommentar. Tl. 1: Studie (Quellen und Forschungen zur Geschichte des Dominikanerordens. NF 4), Berlin 1995.

1b. Johannes von Sterngassen OP und sein Sentenzenkommentar. Tl. 2: Texte (Quellen und Forschungen zur Geschichte des Dominikanerordens. NF 5), Berlin 1995.

2. Blühende Gelehrsamkeit. Eine Ausstellung zur Gründung des Studium generale der Dominikaner in Köln vor 750 Jahren, Köln 1998.
3. Alberts des Großen Verständnis von Theologie und Philosophie (Lectio Albertina 9), Münster/W. 2009.
4. Thomas von Aquin, Quaestio disputata „De unione verbi incarnati" („Über die Union des fleischgewordenen Wortes"). Übers., ausführlicher wiss. Kommentar und theologiegeschichtliche Reflexion von Klaus Obenauer, Lat. Text erstellt von Walter Senner und Barbara Bartocci, Stuttgart - Bad Cannstatt 2011.

Herausgeberschaften (Reihen)

1. Quellen und Forschungen zur Geschichte des Dominikanerordens. Neue Folge (Mit-) Herausgeber ab Bd. 1 von 1992, federführender Herausgeber ab Bd. 8 von 1999. Es erschienen bislang 11 Bände in 15 Jahren
2. Deutsche Thomas-Ausgabe (Walberberger Ausgabe)
   Herausgeber ab Bd. 12 von 2004,

(Mit-) Herausgeberschaft

1. Michael Sievernich / Arnulf Camps / Andreas Müller / Walter Senner (Hg.), Conquista und Evangelisation. Fünfhundert Jahre Orden in Lateinamerika, Mainz 1992.
2. Walter Senner (Hg.), Omnia disce. Kunst und Geschichte als Erinnerung und Herausforderung. Willehad Paul Eckert OP zum 70. Geburtstag und Goldenen Profeßjubiläum, Köln 1996.
3. [Unter Mitarbeit von Henryk Anzulewicz, Maria Burger, Ruth Meyer, Maria Nauert, Pablo C. Sicouly, Joachim Söder und Klaus-Bernward Springer] Walter Senner (Hg.), Albertus Magnus. Zum Gedenken nach 800 Jahren: Neue Zugänge, Aspekte und Perspektiven (Quellen und Forschungen zur Geschichte des Dominikanerordens. NF 10), Berlin 2001.

Wissenschaftliche Beiträge in Zeitschriften und Sammelbänden

1. Zur Wissenschaftstheorie der Theologie im Sentenzenkommentar Alberts des Großen, in: Gerbert Meyer / Albert Zimmermann (Hg.), Albertus Magnus. Doctor universalis 1280–1980 (Walberberger Studien. Phil. Reihe 6), Mainz 1980, 323–343.
2. Heinrich Seuse und der Dominikanerorden, in: Rüdiger Blumrich / Philipp Kaiser (Hg.), Heinrich Seuses „Philosophia spiritualis". Quellen, Konzept, Formen und Rezeption. Tagung Eichstätt 2.–4. Oktober 1991 (Wissensliteratur im Mittelalter 17), Wiesbaden 1994, 3–31.
3. Santiago Rodríguez López / Walter Senner, Francisco de Vitoria und das amerikanische Problem, in: Michael Sievernich / Arnulf Camps / Andreas Müller / Walter Senner (Hg.), Conquista und Evangelisation: 500 Jahre Orden in Lateinamerika, Mainz 1992, 119–146.
4. Zur Definition der Wahrheit bei Albertus Magnus, in: Thomas Eggensperger / Ulrich Engel (Hg.), Wahrheit. Recherchen zwischen Hochscholastik und Postmoderne (Walberberger Studien. Phil. Reihe 9), Mainz 1995, 11–48.
5. Vorwort, in: Ders. u. a. (Hg.), Omnia disce. Kunst und Geschichte als Erinnerung und Herausforderung. Willehad Paul Eckert OP zum 70. Geburtstag und Goldenen Profeßjubiläum, Köln 1996,13–16.
6. P. Willehad Paul Eckert OP als akademischer Lehrer, in: Ders. u. a. (Hg.), Omnia disce, 414–417.
7. Aus einem biographischen Interview mit P. Willehad Paul Eckert OP, in: Ders. u. a. (Hg.), Omnia disce, 424–433.
8. Bibliographie, in: Ders. u. a. (Hg.), Omnia disce, 438–448.
9. Meister Eckhart in Köln, in: Klaus Jacobi (Hg.), Meister Eckhart: Lebensstationen – Redesituationen (Quellen und Forschungen zur Geschichte des Dominikanerordens in Deutschland NF 7), Berlin 1997, 207–237.
10. Jean de Sterngassen et son commentaire des Sentences, in: Revue thomiste 97 (1997) 83–98.
11. Rhineland Dominicans, Meister Eckhart and the Sect of the Free Spirit, in: Joan Greatrex (Ed.), The Vocation of Service to God and Neighbour. Essays on the Interests, Involvements and Problems of Religious Communities and their Members in Medieval Society. Selected Proceedings of the International Medieval Congress, University of Leeds, 14–17 July 1997, Turnhout 1998, 121–133.
12. Christ in the writings of Rhineland Dominicans, in: Kent Emery / Joseph Wawrykow (Ed.), Christ among the medieval Dominicans, Notre Dame (Ind.) 1998, 393–413.
13. Albertus Magnus als Gründungsregens des Kölner Studium generale der Dominikaner, in: Jan A. Aertsen / Andreas Speer (Ed.), Geistesleben im 13. Jahrhundert (Miscellanea mediaevalia 27), Berlin 2000, 129–189.

14. Mir na nebu i rat na zemlji? Razmišljanja prema tekstovima od Heraklita i Aristotela preko Tome Akvinskog do Karla Marxa [Friede im Himmel und Krieg auf Erden. Reflexionen zu Texten von Heraklit und Aristoteles über Thomas von Aquin bis zu Karl Marx.], in: Anto Gavrić (Ed.), Ljubav prema istini. Zbornik u čast Tome Vereša O.P. prigodom 70. rođendana i 50. godina redovničkih zavjeta [Love of truth. Festschrift for Tomo Vereš OP on the occasion of his 70th birthday and the 50th anniversary of his religious profession], Zagreb 2000, 221–251 [mit kroat. u. dt. Zusammenfassung].
15. Die Studienorganisation des Dominikanerordens im Mittelalter mit Berücksichtigung Estlands, in: Riho Altnurme (Hg.), Estnische Kirchengeschichte im vorigen Jahrtausend / Estonian Church History in the Past Millenium, Kiel 2001, 26–43.
16. Zur Spiritualität des Dominikanerordens im Mittelalter, in: Barbara Helbling u. a. (Hg.), Bettelorden, Bruderschaften und Beginen in Zürich: Stadtkultur und Seelenheil im Mittelalter, Zürich 2002, 121–131, 314–316 (Anm.).
17. Das Studium Coloniense der Dominikaner im Mittelalter, in: Sebastian Cüppers (Hg.), Kölner Theologen von Rupert von Deutz bis Edith Stein, Köln 2004, 136–161.
18. How Henricus Institoris became inquisitor for Germany: The Origin of Summis Desiderantis Affectibus, in: Praedicatores, Inquisitores I: The Dominicans and the Medieval Inquisition. Acts of the 1st International Seminar on the Dominicans and the Inquisition, Rome 23–25 February 2002. Ed. Istituto storico Domenicano (Dissertationes historicae 29), Rom 2004, 395–406.
19. Zum lateinischen Text in Band 12 der DThA, in: Thomas von Aquin, Die Sünde. Deutsch-lateinische Ausgabe. Übersetzt und kommentiert von Otto Hermann Pesch (Die deutsche Thomas-Ausgabe 12), Wien 2004, (38)-(53).
20. Feuer und Wasser bei Thomas von Aquin und anderen, in: Benoît-Michel Tock (Ed.), „In principio erat verbum". Mélanges offerts en hommage à Paul Tombeur par des anciens étudiants à l'occasion de son éméritat (Fédération Internationale des Instituts d'Ètudes Médiévales. Textes et Études du Moyen Âge 25), Turnhout 2005, 379–407.
21. Gli „studia generalia" nell'Ordine dei Predicatori nel Duecento, in: Archivum Franciscanum historicum 98 (2005) 151–175.
22. Die „Rede der underscheidunge" als Dokument dominikanischer Spiritualität, in: Andreas Speer / Lydia Wegener (Hg.), Meister Eckhart in Erfurt (Miscellanea mediaevalia 32), Berlin 2005, 109–121.
23. Wahrheit bei Albertus Magnus und Thomas von Aquin, in: Markus Enders / Jan Szaif (Hg.), Die Geschichte des philosophischen Begriffs der Wahrheit, Berlin – New York 2006, 103–148.
24. Robert Grosseteste zur Wahrheitsfrage, in: op. cit., 167–180.

25. Thomas von Aquin und die Kirchenväter – eine quantitative Übersicht, in: Thomas Prügl / Marianne Schlosser (Hg.), Kirchenbild und Spiritualität. Dominikanische Beiträge zur Ekklesiologie und zum kirchlichen Leben im Mittelalter. Festschrift für Ulrich Horst OP zum 75. Geburtstag, Paderborn 2007, 25–42.
26. Die rheinischen Studia der Dominikaner im Mittelalter: Alternative und Vorläufer der ‚Universitates studiorum', in: Laurent Cesalli / Nadja Germann / Maarten J. F. Hoenen (Ed.), University, Council, City: Intellectual Culture on the Rhine (1300–1550). Acts of the XIIth International colloquium of the Société internationale pour l'étude de la philosophie médiévale, Freiburg/Breisgau, 27–29 October 2004 (Rencontres de philosophie médiévale 13), Turnhout 2007, 3–45.
27. Albert the Great as Educator, in: Gabrielle Kelly / Kevin Saunders (Ed.), Towards the Intelligent Use of Liberty. Dominican Approaches in Education, Adelaide 2007, 19–30.
28. Theologia scientia affectiva oder scientia secundum pietatem bei Albertus Magnus – eine Alternative zur Dichotomie scientia theoretica aut practica?, in: Matthias Lutz-Bachmann / Alexander Fidora (Hg.), Handlung und Wissenschaft. Die Epistemologie der praktischen Wissenschaften im 13. und 14. Jahrhundert – Action and Science. The Epistemology of the Practical Sciences in the 13th and 14th Centuries (Wissenskultur und gesellschaftlicher Wandel 29), Berlin 2008, 61–72.
29. From Albert the Great to Meister Eckhart: The Wholeness of Science and Wisdom, in: Listening. Journal of Religion and Culture 43/3 (Fall 2008), 148–165.
30. Von Albertus Magnus zu Heinrich Seuse: Entwurf und Scheitern der Konzeption einer ganzheitlichen Wissenschaft, in: Heinrich-Seuse-Jahrbuch. Zeitschrift für eine interdisziplinäre Erforschung der Spiritualität Heinrich Seuses und der Deutschen Mystik 1 (2008), 15–35.
31. Alberto Magno, educador, in: Anamnesis 18/2 (2008), 77–88. [*Übersetzung von Nr. 27*]
32. Meister Eckharts Straßburger Ordensauftrag, in: André Quero-Sanchez / Georg Steer (Hg.), Meister Eckharts Straßburger Jahrzehnt (Meister-Eckhart-Jahrbuch 2), Stuttgart 2008, 17–35.
33. La verdad, en Alberto Magno y en Tomás de Aquino, in: Anamnesis 19/1 (2009), 75–127. [*Übersetzung von Nr. 23*]
34. Meister Eckharts Prozesse, in: Dietmar Mieth / Britta Müller-Schauenburg (Hg.), Mystik, Recht und Freiheit: Religiöse Erfahrung und kirchliche Institutionen im Spätmittelalter, Stuttgart 2012, 69–95.

35. Meister Eckhart's Life, Training, Career and Trial, in: Jeremiah M. Hackett (Ed.), A Companion to Meister Eckhart (Brill's Companions to the Christian tradition 36), Leuven 2012, 7–84.
36. Appendix 1: Dominican Education, in: Jeremiah M. Hackett (Ed.), A Companion to Meister Eckhart, 711 ff.
37. Meister Eckhart als Ordensmann, in: Freimut Löser / Dietmar Mieth (Hg.), Meister Eckhart im Original (Meister-Eckhart-Jahrbuch 7), Stuttgart 2014, 1–29.
38. Introduction, in: S. Thomas d'Aquin: *Epîtres aux Philippiens et Colossiens*, trad. par Eric Stroobant de S. Eloi OSB, Paris 2015, pp. 199–247.

Lexikon-Artikel

1. Lexikon für Theologie und Kirche (LThK³)

1. Albertus-Magnus-Akademie, in: LThK³ 1 (1993) 339.
2. Augustinus v. Dänemark, in: LThK³ 1 (1993) 1247.
3. Bartholomäus v. Bologna, in: LThK³ 2 (1994) 40.
4. Bartholomäus v. Bolsenheim, in: LThK³ 2 (1994) 40.
5. Bartholomäus v. Trient, in: LThK³ 2 (1994) 45.
6. Bartholomäus v. Vicenza, in: LThK³ 2 (1994) 46.
7. Berthold v. Moosburg, in: LThK³ 2 (1994) 291–292.
8. Constantius v. Fabriano, in: LThK³ 2 (1994) 1303.
9. Gerhard v. Abbeville, in: LThK³ 4 (1995) 508.
10. Gerhard v. Daumar, in: LThK³ 4 (1995) 510.
11. Gerhard v. Elten, in: LThK³ 4 (1995) 510.
12. Grabow, Matthäus, in: LThK³ 4 (1995) 972.
13. Heinrich v. Köln, in: LThK³ 4 (1995) 1390.
14. Heinrich v. Lübeck, in: LThK³ 4 (1995) 1393.
15. Helwicus Teutonicus, in: LThK³ 4 (1995) 1416–1417.
16. Herväus Natalis, in: LThK³ 5 (1996) 47–48.
17. Johannes (Korngin) von Sterngassen, in: LThK³ 5 (1996) 970.
18. Manser, Gallus Maria, in: LThK³ 6 (1997) 1284.
19. Roth, Leonhard, in: LThK³ 8 (1999) 1322–1323.
20. Walberberg, in: LThK³ 10 (2001) 947.
21. Wilhelm v. Hotham, in: LThK³ 10 (2001) 1181.

2. Bautz Biographisch-Bibliographisches Kirchenlexikon (BBKL)

1. Raimund von Capua (de Vineis), in: BBKL 7 (1994) 1279–1281.
2. Simon von Hinton, in: BBKL 10 (1995) 395–396.
3. Soto, Domingo de, in: BBKL 10 (1995) 631–636.
4. Sprenger, Jakob, in: BBKL 10 (1995) 1072–1073.
5. Stephan von Besançon, in: BBKL 10 (1995) 1361–1362.

6. Stephan von Salagnac, in: BBKL 10 (1995) 1394.
7. Robert Fishacre OP, in: BBKL 17 (2000) 1138–1141.
8. Robert(us) de Orfort, in: BBKL 17 (2000) 11491151.
9. Robert Holcot OP, in: BBKL 17 (2000) 1151–1155.
10. Robert(us) Marston, in: BBKL 17 (2000) 1156–1158.
11. Roland von Cremona, in: BBKL 17 (2000) 1158–1160.

3. Dictionnaire d'histoire et géographie écclésiastique (DHGE)

1. Roland Hissette / Walter Senner, Geyer (Bernhard), in: DHGE 20(1984), 1129.

4. Lexikon des Mittelalters (LMA)

1. Rambertus de Primadizzi von Bologna, in: LMA 7 (1995) 425.
2. Richard, 23. R. Fishacre, in: LMA 7 (1995) 821.
3. Richard, 25. R. Knapwell, in: LMA 7 (1995) 823.
4. Roland, 3. R. v. Cremona, in: LMA 7 (1995) 957.
5. Romanus, 2. R. v. Roma, in: LMA 7 (1995) 1002.
6. Stephanus, 24. S. von Besançon, in: LMA 8 (1997) 121.
7. Thomas, 38. Th. de Jorz OP, in: LMA 8 (1997) 720.
8. Wilhelm, 96. W. von Paris, in: LMA 9 (1998) 182.

Kleinere und wissenschaftsvermittelnde Beiträge

1. Der vollständige Kommentar des Guilelmus de Aragonia über die „Consolatio philosophiae“, in: Bulletin de philosophie médiévale 22 (1980), 98–100.
2. Johannes von Sterngassen, in: Wort und Antwort 39 (1998), 39–41.
3. Wie Heinrich Institoris Hexeninquisitor für Deutschland wurde, in: Wort und Antwort 44 (2003), 13–1

Mitwirkende

Konštanc Miroslav Adam OP

Dr. med. vet., Dr. iur. can., * 1963 in Michalovce (Slowakei), Professor für Kanonisches Recht an der Päpstlichen Universität des Hl. Thomas (Angelicum) in Rom, Rektor der Universität

Johannes B. Brantschen OP

Dr. theol., * 1935 in Randa (Wallis), Prof. em. für Dogmatik an der Theologischen Fakultät der Universität Freiburg/Ue., Mitherausgeber der „Freiburger Zeitschrift für Philosophie und Theologie"

Johannes Bunnenberg OP

Dr. theol., * 1957 in Hildesheim, Provinzial der Dominikaner-Provinz Teutonia Köln

Thomas Eggensperger OP

Dr. theol., M.A., * 1963 in Wien, Prof. für Sozialethik an der Philosophisch-Theologischen Hochschule Münster, Geschäftsführender Direktor des Institut M.-Dominique Chenu Berlin, Studienregens der Dominikaner-Provinz Teutonia

Ulrich Engel OP

Dr. theol. habil., * 1961 in Düsseldorf, Prof. für Philosophisch-theologische Grenzfragen an der Philosophisch-Theologischen Hochschule Münster, Prorektor der Hochschule, Direktor des Institut M.-Dominique Chenu Berlin

Reinhard Feiter

Dr. theol. habil., * 1956 in Mönchengladbach, Professor für Pastoraltheologie und Religionspädagogik an der Katholisch-Theologischen Fakultät der Westfälischen Wilhelms-Universität Münster, Dekan der Fakultät

Ulrich Horst OP

Dr. theol., Dr. theol. habil., * 1931 in Schellen, Prof. em. für Dogmengeschichte an der Ludwig-Maximilians-Universität München, Direktor des Instituts zur Erforschung der Geschichte des Dominikanerordens im deutschen Sprachraum

Ján Branislav Mičkovic OP

Dr. theol., * 1976 in Trenčín (Slowakei), Habilitand im Bereich der Theologischen Grundlagenforschung (Fundamentaltheologie) an der Katholisch-Theologischen Fakultät der Universität Wien

Klaus-Bernward Springer

PD Dr. theol. habil., * 1962 in Mainz, Geschäftsführer des Institut zur Erforschung der Geschichte des Dominikanerordens im deutschen Sprachraum und Mitarbeiter im Archiv der Dominikaner-Provinz Teutonia, Dozent für Kirchengeschichte an der Philosophisch-Theologischen Hochschule Münster